ERASMUS VON ROTTERDAM

# Adagia

Sprichwörtliche Redewendungen

LATEINISCH / DEUTSCH



AUSWAHL, ÜBERSETZUNG UND ANMERKUNGEN
VON ANTON J. GAIL

PHILIPP RECLAM JUN. STUTTGART

Universal-Bibliothek Nr. 7918 [3]

Gesamtherstellung: Reclam, Ditzingen. Printed in Germany 1983
ISBN 3-15-007918-7

# Einleitung

Desiderius Erasmus, wahrscheinlich 1469 in Rotterdam geboren, starb in der Nacht vom 11. zum 12. Juli 1536 in Basel. Für seine Zeitgenossen war er ein Symbol des Ruhmes und ein Stein des Anstoßes zugleich. Der sogenannte »König der Humanisten«, dieser rätselhaft-faszinierende »Homo pro se« (wie es in den Dunkelmännerbriefen von ihm heißt), war ein beunruhigender Grenzgänger. Er wollte es auch sein, zeit seines Lebens. Darum wählte er den Terminus mit der vieldeutigen Devise *Concedo nulli* zu seinem »Wappenschild«. Seine erfolgreichen Porträtisten, Holbein und Dürer vor allem, haben ihn so gemalt und gezeichnet, als den unnahbaren Gelehrten. Sie haben damit der Nachwelt ein Bild vermittelt, das nur die halbe Wahrheit über ihn preisgab. Den streitbaren Zeitkritiker enthüllen jene Werke, die ihm lebenslang in jedem Sinne des Wortes zu schaffen machten. Der vielgereiste und trotz aller Klagen vorsätzlich unstete erste *Homo litteratus* Europas konnte und mochte es nicht lassen, mit spitzer Feder die Leute aufzubringen.

Mit der lateinischen Sprache hatte er sich früh auch deren Kunstformen bis zur Meisterschaft angeeignet. Doch der frühe Ruf des gewandten Stilisten und Sprachmeisters genügte ihm nicht. Ein »Humanist« zu sein, der lediglich mit seinen antiken Poeten und Prosaikern im Original bis zum letzten Vers vertraut war, der selbst mit vollendeter Eleganz Verse schmieden konnte, hatte bald wenig Reiz für ihn. Auch akribische Fähigkeit, Texte herzustellen und verständnisvoll zu interpretieren, befriedigte ihn nicht. »Humanisten« dieser Species, »die mehr als ausreichend akkurat sind, die sich jedem mit ihrer Genauigkeit aufdrängen und unaufhörlich an ihren Erzeugnissen herumbasteln, da etwas ergänzen, da etwas tilgen oder ändern und gerade dadurch Verstöße machen, daß sie nur ja keine machen

wollen« (Adagium »Manum de tabula« I,3,19), waren nicht sein Ideal. Er nannte sich nie »Humanist«, wollte aber seinen Zeitgenossen die »Humaniora« (die wahre Menschlichkeit) ins Bewußtsein bringen und ihnen die Barbarei in ihren vielen Erscheinungsformen austreiben. Das ist die Linie, die sich durch sein ganzes Leben und Schaffen hindurchzieht. Darum äußerte er sich lieber in Briefen und literarischen »Klein«formen, Dialogen, Streitschriften und Essays. Die umfangreicheren »Abhandlungen« behalten deshalb fast immer einen improvisatorischen Charakter, sind mit leichter Hand gefügt und mit Abschweifungen und Aperçus oder Aphorismen durchsetzt. Er stiftet vorsätzlich Unruhe beim Leser, der sich nicht mit dem bloßen Genuß kunstvoller literarischer Gebilde zufriedengeben soll, obwohl ihm diese Genüsse »verführerisch« geboten werden.

Keines seiner Werke ist darum so geeignet, mit der Leistung zugleich die Fragwürdigkeit des Humanismus bewußt zu machen, wie die *Adagia.* An ihnen hat er ebenso unermüdlich und besorgt gearbeitet wie jene »Konjekturenwüstlinge und etymologischen Sprühteufelchen« (wie sie bei Nietzsche heißen); nur waren seine Besorgnisse so ganz anders geartet und seine »herkulische Mühsal« auf andere Ziele gerichtet.

Mit diesen *Adagia* hat er wahrscheinlich mehr auf das geistige Profil Europas eingewirkt als mit jedem anderen seiner Werke. Drei Jahrhunderte hindurch, von 1500 bis in die Goethezeit[1] haben sie der »Neubegründung der Künste und Wissenschaften« (Adagium »Quid cani et balneo«) gedient. Bis in unsere Zeit erscheinen die *Adagia* noch als Zeugnis für die Sicherung der antiken Tradition durch Erasmus. Doch mit dieser Leistung hat die Nachwelt seine Absichten nur

1 Am 16. Juli 1797 erbat Goethe für sich und Schiller von dem Gymnasialdirektor Karl August Böttiger Nachrichten über den Sänger Ibykus. Böttiger verwies auf die *Adagia* des Erasmus und schickte das Exemplar (die Aldinische Ausgabe, Venedig 1508) gleich mit.

oberflächlich wahrgenommen.[2] Denn als Erasmus 1500 in Paris die *Adagiorum Collectanea* (Zusammenstellungen von Sprichwörtern) herausbrachte, war es ein schmaler Band,[3] rein äußerlich eine Anthologie, wie es andere vor und neben ihm gab. Es sollte genauso ein Handbuch für Studierende sein, doch nicht für jeden Beliebigen und keinesfalls für ahnungslose Anfänger.

Vielmehr – und das unterscheidet ihn von seinen Vorgängern und Konkurrenten gründlich – will er mit diesem Buch die Bildung auf eine neue Grundlage stellen.[4] Die das Buch in die Hand nehmen, sollen nicht nur Quelle und Überlieferung tragender Bestandteile des Sprachgebrauchs ausfindig machen und die philologisch-textkritische Methode kennenlernen, sie sollen auch veranlaßt und befähigt werden, sich über sich selbst, ihre Zeit und Umwelt Rechenschaft zu geben. Die Mitlebenden haben das damals verstanden, zumindest die aufgeweckten Leser unter ihnen. Der Autor gab sich provozierend darin und tat das mit schlecht verhehltem Behagen von Auflage zu Auflage mehr. Jede der zahlreichen Erweiterungen der Sammlung machte sie auffälliger zu einer facettenreichen Inventur der (antiken) Tradition im Dienste des Gegenwartsverständnisses. Siebenundzwanzig Ausgaben erlebte das Werk in noch nicht vier Jahrzehnten bis zum Tode des Autors. Die aktuellsten Adagia erschienen, kaum daß eine neue Ausgabe vorlag, schon in Sonderausgaben und wurden so als Flugschriften in den nationalen Sprachen schnell verbreitet. Das geschah ganz im Sinne des Erasmus, der zum Übersetzen in die sogenannten

2 Vgl. Dora und Erwin Panofsky, *Pandora's Box*, Princeton ²1962, S. 14–26. Nachhaltig ist auch der Einfluß, den Erasmus auf die Ausbildung der Emblematik ausübt. Er war ein gründlicher Kenner der für die Gattung maßgeblichen (antiken) Literatur und bereitete sie in den *Adagia* »emblematisch« auf (so u. a. in dem Adagium »Festina lente«).

3 Aus den 818 *Adagia* von 1500 wurden 1508 schon 3260, dann im Verlauf der weiteren Ausgaben von 1515, 1517/18, 1520, 1528 und 1533 schließlich insgesamt 4251, daher der Titel *Adagiorum Chiliades* (»Tausende von Adagien«).

4 »restituendae literae«, wie es im Adagium »Quid cani et balneo« heißt.

*linguae vernaculae* oder *vulgares* ermunterte und Übersetzer zeitweise in seinem Hause beschäftigte. Doch die nationalsprachlichen Ausgaben der zeitkritischen *Adagia* machten auch die in der lateinischen Urfassung meist mit stilistischem Raffinement kostümierte Polemik offenbar. Inzwischen hatten sie sich aber doch als Nachschlagewerk und philologische Musterkollektion so sehr bewährt, daß man auch unter den Obrigkeitsgläubigen in Kirche und Staat nicht ganz auf sie verzichten konnte und wollte.

Also erschienen nun die purgierten Ausgaben, denen die Zensoren die polemischen und kritischen Zähne sorgsam gezogen hatten, und das nicht nur im Einflußbereich der römischen Kirche; denn auch die Fürsten, die lutherischen und calvinischen nicht weniger, hatten ein vitales Interesse daran, daß man der Obrigkeit gehorchte und nicht durch Erasmus' scharfe Zunge gegen sie aufgebracht würde. Die allgemeine Flucht in die »reine« Philologie, wie sie dann mit dem 17. Jahrhundert, besonders von den Niederlanden aus, das Zeitalter des Absolutismus und einer neuen Orthodoxie markiert, machte auch vor dem Werk des Rotterdamers nicht halt.

Das lebhafte, in manchen Neuausgaben und Übersetzungen bewährte Interesse der Aufklärung für Erasmus, wie es sich beispielsweise in der temperamentvollen Verteidigung des Erasmus durch Wieland gegen die Angriffe des jungen Herder bekundet, blieb Episode.[5] Doch trug ihre Sympathie für die Rationalität und Toleranz im Denken des Erasmus wesentlich dazu bei, daß er im 19. Jahrhundert der Prügelknabe konfessionalistischer und nationalistischer Borniertheit wurde.

Erst die Wiederentdeckung des Pazifisten und ökumenischen Christen Erasmus nach dem Ersten Weltkrieg[6] hat

5 Vgl. die *Erasmus*-Biographie von Salomon Hess, Zürich 1790.

6 Vgl. Johan Huizinga, *Erasmus*, New York 1924; Rudolf Pfeiffer, *Humanitas Erasmiana*, Leipzig 1931; Stefan Zweig, *Triumph und Tragik des Erasmus von Rotterdam*, Wien 1935; Marcel Bataillon, *Érasme et l'Espagne*, Paris 1937; Karl August Meissinger, *Erasmus von Rotterdam*, Wien 1942.

erneut auf den zeit- und gesellschaftskritischen Gehalt der *Adagia* aufmerksam gemacht und auf ihre zentrale Bedeutung im Schaffen des Autors.
Sie sind in doppeltem Sinne »Lebenswerk«: einmal sind sie früh schon als Dokumente der Zeit- und Gesellschaftskritik entworfen. Es ist die Idee der *Antibarbari*[7], die auch bei der Geburt der *Adagia* Pate stand, nämlich den Zeitgenossen zu zeigen, wie vielfältig sie in Barbarei verstrickt waren, und sie zu einem Feldzug für die Bildung und gegen die »barbari« zu mobiliseren. Daß dies Vorhaben und somit das ganze Unternehmen *Adagia* »Herkulische Mühsal« war, wurde von vielen Zeitgenossen anerkannt. Deshalb hat Hans Holbein d. J. auf dem Porträt von Longford Castle[8] den Erasmus mit einem Prachtband der *Adagiorum Chiliades* dargestellt, auf dessen Buchschnitt das Adagium Ἡρακλέου πόνοι deutlich zu lesen ist. In keinem anderen Stück der Sammlung hat er so ausgiebig von sich selbst, von seiner Arbeit an und mit den *Adagia* und nicht zuletzt von den Schwierigkeiten und Gefahren publizistischer Tätigkeit in seiner Zeit gesprochen. »Der erste europäische Schriftsteller im modernen Sinne«,[9] der erste »Publizist« ist er im Bewußtsein seiner Zeit vor allem mit den *Adagia* geworden. Sie sind *die* Inventur der Tradition und ihre Aufbereitung für die Erneuerung, die *renascentia evangelii et litterarum*, wie er selbst sagt. Es mag durchaus sein, daß Erasmus seinem eigenen Eingeständnis zufolge nicht ganz absehen konnte, wohin das Unternehmen führen, welch immense Mühe es machen und wieviel Mißmut und Beckmesserei es hervorrufen würde. Doch der Vorsatz, in und mit diesem Thesaurus von sprichwörtlichen Redewendungen antike und christliche Weisheit, griechisch-römische und zeitge-

7 *Antibarbari*, eine schon in Gouda vor 1500 entworfene Programmschrift des Erasmus, die aber erst 1520, inzwischen umgearbeitet und erweitert, im Druck erschien (vgl. Pfeiffer, 1931).
8 National Gallery, London.
9 Hermann Heimpel, *Der Mensch in seiner Gegenwart*, Göttingen 1954, S. 70.

nössische Lebensweise vergleichend auf kritische Temperatur zu bringen, wurde zwangsläufig Quelle für Mühsal und Faszination, für Ärger und Auseinandersetzung, die ihn sein Leben lang nicht mehr loslassen sollten.
Man hat von einem »Geniestreich« gesprochen, mit dem Erasmus das harmlose wissenschaftliche Vorhaben in einen aktuell-brisanten Traktat verwandelt habe, ohne auch nur einen Bruchteil jener Nützlichkeit preiszugeben, der die Anthologie als solche auszeichnet.[10] Auf diesen »Geniestreich« aber war es von vorherein angelegt.
So freizügig, wie er mit dem Begriff operierte, hat das Adagium von vornherein jenen »Pferdefuß«, mit dem Erasmus kräftig und nach allen Seiten ausschlug. Es ist sicher kein Zufall, daß von den wechselweise benutzten Ausdrükken *Adagium*, *Paroemium* und *Proverbium* dennoch dem *Adagium* der Vorzug gegeben wird. Dieser gewählt klingende Name sollte seiner Sammlung wie den einzelnen Stücken Glanz verleihen und sie, wie er selbst meint, rätselhafter erscheinen lassen.
In weit ausholenden Darlegungen hat er sich mit dem Wesen des Sprichworts[11] befaßt, aber zuletzt doch nur um eine souveräne Verwendung des Begriffs zu rechtfertigen. Er jongliert mit den Sprichwörtern je nach Absicht und Zielobjekt seiner Kritik und Polemik. Er definiert Sprichwort so offen, daß er sich abgesichert weiß, wenn er es in den Dienst seiner Auslegung stellt.
Vom denkwürdigen, ihn persönlich faszinierenden Zitatsatz über das weltläufige Sprichwort, die Redensart, bis hin zur Sentenz, zur Devise[12] und zum Aperçu, nimmt er alles auf, was ihm hintergründig, mehrdeutig und rätselhaft erscheint. Er zielt nicht auf Vollständigkeit, weil ihn nun einmal kritische und nicht bloß antiquarische Absichten leiten. Um

10 Margaret Mann-Phillips, *Erasmus on his times*, Cambridge ²1980, S. XV.
11 LB 1–10.
12 Als Bezeichnung für »Devise« findet sich bei Erasmus das lateinische »adagio,-nis« (so im Adagium »Festina lente«, LB 402 B).

entsprechenden Einwänden zu begegnen, packt er beiläufig in seine Erklärungen und Auslegungen verwandtes Sprichwort- und Sentenzengut ein.[13] Darauf verweist er ein wenig ironisch jene Leser, denen es um Vollständigkeit zu tun ist. Der hochgelehrte Henricus Stephanus, der die *Adagia* akribisch und oft genug beckmesserisch kommentiert hat, rügte, Erasmus habe manches als Sprichwort ausgegeben, was er selbst erst dazu gemacht habe. Genauso war es von diesem beabsichtigt. Er meinte, daß sie eigentlich schwer zu entziffern sein müßten, ganz wie Rätsel, und daß sie um so vorzüglicher seien, je besser sie sich »aus der Fassung bringen« ließen.[14] Ihnen einen umfassenden Bedeutungsgehalt zu verleihen, sie beweglich und ohne Pedanterie als eine Art Paradoxon zu erweisen, ohne Umstände ausgiebig abzuschweifen, den Sprachgebrauch nach Gutdünken breit auszuwalzen und »doppelzüngig« und ironisch zu verfahren, darauf komme es an. Doppelzüngigkeit und Ironie aber dienten ihm gerade auch als Maskerade zum Selbstschutz gegen die Aufpasser aus Zensur und Inquisition.

Auf diese Kunst versteht er sich glänzend und schätzt bewegliche Menschen, »die überall die Masken derjenigen aufsetzen, mit denen sie es zu tun haben«.[14] Weil Luther von Wendigkeit nichts hielt, hat er den Erasmus einen *Vertumnus* genannt und ihm damit mißbilligend Unbeständigkeit vorgeworfen. Erasmus' Vorliebe für Beweglichkeit geht so weit, daß er einem besorgten, aber etwas humorlosen Briefschreiber mit frommem Augenaufschlag »bekennt«, er »schweife in den *Adagia*, einem unbedeutenden Werk, sehr oft in die Gefilde der Philosophen und Theologen ab und lasse« sich, »sein begonnenes Thema scheinbar aus den Augen verlierend, viel weiter ablenken, als sich das gehört«.[15] Dann verweist er den Budé – er ist der teilnahmsvolle Briefschreiber – besonders auf die Adagia

13 Vgl. die entsprechende Bemerkung im Adagium »In herbis« (LB 1164 B).
14 Adagium »Polypi mentem obtine«.
15 EE II 254/255.

»Aut regem aut fatuum nasci oportere«, »Spartam nactus, hanc adorna«, »Dulce bellum inexpertis« und »Sileni Alcibiadis«, verwirrt ihn aber vollends mit diesen Hinweisen, indem er »dagegen« das Adagium »Scarabaeus aquilam« als »Gelegenheit für seinen Geist zum Spielen« empfiehlt. »Auf jeden Fall«, meint er, »täuschen Adagien oft wie kleine Gemmen, gerade weil die Größenverhältnisse reduziert sind, manchmal den Blick des Sammlers, wenn er nicht peinlich genau zusieht. Außerdem sind noch lange nicht alle leicht zu finden, die meisten sind versteckt, so daß man sie mehr ausgraben als aufnehmen muß.« Unmißverständlicher konnte er kaum ausdrücken, daß er mit diesem Werk mehr, ganz etwas anderes als Sammlerehrgeiz verfolgte.

In den »Herkulischen Mühsalen« berichtet er fast mitleiderregend von der Last des philologischen Kleinkrams. Darin mischt sich das Erlebnis tatsächlicher Plackerei mit Parodie auf die übliche Pedanterie und Vielwisserei. Diese Klagen kaschieren den Plan, den Zeitgenossen und der Nachwelt etwas im Gewande eines Nachschlagewerkes zu unterschieben, was die engstirnigen Hüter der Tradition nicht hören mochten, was aber die Hellhörigen unter ihnen mit verständnisinnigem Schmunzeln zur Kenntnis nahmen.

So waren denn auch die Gegenstände beschaffen, die er scheinbar beiläufig mit der Auslegung der Adagien verband: Kuriositäten aus Natur und Mythenwelt, aus dem Zusammenleben der Menschen, auch und gern der Geschlechter, Sensationen, hintergründige und derbe Späße, manchmal in der Art seines malenden Landsmannes und Zeitgenossen Breughel, z. T. grobianisch im Geschmack der Zeit. Unterhaltsam wollte er bleiben, auch als Moralist, der er war. Mit seinen *Adagia* gehört er unter die großen europäischen Moralisten, noch vor Montaigne, La Rochefoucauld und La Bruyère. Was immer er nämlich aus Natur und Geschichte zusammentrug, er wollte seinen Lesern ins Gewissen reden, den geistlichen nicht weniger als den weltlichen Machthabern. Mit vollendeter Kunst, stilistischer Verschlagenheit

und philologisch-textkritisch bemühter Scheinheiligkeit zog er darin gegen die Barbaren im (Professoren-)Talar, Mitra, Kutte und fürstlichem Ornat zu Felde.
»Wiederbelebung der Antike« diente diesem Ziel: die Gegenwart im Spiegel der Vergangenheit zu erhellen, an Leben und Lehre der Alten die Defizite der »christlichen« Gegenwart bewußt zu machen, ihren Bildungsmangel, ihre Inhumanität im Vergleich mit den »Heiden« zu erkennen, d. h., er wollte die vermeintlich fortschrittliche Gegenwart mit kritischem Sinn gegen sich selbst erfüllen.
Davon konnte er seine Person nicht ausnehmen, wenn seine Zeit- und Gesellschaftskritik glaubwürdig erscheinen wollte. Nicht nur, daß deshalb zahlreiche eigene Erlebnisse, Erfahrungen und Beobachtungen des vielgereisten und durchaus geselligen Literaten in die *Adagia* eingehen, er macht sogar das eigene Schaffen genüßlich zum Gegenstand ironischer und parodierender Anmerkungen und Betrachtungen, so etwa in den »Sileni Alcibiadis«. Das erweist nicht nur die kritische Distanz des Autors zu sich selbst, es soll auch die geistlichen und weltlichen Gegner verwirren. Wer sich nämlich so beflissen als Narr hinstellt, verdient nicht, daß man ihn ernst nehme, suggeriert der Autor ihnen.
Um so freimütiger, ungezügelter bisweilen, kann er seinen Spott und Hohn dann über Entartungen des Frömmigkeitslebens, über die anmaßende, geldgierige und prachtliebende Hierarchie, über die ebenso raffgierige, herrschsüchtige und blutrünstige weltliche Obrigkeit, über die Dummheit der Menge und die Borniertheit der Gelehrten ausgießen. Allerdings besorgt der sprachgewandte Lateiner dieses heikle Geschäft mit nicht weniger Kenntnis von Literatur und Leben als stilistischem Raffinement. Er benutzt das ganze Arsenal der antiken Rhetorik an stilistischen Figuren dazu.
Waren die *Adagia* schon »Modelle der Methode literarischer Untersuchung«,[16] der Textsicherung und der Interpreta-

16 Mann-Phillips, ²1980, S. XIII.

tion,[17] so machte sie die gegen Zensur und Index[18] gerichtete Ausbildung einer geschmeidigen Defensivrhetorik erst recht zu einem vielseitig verwendbaren Musterbuch für die Nachwelt. Das begünstigte seine Rezeption paradoxerweise sogar bei seinen Gegnern.[19] Was wirklich von Erasmus gemeint war, verdrängte man in der Folgezeit auch unter dem Eindruck des philologisch-textkritischen Aufwands und des rhetorischen Arsenals. Späteren Lesern entging so vielfach, was er mit stilistischen Mitteln vor den Augen der feindseligen Zeitgenossen vernebeln wollte. Nach der Absicht des Erasmus allerdings sollten die *Adagia* der *aemulatio*, der Nacheiferung, dienen, nicht etwa bequeme Muster zu mechanistischer Nachahmung sein.[20]

Die Kunstfertigkeit, mit der Erasmus die Stilmittel der Rhetorik zur Tarnung seiner polemischen Kühnheiten einsetzte, hat zu jener zunehmend formal-klassizistischen Redaktion beigetragen. In diesem Verfahren selbst konnte er sich durchaus von den Grundsätzen der antiken Rhetorik bestätigt fühlen; denn die »Kunst des diplomatischen Verbergens fordert die antike Rhetorik vom [...] Redner«[21] geradezu. So wie er mit dieser Technik schon die pedantischen Zeitgenossen wie Stephanus getäuscht hat, sahen dann erst recht die beflissenen Philologen des 17. Jahrhunderts vor lauter stilistischen Bäumen den zeit- und gesellschaftskritischen Wald nicht mehr. Rhetorische Figuren wie die gespielte Zurückhaltung mit dem häufigen Gebrauch des

17 Theoretisch hat Erasmus dies in seiner Schrift *De copia verborum* entwikkelt.

18 Nachdem die Pariser theologische Fakultät ihn schon zu Lebzeiten zensiert hatte, wurde 1559 der gesamte Erasmus auf den »Index librorum prohibitorum« gesetzt. Zur Problematik seines Verhältnisses zur Institution Kirche vgl. Eduard Winters (*Ketzerschicksale*, Berlin 1980) grundsätzliche Erörterungen über den Begriff der Ketzerei.

19 Bataillon, 1937, S. 670.

20 Über schöpferische Nacheiferung im Gegensatz zu klassizistischem Formkult handelt Erasmus ausführlich in seinem Dialog *Ciceronianus* 1528.

21 Werner Jaeger, *Demosthenes*, Berlin 1939, S. 79.

»mir scheint«, die ironisch-übertriebene Zustimmung für Hierarchie und Herrschaft (Hyperbel), das Wechselspiel von Euphemismus und Sarkasmus, die Verschweigung (Aposiopese) in der Form »ich will nicht sagen, daß«, das scheinheilige Bedenklichtun (*dubitatio*) oder Anheimstellen (*permissio*), die Übertragung riskanter Aussagen auf eine dritte Person (*sermocinatio*), die absichtsvoll hochgespielte Abscheu (Klimax), die Auslassung eines angeblich unwichtigen, aber dann auf diese Weise doch erwähnten Sachverhalts (*praeteritio*), die wiederum scheinbare Abschwächung eines Umstands, der für den Autor aber hochwichtig ist (*diminutio*), die Zurücknahme eines angeblich unangemessenen Ausdrucks, der dann durch einen milderen abgeschwächt sein soll, und schließlich die wortreiche Verwahrung gegen mögliche Einwände, Vorwürfe und Mißverständnisse (*occupatio* oder *praemunitio*), das sind aus der reichen Palette rhetorischer Stilmittel Figuren, die er frei verwendet und variiert, um gewagte Aussagen für den Leser zu entschärfen oder auch um ihn zu verunsichern.

Keine literarische Gattung konnte diese kunstvolle Verschleierung und Entlarvung zugleich so rechtfertigen wie der Essay, doch den gab es vor Erasmus noch nicht. Moralist, der er vor Montaigne schon ist, hat er auch vor ihm schon diese literarische Gattung hervorgebracht.[22] Alles, was nach dem übereinstimmenden Urteil der Literaturästhetik den Essay konstituiert: die Anknüpfung an Dichtungen, Zitate, Sentenzen, die spontane Eigenwilligkeit der Assoziationen wie auch ganz besonders die autobiographischen Bezüge sind kennzeichnend für die *Adagia* des Erasmus. Ihre Metaphorik und ihre Paradoxien machen sie zu jenen »intellektuellen Gedichten«, mit denen Friedrich Schlegel den Essay charakterisiert. Auch die Auffassung des Essay als eines »erweiterten Aphorismus« (R. M. Meyer) trifft auf das Adagium zu. *Die Adagia* wurden für Erasmus mehr und mehr

22 Augustin Renaudet, *Érasme et l'Italie*, Genf 1954, S. 245; Bataillon, 1937, S. 668; Mann-Phillips, $^{2}$1980, S. IX.

eine Bühne des Rollenspiels,[23] an dem der Autor nicht weniger Behagen hatte, als dem Leser zugedacht war. Mit der fortan im Essay üblichen ironischen Selbstdarstellung macht er sich über die eigene sprachliche und stilistische Verspieltheit lustig.[24]
Mit seinen *Adagia* hat Erasmus einen gemeineuropäischen Sprachbesitz (und Vorstellungsgehalt) zu einem Zeitpunkt gesichert, als die nationale und nationalsprachliche Differenzierung ihn gefährdete. Andererseits hat diese Sammlung auch in die sprachlichen und nationalkulturellen Sonderentwicklungen belebend und befruchtend hineingewirkt. An der *Büchse der Pandora*[25] hat man diese Wirkung »eines der weltläufigsten Bücher« einsichtig gemacht. Auf die Wahl von Devisen und die Ausbildung von Emblemen haben Adagia wie »Spartam nactus, hanc adorna«, »Festina lente« nachweislich anregend gewirkt. Das beschränkt sich nicht auf den rein sprachlichen und ikonographischen Bereich. Mit einem Adagium wie »Optimum non nasci« (Das beste ist, nicht geboren zu sein) stellt sich die Sammlung auch (über Calderon und das vom *Erasmismo* geprägte Spanien) als Beitrag zur geistigen Selbsterfahrung Europas dar.
Zum Sprichwort »Blutige Tränen weinen« bemerkt Erasmus: »Dieses Sprichwort hat sich sogar bis heute erhalten.« Der Niederländer, aus einer Sprachlandschaft stammend, die außerordentlich reich ist an Sprichwörtern,[26] hatte

23 Vgl. das Adagium »Polypi mentem obtine«: »Nichts verbietet doch, die Anwendung des Adagiums auszudehnen, wenn es sich darum handelt, Mißstände anzuprangern, am wenigsten darf das Menschen versagt sein, die mit einem beweglichen Geist ausgestattet sind und immer die dem Gesprächspartner angemessene Maske aufsetzen.«

24 Vgl. das Adagium »Neque Lycorum Carycas« und Allen EE II, 255, wo er an Budé schreibt: »Schließlich wüßte ich nicht, wieviel mehr es mir behagt, ernsthafte Überlegungen mit Nichtigkeiten zu vermengen als bei erhabenen Gegenständen zu scherzen.«

25 Panofsky, $^{2}$1962, S. 14–26.

26 Vgl. Pieter Breughels d. Ä. Bild »Die niederländischen Sprichwörter« im Staatlichen Museum Preußischer Kulturbesitz, Berlin, Gemäldegalerie Dahlem; dazu: H. A. Suringar, *Erasmus over Nederlandssche Spreekwoorden*,

bemerkt, daß in fast allen europäischen Sprachen ein gemeinsamer Grundbestand an Sprichwörtern war. Was er so aus überwiegend antiken Zeugnissen zusammentrug, hatte entweder schon sein Pendant in manchen *linguae vernaculae*, und Erasmus machte die Tatsache bewußt, oder er förderte diesen Vorgang. Viele der von ihm kommentierten Sprichwörter haben ähnlich jenem »Blutige Tränen weinen« ihre unvermindert lebendigen Pendants im Deutschen:

Aus einer Mücke einen Elefanten machen
Elephantum ex musca facis

Bis über beide Ohren
Ad ambas usque aures

Das Hemd ist mir näher als der Rock
Tunica pallio propior est

Das Herz fällt ihm in die Hosen
Animus in pedes decidit

Den Bock melken
Mulgere hircum

Der Affe in Purpur
Simia fucata

Der Krieg ist der Vater aller Dinge
Bellum omnium pater

Durch Schaden wird man klug
Malo accepto stultus sapit

Eile mit Weile
Festina lente

Eine Krähe hackt der anderen kein Auge aus
Bestia bestiam novit

Eine Schlange am Busen nähren
Colubrum in sinu favere

Utrecht 1873, und F. A. Stoett, *Nederlands Spreekwoorden en Getegden, verklaard en vergeleken met die in het Frans, Duits en Engels*, Zutphen 1974.

Eine Schwalbe macht den Sommer nicht
1 Una hirundo non facit ver 1

Einem geschenkten Gaul schaut man nicht ins Maul
Equi dentes inspicere donati

Eulen nach Athen tragen
Ululas Athenas γλαῦκας Ἀθήναζε φέρειν

Geld stinkt nicht
non olet

Goldene Berge versprechen
Aureos montes polliceri

Gottes Mühlen mahlen langsam
Sero molunt deorum molae

Hilf dir selbst, dann hilft dir Gott
Dei facientes adjuvant

Ich muß darüber schlafen
Super hac re indormiam

Im Wein ist Wahrheit
In vino veritas

In demselben Boot sitzen
In eadam es navi

In einer anderen Welt
In alio mundo

Kleider machen Leute
Vestia virum facit

Mit einem Fuß im Grabe stehen
Alterum pedem in cymba Charontis habere

Schlechte Gesellschaft verdirbt gute Sitten
Corrumpunt mores bonos colloquia prava

Schuster, bleib bei deinem Leisten
Ne sutor ultra crepidam (supra)

Schwanengesang
Cygnea cantio

1) μία χελιδὼν ἔαρ οὐ ποιεῖ
una rondine non fa primavera
une hirondelle ne fait pas le printemps

Sein Nest beschmutzen
Minxit in patrios cineres

Steter Tropfen höhlt den Stein
Assidua stilla saxum excavat

Weder Fisch noch Fleisch
Neque caro est neque piscis

Weit vom Schuß
Extra telorum iactum

Wider den Stachel löcken
Contra stimulum calces

Wie der Vater so der Sohn
Qualis pater talis filius

Wind machen
Fumos vendere

Das Latein des Erasmus ist die Sprache eines beweglichen Geistes, dem es widerstrebt, den ledernen Jargon der Scholastiker einfach durch die unfreie Nachahmung Ciceros zu ersetzen. Auf diesem Felde hatte der junge Schriftsteller einige Schritte versucht, aber bald bemerkt, daß man so keine Worte hatte für die eigene Zeit und ihre Erlebnisse. In den *Colloquia* und in den *Adagia* vor allem entwickelte er ein Latein, das geschmeidig wurde für seine Absicht, Weisheit und Lehre der Alten dem Gegenwartsverständnis des Menschen und seiner Lebenssituation dienstbar zu machen. Die betulich ciceronische Ausdrucksweise so mancher »Humanisten«, ihre bornierte Mäkelei an seiner Diktion brachte ihn in Harnisch. In seinem Dialog *Ciceronianus* entlarvte er die steife Geziertheit jener »Humanisten«, die mit ihrem ciceronischen Wortschatz unfähig blieben, die lebendige Wirklichkeit ihrer Zeit wiederzugeben. Seinen Wortschatz hat er deshalb aus seiner stupenden Kenntnis vieler Autoren aus vielen Jahrhunderten angereichert. Wo ihm das rechte Wort für den neuen Sachverhalt fehlt, bringt er auch eine kühne Neuschöpfung.

So wenig »klassische« Umstände er macht, wenn es um ein angemessenes Wort, einen einprägsamen Ausdruck geht, so wenig zwängte er seine Aussage in ein starres grammatisches Gerüst. Seine Sprache ist dialogisch, nicht nur in den *Colloquia*, in den zahlreichen dialogischen Abhandlungen und in dem gewaltigen Briefwerk; auch in den *Adagia* hat er immer den Gesprächspartner im Auge, sei es nun ein bestimmtes Leserpublikum oder ein Adressat, dem er ein Licht aufstekken, mit dem er die Klinge kreuzen will. Von den antiken Autoren haben es ihm deshalb auch die Briefschreiber und Dialogautoren angetan. Wie sie läßt er seine Rede nicht gravitätisch auf Stelzen gehen, sondern plaudert lieber unterhaltsam, hat seine Freude am Fabulieren und läßt die Sätze auch einmal scheinbar achtlos von der Leine. Was ihn am Sprachdrill der Klassizisten störte, war ihr schulmeisterliches Bestreben, jedem Wort, jedem Satz einen ausschließlichen Sinn zu sichern. Er hielt das für verlorene Liebesmüh, sofern nicht hohles Wortgeklingel dabei herauskommen sollte. Deshalb *und* als kritischer Geist, der aufgeweckte Leser haben sollte, bevorzugte er eine hintergründige, andeutungsreiche Sprache, die sich bloßem Kalkül gern versagte. Er liebte es deshalb, seine »Gedanken«, wie Kleist sagt, »allmählich beim Reden zu verfertigen«. Der Leser muß also ungeahnten und unberechenbaren »Abschweifungen« und »Mehrdeutigkeiten« folgen können. Die *Ciceronianer* brauchen Leser, die ihre »klassischen« Muster genauestens beherrschen und mit sich selbst zufrieden sind sowohl, wenn sie sich bestätigt fühlen als auch, wenn sie Anstoß nehmen. Erasmus erwartet gescheite Leser, solche mit Phantasie und beweglichem Geist.

Der wortgewandte und ausdrucksstarke Lateiner schätzte die griechische Sprache wie keine andere. Mit dem Lateinischen wuchs er sozusagen auf; es wurde seine »Muttersprache«. Das Griechische hat er sich zu eigen gemacht, so sehr, daß der sich mit manchem Briefpartner in griechischer Sprache unterhielt. Er begnügte sich nicht damit, griechische

Autoren von Euripides bis Lukian ins Lateinische zu übersetzen. Seine *Adagia* sind eine geradezu unwiderstehliche Einladung, sich mit dem Griechischen einzulassen. Er bringt die kaum zählbaren und oft sehr ausgiebigen Belege aus der griechischen Literatur immer im Original, bevor er sie übersetzt. Im weiteren Verlauf verzichtet er dann oft auf die lateinische Version und überläßt den Leser »pädagogisch« dem nunmehr bekannten Urtext. Eine unverkennbare Freude am sprachlichen Vergleich leitet ihn bei diesem Verfahren, das er 1528 in seinem Dialog *De pronuntiatione* (Über die Aussprache) auf die lebenden Fremdsprachen ausdehnt. Doch die jahrzehntelange Weiterarbeit an den *Adagia*, die Einstellung, die er zu Wortschatz und Sprachbau entwickelt, widerlegt die These von den »toten Sprachen«. Dieses Latein ist lebendig wie nur eine der »Volkssprachen« damals. Sie mußten erst noch konkurrenzfähig werden (so wie einst das Lateinische im »Umgang« mit dem Griechischen). Mitlebende Humanisten wie Hutten, Rabelais, Damiao da Gois und viele andere haben zwischen dem Lateinischen und ihrer Volkssprache gewechselt und es schließlich ganz gegen den Gebrauch ihrer Volkssprache ausgetauscht. Erasmus ist als unentwegter »Lateiner« doch und gerade auch mit seinen *Adagia* durch die Vielzahl der Übersetzungen wesentlich mitbeteiligt an der Ausbildung der Volks- zu Schrift- und Buchsprachen. Wo immer sich Gelegenheit bot, hat er zu solcher Übersetzungstätigkeit aufgefordert. Es gibt einleuchtende Gründe, warum er diesen Schritt selbst nicht unternahm: seine Lebensgeschichte und seine prinzipielle Einstellung machten ihn zum Weltbürger, der weder in einer »lebenden« Sprache zu Hause war noch sich so mit *einer* Nation abfinden wollte. Er fühlte sich dem Zeitgeist kritisch und polemisch verpflichtet,[27] wollte sich frei und unabhängig äußern, aber auch nicht von den unsäglich verachteten Barbaren auf Thronen, Kirchenstüh-

27 Peter G. Bietenholz, *History and biography in the work of Erasmus of Rotterdam*, Genf 1966.

len und Kathedern ausräuchern lassen. Der Brandgeruch der Autodafés lag stechend in der Luft (noch von Konstanz her und nun wieder aus Paris, Spanien und Genf). Während Luther im Schutze seines Landesherrn mit der Welt »deutsch reden« durfte, konnte der beharrliche Einzelkämpfer aus Rotterdam nur »ungeschützt« reden, wenn er bei seinem Latein blieb. So wie er es dehnte, bog und schliff, gerade auch in den *Adagia*, kamen die Barbaren ihm nicht leicht auf seine Schliche. Ihnen zum Verdruß wahrte er so seine Freiheit des Wortes.

Erasmus wollte zwar übersetzt werden, aber er hat es keinem leicht gemacht damit. Die ersten, die sich am kaum erschienenen lateinischen Text versuchten, hatten schon ihre große Mühe. Sie haben es zunächst mit Paraphrasen und sehr freien Zusammenfassungen versucht. Die »Volkssprachen« hatten damals noch lange nicht die Wandlungsfähigkeit im Ausdruck erreicht, die das Latein des Erasmus kennzeichnet. Seine »freie Beweglichkeit im Umgang mit der Sprache ist völlig unnachahmlich«.[28]

Der Leser dieser Übersetzung sollte vielleicht beherzigen, was der Autor selbst im Adagium »Herculei labores«[29] über die Schwierigkeiten des Übersetzens schreibt und, was dort für eine Übersetzung aus dem Griechischen ins Lateinische geltend gemacht wird, meiner Übersetzung ins Deutsche zugute halten, daß nämlich nicht nur »gutes Deutsch«, sondern auch die »Individualität des Autors« zu berücksichtigen ist. Die Sprichwörter und die von Erasmus angeführten Belegstellen, besonders die aus griechischen Quellen, sind durchweg eigene Übersetzungen. Das erwies sich als notwendig, weil schon die lateinische Version viele »Freiheiten« enthält, die dann auch jeweils in der deutschen Sprachform gewahrt werden sollten. Wie schon bei der Übersetzung des »Lobs der Torheit«[30] sind Bibelzitate neu über-

28 Rudolf Pfeiffer, *History of classical scholarship from 1300 to 1850*, Oxford 1976, S. 113.
29 LB 712 B.
30 Reclams Universal-Bibliothek, Nr. 1907 [2].

setzt. Da Erasmus die Vulgata zugrunde legt, war eine enge Anlehnung an sie geboten. Die Klammerzusätze im deutschen Text sollen entweder das Verständnis erleichtern oder sind aus stilistischen Gründen unentbehrlich.
Erasmus zitiert meistens aus dem Gedächtnis. Deshalb begnügt er sich manchmal damit, nur den Autor anzugeben, allenfalls noch den Titel des betreffenden Werkes. Einen genauen Stellennachweis bietet er selten. Beim Auffinden mancher Zitate erwiesen sich die Ausgaben von Theresia Payr und Margaret Phillips-Mann hilfreich, anderes wurde vor allem mit Hilfe der Thesauri ermittelt. Der Stellennachweis wurde für die deutsche Fassung grundsätzlich in die Anmerkung übernommen.

*Anton J. Gail*

Der Herausgeber dieser Adagia-Auswahl hat die Fertigstellung des Buches nicht mehr erleben dürfen. Notwendige Korrekturen des Druckes und, in wenigen Fällen, des Manuskriptes verantwortet sein Sohn Adalbert J. Gail.

# Zur Charakteristik der Auswahl

## I
### *Lehrreich und unterhaltsam*

Mit umständlichen Mutmaßungen über die Herkunft eines Adagiums und mit der bloßen Häufung von Belegstellen hält Erasmus sich nur selten auf. Dagegen verweilt er genußvoll bei einem Beleg, der ihm Gelegenheit gibt, seinen Leser zu unterhalten. Beispiel dafür ist das Adagium »Öl und Mühe habe ich vertan«. Mit offenen Karten spielt er dann in »Das Jahr macht die Ernte, nicht der Acker«, in dem sich der leidenschaftliche Erzieher das Wort gibt. Persönlicher wird er dann in »Mach es wie der Polyp«; denn das Plädoyer für geistige Beweglichkeit und Rollenwechsel zielt auf seinen eigenen Charakter.

## II
### *»Heidnische« Herausforderung für Christen*

Die Heiden waren bessere Christen. Sich ihrer Lebensart erinnern, sich ihre Vorlieben und Abneigungen zu vergegenwärtigen, heißt die »christlichen« Zeitgenossen vor dem Tribunal des Evangeliums bloßstellen, ob sie nun Geld zusammenscharren (»Sich an einem Leichnam bereichern«) oder Feiertage entwürdigen und Nichtigkeiten beweihräuchern (»Wind machen«). Wer aber Ernst machen will mit dem Evangelium in dieser Zeit, hat eine schmerzhafte Operation vor sich, und das nicht weniger in der Kirche als im Staat (»Wie Gerstenkörner in den Augen sitzen«).

## III

## *Heidnische Wirklichkeit und christliches Maß in der Politik*

Im Adagium »Man muß entweder als König oder als Narr geboren sein« hält Erasmus den »allerchristlichsten« Regenten seiner Zeit den Spiegel der Antike vor, damit sie ihre eigene Borniertheit erkennen.
In »Du hast dein Sparta, mach es ansehnlich« entlarvt er das »heidnische« Räuberunwesen unter den Fürsten und Königen der Gegenwart. Nur als Friedenswahrer und selbstlose Verwalter können sie dem Anspruch einer christlichen Gegenwart gerecht werden.

## IV

## *Selbstbildnis und Gesicht der Zeit*

Von seinen *Adagia* als Versuchung und Verhängnis seines Lebens, vom Schicksal des Publizisten und seinem Anteil an der *renascentia literarum* handelt das Adagium »Herkulische Mühen«. In »Eile mit Weile« erinnert der Autor eindringlich daran, daß wie überall in der Natur, so besonders im Geistigen der Fortschritt mit dem Sinn für Bewahrung gepaart sein muß, wenn anders die Menschheit dabei gewinnen soll.

# I

## *Oleum et operam perdidi.*

Eodem pertinet et illud, quod est apud Plautum in Poenulo: *Tum pol ego et oleum et operam perdidi*, i. e. quicquid insumpsi, seu rei, seu laboris, id frustra insumptum est. Metaphora ducta est e gladiatorum ac palaestritarum certaminibus: in quibus certaturi, unguentis quibusdam oleaceis perungebantur. Cicero in Epistolis: *Nam quid ego te athletas putem desiderare, qui gladiatores contempseris: in quibus ipse Pompejus profitetur se et oleum et operam perdidisse.* Quanquam potest et ad lucubrantium lucernas referri: sicuti Cicero fecisse videtur, scribens ad Atticum libro XIII. *Ante lucem cum scriberem contra Epicureos, de eodem oleo et opera exaravi nescio quid ad te, et ante lucem dedi.* Idem ad eundem alibi: *Non defleamus, ne et oleum et opera nostrae philologiae perierit, sed conferamus tranquillo animo.* Quo quidem in loco plus habet gratiae, quod ad rem animi translatum sit. Ergo hic *oleum* pro sumptu positum est. Nam et sic effertur adagium.

Plautus in Rudentibus: *et operam et sumptum perdunt.* Eodem pertinet etiam illud, quod corvus ille salutator sonare didicerat, *opera et impensa periit.*

Cujus fabulae meminit Macrobius libro Saturnalium ii. Eam quoniam haud quaquam indigna memoratu videtur, non gravabor adscribere, idque ipsius verbis. *Sublimis*, inquit, *Actiaca victoria revertebatur Octavius. Occurrit ei inter gratulantes corvum tenens, quem instituerat hoc dicere.* Ave Caesar victor, Imperator. *Miratus Caesar officiosam avem,*

I

*Öl und Mühe habe ich vertan.*[1]

Im »Poenulus« des Plautus heißt es: *Da habe ich, beim Pollux, Öl und Mühe vertan,* d. h., was ich auch an Mitteln und Arbeit aufgewendet habe, das ist vergeblich aufgewendet.[2] Das Bild stammt aus den Wettkämpfen der Gladiatoren und Ringer; vor dem Kampf ließen diese sich mit bestimmten ölhaltigen Salben einreiben. Cicero schreibt in den Briefen[3]: *Soll ich glauben, Dich ziehe es zu den Athleten, der Du (doch) die Gladiatoren verachtet hast, an denen selbst Pompeius nach eigenem Eingeständnis Öl und Mühe vertan hat.* Immerhin kann man es auch auf die Lampen der zur Nachtzeit Schreibenden beziehen, wie anscheinend Cicero es gemacht hat, als er schrieb: *Als ich noch vor Tagesanbruch gegen die Epikuräer schrieb, habe ich über dasselbe Öl und die Mühe etwas für Dich ausfindig gemacht und noch vor Tag mitgeteilt.* An denselben schreibt er an anderer Stelle[4]: *Wir möchten es nicht beklagen, daß Öl und Mühe unserer Philologie nutzlos vertan sind, sondern es gelassen berichten.* An dieser Stelle erscheint das Sprichwort geistvoller, weil es eine auf die Geistesverfassung übertragene Bedeutung erhält. Deshalb ist hier *Öl* für Aufwand gesetzt. Denn auch so wird das Adagium über sich hinausgehoben.

Im »Rudens« heißt es bei Plautus[5]: *Sowohl Mühe als auch Aufwand vertun sie.* Dahin gehört auch, was einmal ein Rabe zur Begrüßung krächzen gelernt hatte: *Mühe und Auslagen sind vertan.*

An diese Geschichte erinnert Macrobius. Da diese Stelle bemerkenswert erscheint, habe ich kein Bedenken, sie wortwörtlich zu bringen. *Hochgestimmt,* sagt er, *durch den Sieg bei Actium, kehrte Octavius zurück. Ihm begegnete unter den Heilrufenden einer, der einen Raben in der Hand hielt, den er gelehrt hatte:* »Heil Dir, siegreicher Caesar und

1) ad Att. XIII, 47 (= 38) bei gleicher Leuchte .. u. gleicher Feder

*viginti millibus nummum emit. Socius opificis, ad quem nihil ex illa liberalitate pervenerat, affirmaverat Caesari illum habere et alium corvum, quem ut affere cogeretur, rogavit. Allatus verba, quae dedicerat, expressit:* Ave victor, Imperator Antoni. *Nihil exasperatus, satis duxit jubere illum dividere donarium cum contubernali. Salutatus similiter a psittaco, emi jussit eum. Idem miratus in pica, hanc quoque redemit.*

*Exemplum sutorem pauperem sollicitavit, ut corvum institueret ad parem salutationem, qui impendio exhaustus, saepe ad avem non respondentem dicere solebat,* opera et impensa periit. *Aliquando tamen corvus coepit dicere dictatam salutationem. Hac audita, dum transit Augustus respondit,* satis domi salutatorum talium habeo. *Superfuit corvo memoria, ut et illa quibus dominum querentem solebat audire, subtexeret,* opera et impensa periit. *Ad quod Caesar risit, emique avem jussit, quanti nullam adhuc emerat.* Hactenus Macrobii verba reddidimus.

Divus Hieronymus ad Pammachium, videtur huic adagio velut alterum quoddam adagium subtexuisse: Oleum perdit et impensas, qui bovem mittit ad ceroma. Siquidem hoc ipsum bovem ad ceroma mittere proverbium sapit, pro eo quod est, docere indocilem: aut ad id muneris quempiam adsciscere, ad quod obeundum minime sit idoneus, videlicet ingenio repugnante. Nam *ceroma* dicitur unguentum, quo olim unguebantur athletae, id ex oleo certisque terrae generibus conficiebatur. Porro ad certamina bos inutilis est.

Feldherr!« (zu rufen). *Caesar wunderte sich über den dienstfertigen Vogel und kaufte ihn für 20 000 Sesterzen. Der Geselle des Züchters, der nichts von dieser großzügigen Kaufsumme erhalten hatte, versicherte dem Caesar, jener habe noch einen anderen Raben, den er sich doch herbeibringen lassen möge. Herbeigeschafft, brachte er die Worte heraus, die er gelernt hatte:* »Heil Dir, siegreicher Feldherr Antonius.« *(Octavius) ereiferte sich nicht und begnügte sich damit, daß er jenen das Geldgeschenk mit seinem Genossen teilen ließ. Als er auf gleiche Art von einem Papagei begrüßt wurde, ließ er ihn kaufen. Auch eine Elster, über deren Begrüßung er sich wunderte, erstand er.*

*Der Vorgang bewog einen Flickschuster, einem Raben die gleiche Begrüßung beizubringen. Als ihm das Geld ausgegangen war, pflegte er zu dem Raben, der keinen Laut von sich gab, zu sagen:* »Mühe und Aufwand sind vertan.« *Eines Tages fing der Rabe doch an, die eingeprägte Begrüßungsformel aufzusagen. Augustus, der das im Vorübergehen hörte, antwortete:* »Ich habe zu Hause genug solcher Grußboten.« *Es haftete aber beim Raben noch im Gedächtnis, was er seinen Herrn klagen hörte, so daß er hinzufügte:* »Mühe und Aufwand sind vertan.« *Da lachte der Kaiser und ließ auch diesen Vogel kaufen für eine Summe, die er bisher für keinen aufgewendet hatte.* So weit haben wir uns an den Wortlaut des Macrobius gehalten.[6]

Der hl. Hieronymus scheint in seiner Schrift an Pammachius[7] diesem Adagium ein anderes angefügt zu haben: *Wer seine Kuh in die Arena bringt, hat Öl und allen Aufwand vertan.* Dieses Sprichwort, eine Kuh in die Arena zu treiben, heißt soviel wie einen Unbelehrbaren unterrichten oder jemand für eine Aufgabe heranziehen, für die er überhaupt nicht taugt, da beispielsweise seine Eignung dagegen spricht; denn *ceroma* nennt man die Salbe, mit der einst die Athleten eingerieben wurden; sie wurde aus Öl und bestimmten Erden hergestellt. So ist denn eine Kuh unbrauchbar für den Kampf in der Arena.

## *Annus producit, non ager.*

Ἔτος φέρει, οὐχὶ ἄρουρα, i. e. *Annus producit segetem, non arvum.* Hemistichion proverbiale quod refertur a Theophrasto, lib. De plantis octavo:
Πρὸς αὔξησιν δὲ καὶ τροφὴν μέγιστα μὲν ἡ τοῦ ἀέρος κράσις συμβάλλεται, καὶ ὅλως, ἡ τοῦ ἔτους κατάστασις. εὐκαίρων γὲ ὑδάτων, καὶ εὐδιῶν, καὶ χειμώνων γινομένων, ἅπαντα εὔφορα καὶ πολύκαρπα. κ'ἂν ἐν ἁλμώδεσι καὶ λεπτογείοις ᾖ. διὸ καὶ παροιμιαζόμενοι λέγουσιν, οὐκ ἄλλως, ὅτι ἔτος φέρει, οὐχὶ ἄρουρα. μέγα δὲ καὶ αἱ χῶραι διαφέρουσιν, i. e. *Ad incrementum autem alimentumque plurimum quidem coeli temperies, et in totum anni conditio juvat. Etenim si imbres, serenitates, et hyemes accidant opportunae, cuncta felicius atque uberius proveniunt, etiam in salsuginosis, ac parum pinguibus agris. Unde non ab re est, quod proverbio dicunt, Annum producere fructum, non arvum. Veruntamen non parvi refert, quae sit regionum ratio.* Hic illud obiter admonendum duxi, in impressis exemplaribus legi, οὐ καλῶς, i. e. *non recte:* atque hoc ipsum, ut mea quidem est opinio, οὐ καλῶς, partim quod Theodorus Gaza verterit hoc loco *non perperam:* partim quod non perinde quadret ad Theophrasti sententiam. Nam is fatetur verum esse, plurimum habere momenti coeli conditionem, id quod etiam proverbio testatum sit, quo non sine causa tota proventus ratio tribuitur aeri, tamen nonnihil etiam discriminis situm esse in ipso soli ingenio. Proinde legendum suspicor pro οὐ καλῶς, οὐκ ἄλλως, i. e. *non temere.* Quanquam equidem video et illud οὐ καλῶς, utcunque posse defendi. Nimirum ut Theophrastus improbet vulgare dictum, quod coelo momentum omne tribuit, cum et a soli ratione magna pars pendeat. Mihi tamen superior lectio

## *Das Jahr macht die Ernte, nicht der Acker.*[1]

Ἔτος φέρει, οὐχὶ ἄρουρα, d. h. *Das Jahr läßt die Saat aufgehen, und nicht das Ackerland.* Dies ist ein sprichwörtlicher Halbvers, der von Theophrast erwähnt wird[2]: Πρὸς αὔξησιν δὲ καὶ τροφὴν μέγιστα μὲν ἡ τοῦ ἀέρος κράσις συμβάλλεται, καὶ ὅλως, ἡ τοῦ ἔτους κατάστασις. εὐκαίρων γὲ ὑδάτων, καὶ εὐδιῶν, καὶ χειμώνων γινομένων, ἅπαντα εὔφορα καὶ πολύκαρπα. κ'ἂν ἐν ἁλμώδεσι καὶ λεπτογείοις ᾖ. διὸ καὶ παροιμιαζόμενοι λέγουσιν, οὐκ ἄλλως, ὅτι ἔτος φέρει, οὐχὶ ἄρουρα. μέγα δὲ καὶ αἱ χῶραι διαφέρουσιν, d. h. *Zum Wachstum aber und zur Nahrung trägt allerdings am meisten das Wetter und im ganzen die Gunst des Jahres bei. Wenn nämlich Regenfälle, Sonnenschein und Winterkälte günstig sind, entwickelt sich alles fruchtbarer und üppiger, sogar auf versalzten und mageren Böden. Deshalb ist es auch zutreffend, daß nach dem Sprichwort das Jahr die Ernte bringt, und nicht das Ackerland. Trotzdem macht es viel aus, wie die Gegend beschaffen ist.* An dieser Stelle sollte ich beiläufig erwähnen, daß ich in gedruckten Ausgaben οὐ καλῶς, d. h. *nicht richtig*, gelesen habe, und das ist meiner Ansicht nach οὐ καλῶς (nicht richtig), einmal weil Theodorus Gaza an dieser Stelle *non perperam* (nicht falsch) übersetzt hat, zum andern, weil es gar nicht die Meinung des Theophrast trifft. Denn der gibt zu, daß es wahr sei und das Klima die größte Bedeutung habe, was auch durch das Sprichwort bezeugt werde, mit dem nicht ohne Grund der entscheidende Anteil des Ertrags dem Himmel, trotzdem auch etwas an Wert der Qualität des Bodens selbst zugerechnet wird. Deshalb vermute ich, daß man für οὐ καλῶς lesen muß οὐκ ἄλλως, d. h. *nicht von ungefähr.* Immerhin sehe ich allerdings, daß man auch jenes οὐ καλῶς durchaus verteidigen kann. Zweifellos mißbilligt Theophrast die Redensart, die dem Himmel alle Bedeutung beimißt, da doch vom Wert des Bodens ein großer Teil abhängt. Trotzdem gefällt mir die vorherige Lesart mehr,

magis arridet, atque huic meae sententiae doctos calculum suum additures existimo. Repetit idem adagium libro De causis plantarum tertio, rationem reddens, cur in frigidis pariter et calidis regionibus triticum proveniat, haud negans agri naturam nonnihil conferre ad fertilitatem, sed multo maximum momentum habere aerem circumfusum, et cujusmodi coeli ventorumque temperies contingat, tum ad quos flatus oppositus sit ager. Meminit et Plutarchus in Symposiacis, decade septima, problemate secundo.

Porro si libebit usum proverbii dilatare, non intempestiviter accommodabitur in hanc sententiam, si quid dicat, ad virtutem educationem longe plus adferre momenti quam genus: ac plane perparvi referre, quibus majoribus sis natus, sed multo maxime quibus rationibus educatus, quibusque moribus sis institutus. Nam coelum velut educat, quod progignit terra. Ad hoc adagii videtur allusisse Euripides in Hecuba, quam ita loquentem facit:

Οὔκουν δεινόν, εἰ γῆ μὲν κακὴ, τυχοῦσα καιροῦ θεόθεν, εὖ σάχυν φέρει. χρηστὴ δ'ἁμαρτοῦσ', ὧν χρεὼν αὐτὸν τυχεῖν, κακὸν δίδωσι καρπόν; ἀνθρώποις δ'ἀεί, ὁ μὲν πονηρός, οὐδὲν ἄλλο πλὴν κακός, ὁδ' ἐσθλό, ἐσθλός, οὐδὲ συμφορᾶς, ὑπὸ φύσιν διέφθειρ', ἀλλὰ χρηστὸς ἐσ' ἀεί, ἆρ' οἱ τεκόντες διαφέρουσιν ἢ τροφαί; ἔχει γὲ τοι τε καὶ τὸ τρεφθῆναι καλῶς διδιάξιν ἐσθλοῦ,

i. e. *Non novum ergo, si mala*
*Favente caelo, terra fert segetem bonam:*
*Bona, destituta quibus opus fuerat, malum*
*Fructum edit. At mortalium quisquis malus,*
*Nil possit aliud esse quam semper malus,*
*Frugi usque frugi. Sors nec ingenium viri*
*Adversa vitiat, sed probus semper manet.*
*Utrum id parentum, an educantium magis?*
*Recte educari, scilicet nonnullam habet*
*Doctrinam honesti.*

und ich glaube, daß die Kenner meiner Ansicht zustimmen werden. Er greift dieses Adagium noch einmal auf, wo er begründet, warum Weizen sowohl in kalten als auch in warmen Zonen wächst, indem er zugibt, daß die Beschaffenheit des Bodens für die Fruchtbarkeit eine gewisse Bedeutung hat, daß aber die weitaus größere Bedeutung das herrschende Wetter hat und welche Temperatur Luft und Windbewegung bringen, dann aber auch wie das Ackerland im Verhältnis zur Windbewegung liegt.[3] Auch Plutarch erinnert daran.[4]

Darüber hinaus, wenn man den Gebrauch des Sprichworts ausdehnen will, wird man es nicht unpassend in dem Sinne anwenden, wenn man sagen würde, daß die Erziehung viel mehr Bedeutung hat im Hinblick auf die Tugend als die Herkunft und daß es offensichtlich sehr wenig ausmacht, was für Vorfahren man hat, aber ganz entscheidend ist, wie man erzogen und in welchen Sitten man unterwiesen ist. Denn die Umwelt erzieht sozusagen, was die Erde hervorgebracht hat. Auf diesen Sinngehalt des Adagiums scheint Euripides in der »Hecuba« angespielt zu haben, die er sagen läßt:

Οὔκουν δεινὸν, εἰ γὴ μὲν κακὴ τυχοῦσα καιροῦ θεόθεν, εὖ στάχυν φέρει. χρηστὴ δ'ἁμαρτοῦσ', ὧν χρεὼν αὐτὸν τυχεῖν, κακὸν δίδωσι καρπόν; ἀνθρώποις δ'ἀεί, ὁ μὲν πονηρός, οὐδὲν ἄλλο πλὴν κακός, ὁδ' ἐσθλό, ἐσθλός, οὐδὲ συμφορᾶς ὑπὸ φύσιν διέφθειρ', ἀλλὰ χρηστὸς ἐσ' ἀεί, ἀρ' οἱ τεκόντες διαφέρουσιν ἢ τροφαί; ἔχει γὲ τοι τε καὶ τὸ τρεφθῆναι καλῶς διδιάξιν ἐσθλοῦ,

d. h. *Es ist also nichts Neues, daß schlechter Boden bei günstigem Wetter gute Ernte bringt; daß guter Boden, wenn es am Nötigen fehlt, karge Frucht hervorbringt. Wer aber ein schlechter Mensch ist, mag wohl nicht anders sein als immer schlecht, und wer trefflich ist, durchweg trefflich. Schlimmes Schicksal verdirbt den Charakter des Mannes nicht, er bleibt immer rechtschaffen. Ist das nun mehr der Herkunft als den Erziehern anzurechnen? Richtig erzogen zu werden, das führt wohl manchmal zu ehrenwertem Verhalten.*

Videtur Hecuba plusculum tribuere geniturae quam institutioni, miraturque proinde non idem evenire in mortalium moribus, quod in proventu segetum accidat. Porro quanto plus valeat institutio quam genus, Lycurgus eleganter ostendit, prolatis apud multitudinem duobus canibus, quorum alter ingenerosa matre natus, propter institutionem gnaviter feram est insecutus: alter generosis ortus parentibus, quod institutus non esset, turpiter relicta fera, ad odorem panis ac cibi restitit.

## *Polypi mentem obtine.*

Exstat apud Graecos adagium in hunc ordinem referendum, Πουλύποδος νόον ἴσχε, i. e. *Polypi mentem obtine.* Quo jubemur pro tempore, alios atque alios mores, alium atque alium vultum sumere. Quod in Ulysse videtur Homerus laudare, qui eum πολύτροπον appellat, i. e. *moribus versatilibus.* Adagium natum est a piscis hujus ingenio, de quo meminit Plinius lib. IX. cap. 29. Praeterea Lucianus in sermone Menelai ac Protei, scribuntque colorem mutare maxime in metu. Nam persequentibus piscatoribus, petris affigit sese, et cuicunque petrae adhaeserit, ejus colorem corpore imitatur, videlicet ne queat deprehendi. Quin ut refert Basilius magnus, pisces imagine falsa decepti, nonnunquam annatant, ultro sese praedoni offerentes. Porro proverbium sumptum est ex Theognide, cujus hodie distichon est de polypo. Citaturque a Plutarcho in libello Περὶ πολυφιλίας:

Πουλύποδος νόον ἴσχε, πολυπλόκου, ὃς ποτὶ πέτρῃ τῇ
προσομιλίζει τοῖος ἰδεῖν ἐφάνη,

Hecuba scheint der Herkunft etwas mehr zuzurechnen als der Erziehung und wundert sich deshalb, daß im Charakter der Menschen es nicht genauso ist, wie es beim Aufgehen der Aussat der Fall ist. Lykurgus hat sehr einsichtig gemacht, wieviel mehr die Erziehung vermag als die Herkunft, indem er seinen Zuhörern zwei Hunde vorführte, von denen der eine, von einem namenlosen Muttertier abstammend, das Wild geschickt aufspürte, der andere, von erlauchter Abkunft, aber nicht abgerichtet, das Wild schmählich laufen und sich vom Geruch des (bereitgestellten) Futters festhalten ließ.

## *Mach es wie der Polyp!*[1]

Im Griechischen gibt es das Sprichwort in folgender Form: Πουλύποδος νόον ἴσχε, d. h. *Mach es wie der Polyp*! Es heißt uns je nach Situation immer wieder eine andere Haltung und immer wieder einen anderen Ausdruck anzunehmen. Das lobt anscheinend Homer an Odysseus, wenn er ihn πολύτροπον, d. h. *beweglich in seinem Verhalten*, nennt. Das Adagium ist bezogen auf das Verhalten eines Fisches, den Plinius erwähnt.[2] Plinius wie auch Lukian in seinem Gespräch zwischen Menelaus und Proteus schreiben, daß er vor allem aus Furcht seine Farbe wechsle. Wenn ihn nämlich Fische verfolgen, preßt er sich an Steine und nimmt mit seinem Körper die Farbe des Steines an, auf den er sich gerade gelegt hat, um so nicht entdeckt zu werden. Basilius der Große berichtet sogar, daß gelegentlich Fische, die sich durch das Trugbild irreführen lassen, heranschwimmen und sich so getäuscht dem Raubfisch ausliefern. Das Sprichwort stammt aus Theognis, von dem es jetzt noch ein Distichon über Polypen gibt. Plutarch zitiert es in der Schrift Περὶ πολυφιλίας, wo es heißt:

Πουλύποδος νόον ἴσχε, πολυπλόκου, ὃς ποτὶ πέτρῃ τῇ προσομιλίζει τοῖος ἰδεῖν ἐφάνη,

i. e. *Mentem habeas vafri polypi, qui protinus illa*
*Se quibus admorit, saxa colore refert.*

Clearchus in proverbiis, teste Athenaeo, citat hoc distichon, tacito auctoris nomine:

Πουλύποδός μοι τέκνον ἔχων νόον ἀμφίλοχ' ἥρως,
τοῖσιν ἐφαρμόζων ὧν καὶ πρὸς δῆμον ἵκηε,

i. e. *Polypi ingenio mihi sis nate Amphiloche heros,*
*Ut tumet populo, quemcunque accesseris aptes.*

Citat idem carmen Plutarchus ex Pindaro. Unde et versus ille proverbialis celebratur:

Ἄλλοτε δ'ἀλλοῖον τελεθὲν καὶ χώρου ἕπεσθαι,

i. e. *Proque loco nunc hunc fieri, nunc expedit illum.*

Qui nos admonet, uti nos ad omnem vitae rationem accommodemus, ac Proteum quendam agentes, prout res postulabit, in quamlibet formam transfiguremus. Plutarchus item ἀλλοῖος γένομαι, dixit, pro eo quod est, *in diversam eo sententiam.* Quod quidem notat et Aristophanes in Pluto, qui monet vivendum esse τρόποις ἐπιχωρίοις, i. e. *moribus regionis*, ac vernaculis. Eodem pertinet et illud, νόμος καὶ χώρα, i. e. *Lex etiam ipsa regio.* Quo significatum est, unicuique regioni quaedam peculiaria esse instituta, quae hospites non damnare, sed pro virili nostra imitari atque exprimere debeamus.

Neque quisquam existimet hoc adagio doceri foedam adulationem, qua quidam omnibus omnia adsentantur, aut vitiosam morum inaequalitatem, quam Horatius eleganter taxat in Sermonibus, quamque historici notant in Catilina, atque in Anedio Cassio Imperatore: denique literae divinae in quovis improbo, cum ajunt, *stultum perinde atque lunam immutari*, cum sapiens solis exemplo sui semper sit similis.

Nam in Alcibiade dubites vitione an laudi danda sit: certe

d. h. *Mach es wie der verschlagene Polyp, der sofort die Farbe der Steine annimmt, an die er heranschwimmt.*
Wie Athenaeus angibt, zitiert Klearch in den Sprichwörtern ohne Angabe des Verfassers folgendes Distichon:
Πουλύποδός μοι τέκνον ἔχων νόον Ἀμφίλοχ' ἥρως,
τοῖσιν ἐφαρμόζων ὧν καὶ πρὸς δῆμον ἵκηε.
d. h. *Mach es wie der Polyp, heroischer Sohn des Amphilochos, damit du dich jedem Volk, zu dem du kommst, anpassest.*
Die gleichen Dichterworte zitiert Plutarch aus Pindar, woher (dann) jener Vers als Sprichwort bekannt wurde:
Ἄλλοτε δ'ἀλλοῖον τελεθὲν καὶ χώρου ἕπεσθαι,
d. h. *Je nach der Gegend ist es nützlich, bald dieser zu werden, bald jener.*[3]
Es erinnert uns daran, uns jeder Lebenslage anzupassen. Wir wollen es wie ein Proteus halten und je nach Sachlage uns in jede beliebige Gestalt verwandeln. Plutarch sagt auch ἀλλοῖος γένομαι (ich werde ein anderer), und meint damit: *ich mache mir eine andere Meinung zu eigen.*[4] Das bemerkt auch Aristophanes im »Plutos«, der daran erinnert, daß man τρόποις ἐπιχωρίοις, d. h. *sich nach Landessitten richten müsse.*[5] Dahin gehört auch jenes νόμος καὶ χώρα, d. h. *Das Land selbst ist das Gesetz.* Damit ist angedeutet, daß jeder Gegend bestimmte Einrichtungen eigentümlich sind, die wir als Gäste nicht verurteilen, sondern so gut wie möglich nachahmen und uns aneignen müssen.
Es soll nun niemand glauben, daß mit diesem Adagium dreiste Anbiederung gelehrt werde, so wie manche Leute allen in allem beipflichten, oder verwerfliche Unstetigkeit im Verhalten, die Horaz in seinen »Sermones« treffend kritisiert und die die Historiker an Catilina und an dem Feldherrn Anedius Cassius rügen: Schließlich tadelt sie die Heilige Schrift an jedem Gottlosen mit den Worten: *Der Tor ändert sich ganz wie der Mond*, wogegen der Weise ganz wie die Sonne sich immer gleichbleibt.[6]
Doch bei Alkibiades konnte man im Zweifel sein, ob man

felicissima quaedam et admiranda fuit morum et ingenii dexteritas, qui sic polypum agebat, ut Athenis, dicteriis et salibus luderet, equos aleret, comiter et eleganter viveret. Idem apud Lacedaemonios radebatur, pallium gestabat, frigida lavabat. Apud Thraces belligerabatur, ac potabat. Ubi vero pervenisset ad Tisaphernem, deliciis, mollicie, fastuque juxta gentis morem est usus.

Sed est quaedam difficilis ac praefracta, morosaque simplicitas imperitorum, qua postulant, ut omnes ubique ipsorum duntaxat moribus vivant, et quicquid aliis placet, id damnant. Rursum est honesta quaedam ratio, qua boni viri nonnunquam alienis moribus obsecundant, ne vel odiosi sint, vel prodesse non possint, aut ut e magnis periculis semet, aut suos eximant. Quemadmodum fecit Ulysses apud Polyphemum multa simulans, apud procos mendicum agens. Item Brutus adsimulata stoliditate. David etiam simulata insania. Quin et divus Paulus Apostolus, sancta quadam jactantia gloriatur, hac pia vafricie sese usum esse, atque omnia factum omnibus, ut omnes Christo lucrifaceret.

Quanquam nihil vetat in notandis vitiis usum adagii satius trahere, nempe in homines versatili quodam ingenio natos, qui talem ubique personam induunt, quales sunt ii, cum quibus contigit agere. Quod genus eleganter descripsit Plautus in Bacchidibus: *Nullus*, inquiens, *frugi esse potest homo, nisi qui bene et male facere tenet. Improbus cum improbis sit,*

ihn tadeln oder loben muß: Gab es doch bei ihm eine sicherlich höchst glückliche und bewundernswerte Beweglichkeit des Geistes und des Verhaltens, worin er so sehr dem Polypen glich, daß er (einerseits) in Athen mit scharfen Witzeleien sein Spiel trieb, Rennpferde unterhielt und einen heiter-eleganten Lebensstil pflegte, andererseits in Sparta sich rasieren ließ, den Mantel trug[7] und sich in kaltem Wasser wusch. Bei den Thrakern übte er das Kriegshandwerk und machte Trinkgelage mit. Bei Tissaphernes machte er nach der Sitte des Volkes das weichliche, üppige und aufwendige Leben mit.

Weltfremde Leute sind aber oft eigentümlich unbeugsam und streng, verlangen in ihrer aufdringlichen Ahnungslosigkeit, jeder solle sich überall genau an seine eigenen Prinzipien halten, und verurteilen alles, was anderen zu Gefallen geschieht. Andererseits gibt es doch eine durchaus ehrenhafte Einstellung, die untadlige Menschen gelegentlich veranlaßt, sich fremdem Verhalten anzupassen, um nicht unangenehm aufzufallen und nicht unverbindlich zu wirken oder um sich selbst und die eigenen Leute vor einer unangenehmen Situation zu bewahren. So machte es Odysseus bei Polyphem mit allerlei Verstellungskünsten oder bei den Freiern, wo er als Bettler auftrat. Auch Brutus verhielt sich so, als er Albernheit vortäuschte, auch David, der sich so anstellte, als ob er nicht ganz gescheit wäre. Sogar der Apostel Paulus rühmt sich einer gewissen Großsprecherei, die er mit frommer Schlauheit geübt habe; das alles sei für alle geschehen, damit er alle für Christus gewinne.[8]

Wenn also nichts hindert, das Adagium in einem weiteren Sinne zu gebrauchen, um fehlerhaftes Verhalten kenntlich zu machen, dann darf man es sicher auch auf Menschen mit einem angeborenen unbeständigen Geist anwenden, die überall die Rolle derjenigen übernehmen, mit denen sie zufällig zu tun haben. Diese Art Menschen stellt Plautus treffend in den »Bacchides« dar: *Keiner*, sagt er, *kann ein brauchbarer Mensch sein, der sich nicht wohl und übel verhalten kann. Er*

*harpaget, furibus furetur quod queat. Versipellem frugi convenit esse hominem, pectus cui sapit: bonus sit bonis, malus sit malis. Utcunque res sit, ita animum habeat.* Eupolis apud Athenaeum:

Ἀνὴρ πολίτης πουλύπους ἐς τὸν τρόπον

i. e. *Urbanus homo, qui moribus sit polypus.*

Plutarchus in Causis naturalibus citat ex Pindaro versus hos: Ποντίου θηρὸς μάλιστα τὸν νόον προσφέρων ταῖς πολίεσσιν ὁμιλεῖ,

i. e. *Marinae beluae colori maxime mentem accomodans, cum omnibus civitatibus consuetudinem habet.* Atque eodem in loco causam reddit, cur id huic accidat pisci. Similem quandam metaphoram Aristoteles a chamaeleonte duxit, primo Moralium libro. Ait enim, si quis a fortuna pendeat, cum illa subinde mutetur, futurum, ut veluti chamaeleon quispiam identidem varietur, nunc felix, nunc miser: utcunque fors alio atque alio vultu respexerit, ita hunc quoque vultum atque animum mutare. De chamaeleonte meminit Plinius libro vigesimo octavo, capite octavo, scribens hoc animal magnitudine ferme par esse crocodilo: caeterum spinae acutiore curvatura, et caudae amplitudine distare. Nullum, inquit, animal pavidius existimatur: et ideo versicoloris esse demutationis. Plutarchus, in commentario De adulatione, scribit chamaeleontem quemvis imitari colorem praeterquam candidum. Idem in Symposiacis conatur causam reddere de polypo, quamobrem non tantum mutet colorem, quod et hominibus accidit in metu: verum etiam sese ad saxi, quodcunque id fuerit, colorem accommodet. Sunt et aves quaedam, quae colorem pariter et vocem mutent

*sollte unredlich sein mit den Unredlichen, sollte ein Räuber sein und mit Dieben stehlen, so gut er kann. Als ein verschlagener Mensch sollte der sich nützlich machen, der Grips dazu hat. Mit Guten sollte er gut sein, mit Schlechten schlecht. Wie immer die Umstände sind, danach sollte er sich richten.*[9]
Eupolis sagt
'Ανὴρ πολίτης πουλύπους ἐς τὸν τρόπον,
d. i. *Ein weltgewandter Mensch ist, wer sich wie ein Polyp verhalten kann.*[10]
Plutarch zitiert in den Causae Naturales folgende Verse aus Pindar:
Ποντίου θηρὸς μάλιστα τόν νόον προσφέρων ταῖς πολίεσσιν ὁμιλεῖ,
d. h. *Wie das Meerestier seine Farbe wechselt, paßt er seinen Sinn an und verträgt sich mit allen bürgerlichen Gemeinschaften.* An derselben Stelle gibt er den Grund an, warum das bei diesem Fisch so ist.[11] Eine ähnliche Metapher leitet Aristoteles im ersten Buch der »Moralia« vom Chamäleon ab. Er sagt nämlich, wenn jemand vom Glück abhänge und dieses sich plötzlich ändere, werde es geschehen, daß er sich wie ein Chamäleon immer wieder ändere und bald glücklich, bald unglücklich erscheine: so wie das Schicksal sich mal so, mal so gestalte, daß so auch der Mensch seine Haltung ändere.[12] Das Chamäleon erwähnt Plinius, indem er schreibt, dieses Tier komme an Größe fast dem Krokodil gleich, habe nur ein stärker gebogenes Rückgrat und einen weniger dicken Schwanz. Kein Tier, meint er, kann man für schreckhafter halten, und deshalb könne es die Farbe wechseln.[13] Plutarch schreibt in seinem Kommentar »De Adulatione«, das Chamäleon könne jede Farbe außer weiß annehmen. Derselbe Autor versucht in seinen Tischgesprächen den Grund anzugeben, warum der Polyp nicht nur die Farbe wechselt, wie es sogar Menschen widerfährt, wenn sie in Furcht geraten, sondern warum er sich sogar der Farbe eines jeden beliebigen Steines anpaßt.[14] Es gibt auch bestimmte Vögel, die je nach Jahreszeit gleichermaßen Farbe und

pro temporibus anni, ut auctor est idem Plinius libro X. cap. 29. et Aristoteles libro De natura animantium nono. In voce mutanda principatum obtinet luscinia. Unde et apud Euripidem Hecuba Polyxenam imitari lusciniam jubet, seseque in omnem vocem vertere, si quo modo queat Ulyssi persuadere, ne perimatur.

Stimme wechseln, wie eben Plinius[15] und Aristoteles in »De natura animantium« (Über die Natur der Tiere) darlegen. In der Modulationsfähigkeit der Stimme übertrifft die Nachtigall alle anderen. Deshalb läßt bei Euripides Hecuba die Polyxena eine Nachtigall nachahmen und sich ganz in die Stimme verwandeln, um Odysseus mit allen Mitteln vom Morden abzuhalten.

## II

*A mortuo tributum exigere.*

Ἀπὸ νεκροῦ φορολογεῖν, i. e. *A mortuo tributum exigere*, dicebantur, qui per fas nefasque divitias undecunque congerunt. Citat Aristoteles libro Rhetoricorum secundo, κ'ἂν ἀπὸ νεκροῦ φέρειν, i. e. *Vel a defuncto vectigal aufert*, ostendens dici solitum in eos, qui turpiter undecunque lucrum aucuparentur e rebus minutis ac sordidis, veluti Vespasianus e lotio: aut e turpibus, velut e lenocinio, quaestuque corporis: aut cum a quibuslibet extorquetur, ab amicis, a tenuibus, a mendicis, postremo vel a mortuis. Probro datum est Romanis Principibus, quod suffossis Corinthiorum monumentis, aera Corinthia sustulerunt, ipso etiam vocabulo rei turpitudinem exprobrante. Nam ad eum sublata modum, νεκροκορίνθια dicta sunt. Attici φόρον vocant emolumentum, sive vectigal, quod ex re quapiam fertur, etiam pecuniarum. Qui praedas hujusmodi colligunt, φορολόγους appellant, invisum omnibus hominum genus, et optimo jure invisum. Deductum est autem Φόρος a verbo φέρειν quod est ferre, a quo Latinis quoque dictum foenus, qua voce veteres non utebantur, nisi de proventu terrae, quae veluti gratissima *debitrix*, pro singulis granis aliquoties centena reddidit. Siquidem praeter naturam est, quemadmodum in Politicis scripsit Aristoteles, ut pecunia pecuniam pariat. At hodie res adeo recepta est apud Christianos, ut contemptis agricolis, quo non aliud hominum genus, vel innocentius, vel magis necessarium reipublicae, foeneratores propemodum inter Ecclesiae columina habeantur, cum usu-

## II

### *Sich an einem Leichnam bereichern.*[1]

Ἀπὸ νεκροῦ φορολογεῖν, d. h. *von einem Toten einen Tribut fordern.* Das sagte man Leuten nach, die auf Gedeih oder Verderb von überall her ihren Reichtum zusammenscharren. Aristoteles[2] zitiert: κἂν ἀπὸ νεκροῦ φέρειν, d. h. *sogar von einem Verstorbenen erhebt er eine Abgabe*, und erklärt, das habe man gewöhnlich über Menschen gesagt, die auf schäbige Weise überall ihren Gewinn aus kleinen, schmutzigen Geschäften herausholen, wie etwa Vespasian aus dem Kot;[3] oder aus schändlichen Unternehmen wie Kuppelei und gewerbsmäßiger Unzucht, oder wenn man Freunde, Minderbemittelte, Bettler, ja schließlich Tote erpreßt. Man hat den vornehmen Römern vorgeworfen, daß sie in Korinth die Denkmäler gestürzt und korinthische Erzbilder entführt haben, wobei das Wort selbst die Schändlichkeit des Vorgehens brandmarkte. Denn was so entführt wurde, nannte man νεκροκορίνθια (korinthische Leichen)[4]. Die Athener nennen φόρον einen Nutzen oder eine Steuer, die von irgend etwas erhoben wird, auch von Kapital. Die so ihre Wucherzinsen zusammenscharren, nennt man φορολόγους, Leute, die überall, ganz wie es ihnen zukommt, verhaßt sind. Φόρος ist vom Verbum φέρειν, was gleich ferre (bringen) ist, abgeleitet. Von daher kommt auch im Lateinischen foenus (Ertrag), ein Wort, das die Alten nur vom Erzeugnis des Bodens gebrauchten, der wie ein hochwillkommener Schuldner für einzelne Körner manchmal hundert vergütet. Allerdings ist es unnatürlich, wie Aristoteles in seiner Politik[5] schreibt, daß Geld (wieder) Geld hervorbringt. Doch heute ist dieses Verfahren unter Christen so üblich geworden, daß man sich um die Bauern, die doch harmloser und für die staatliche Gemeinschaft nützlicher sind als jeder andere Stand, gar nicht (bemüht), aber sich die Wucherer mitten in der Kirche hält, wo doch

ram prisci quoque mortales illi damnarint, Ethnicorum etiam leges moderentur et coerceant, Hebraeorum prorsus interdicant, sanctorum Pontificum decreta detestentur, ac modis omnibus insectentur.

Non quod peculiariter infensus sim foeneratoribus, quorum artem video probe defendi posse, nisi patrum auctoritas olim eam damnasset. Praesertim si respicias ad horum temporum mores, citius foeneratorem probarim, quam sordidum hoc negociatorum genus, qui technis, mendaciis, imposturis, fucis, undecunque venantur lucellum, hic coementes, ut ibi pluris duplo vendant, aut monopoliis expilantes miseram plebem, et tamen hos nihil aliud agentes in vita, pene solos honestos ducimus.

Opinor hoc proverbium, aut idem, aut certe vehementer cognatum esse illi, quod alibi retulimus:

Αἰτεῖ γε καὶ τοὺς ἀνδριάντας ἄλφιτα

i. e. *Ipsis farinas poscit a statuis quoque.*

Per jocum enim pro vectigali farinas posuit, quod ad cibum referantur omnia, et defunctis signa ponebantur, memoriae causa. Proinde, qui vectigal hinc quoque corradit, is a mortuis extorquere videtur. Apud veteres autem magna fuit sepulturae religio, et sepulchrorum immunitas.

Nunc eo processit habendi rabies, ut nihil sit usquam in rerum natura, neque sacrum, neque profanum, unde non aliquid foenoris extundatur: idque non solum a Principibus, verum etiam a Sacerdotibus. Olim sub Tyrannis etiam, sed rudibus adhuc, et nondum satis quid esset tyrannis, intelligentibus, vel haec omnium erant communia, maria, flumina,

schon die Alten das Zinsnehmen verurteilt haben. Die Heiden haben ihm gesetzlich Schranken auferlegt, die Juden haben es völlig untersagt, und die päpstlichen Dekrete haben es verurteilt und strengstens unter Strafe gestellt.

Nicht, daß ich einen besonderen Haß auf die Zinswucherer hätte, wo ich doch sehe, daß man ihr Gewerbe billigerweise verteidigen kann, wenn nicht die Autorität der Väter es einst verdammt hätte. Vor allem, wenn man die Gepflogenheiten unserer Zeit berücksichtigt, würde ich eher einen Zinswucherer hinnehmen als jene elende Meute Geschäftemacher, die mit Schlichen, Lügen, Betrügereien und Verstellungen überall ihrem Gewinn nachjagen, hier etwas aufkaufen, um es dort zum doppelten Preis zu verkaufen, oder mit Monopolgeschäften das arme Volk auszuplündern. Das sind dann Leute, die wir trotzdem fast für Ehrenmänner halten, obwohl sie ihr Leben lang nichts anderes treiben.

Ich glaube, dieses Sprichwort ist gleichbedeutend oder wenigstens eng verwandt mit einem, das wir an anderer Stelle aufgeführt haben:

Aἰτεῖ γε καὶ τοὺς ἀνδριάντας ἄλφιτα

d. h. *Selbst von den Statuen noch verlangt er farinas.*[6]

Scherzweise nämlich steht da für Steuer Mehl (*farina*), weil alles mit dem Essen in Zusammenhang gebracht werde und weil den Verstorbenen Standbilder zum Andenken gesetzt wurden. Wer also auch hier noch Steuer erhebt, verfährt doch so wie einer, der sie von den Toten eintreibt. Bei den Alten aber war der Totenkult sehr beliebt, und Totenmale waren dort abgabenfrei.

Heute aber hat Raffgier ein solches Maß erreicht, daß es überhaupt nichts mehr gibt, weder im geistlichen noch im weltlichen Bereich, wo man nicht einen Gewinn herausschlagen könnte. Nicht nur die Fürstlichkeiten machen es so, sondern sogar die Prälaten. Einst war selbst unter der Herrschaft der Tyrannen, primitiven und solchen, die kaum erst wußten, was Tyrannei ist, alles allen gemeinsam: Meere, Flüsse, öffentliche Wege und das Wild. Heutzutage aber

viae publicae, ferae. Nunc optimates quidam quasi soli sint homines, vel Dii potius, omnia sibi vindicant.
Cogitur miserrimus nauta vel cum periculo cursum flectere, et ad insolentissimi praedonis arbitrium quidvis et facere, et pati, ceu parum sit infelici, cum fluctibus et ventis rem habere, nisi tales quoque tempestates accesserint. Occurrit portus, aliquid extorquetur: transeundus pons est, dandum est: trajiciendum flumen, sentis Principum jus: est tibi sarcinula, redimenda est a sacrilegis illis: et quod his est multo crudelius, miserrimae plebis genius fraudatur, et toties decimis ac vectigalibus arroduntur pauperum alimenta. Non est fas ex agris tuis convehere frumentum, nisi decimatum. Non molis, non pinsis, nisi rursus arrosum. Vina non importantur, nisi saepius decimata. Non recondis in cellam, nisi dimidium, aut certe quadrantem totius precii seces Harpyjis illis sceleratissimis. Apud quosdam ex cervisia, quam vocant, plus quam dimidium seponitur Principi. Non mactas pecudem, nisi numeres exactoribus: non revendis equum, tuo emptum aere, nisi penderis aliquid.
Vidi cum agerem rure Bononiensi, Julio jam ejus urbis ditione potito, extremae paupertatis agricolas, quibus universae facultates in duobus bubus erant, non horum labore totam familiam sustinebant, pro singulis singulos ducatos dependere. Sunt apud quos liberum non est coire legitimum matrimonium, nisi vectigal solverint.

beanspruchen die oberen Zehntausend, als ob sie allein Menschen oder vielmehr Götter wären, alles für sich.
So ist der höchst bejammernswerte Seemann unter Lebensgefahr genötigt, den Kurs zu ändern und die Willkür eines unerbittlichen Räubers gehorsam zu ertragen, als ob es noch nicht genug wäre, daß der arme Kerl mit Wellengang und Stürmen zu ringen hat, ohne daß auch noch Widrigkeiten dieser Art hinzukommen. Kommt man in einen Hafen, muß man zahlen; geht man über eine Brücke, heißt es zahlen; muß man sich über einen Fluß setzen lassen, bekommt man zu spüren, daß hier Fürstenrecht waltet; hat man ein bißchen Gepäck, muß man es bei jenen verdammten Kerlen auslösen. Doch was viel grausamer ist, man betrügt gerade die Ärmsten um ihre Existenzgrundlage, indem die Nahrung der armen Leute so oft um Zehnten und Steuern beschnitten wird. Man darf sein Getreide nicht vom Felde in die Scheunen bringen, ohne den Zehnten abgegeben zu haben; man bringt es nicht in die Mühle oder läßt es schroten, ohne abermals etwas loszuwerden. Wein darf nicht eingeführt werden, wenn er nicht mehrfach mit Zehnten belastet ist. Man kellert nichts ein, ohne die Hälfte oder mindestens ein Viertel des Gesamtwertes für jene Kapitalverbrecher und Harpyien[7] abzuzwacken. In manchen Staaten wird von dem sogenannten Bier mehr als die Hälfte für den Fürsten abgezweigt. Man schlachtet kein Stück Vieh, wenn man nicht an die Eintreiber zahlt, man verkauft kein für eigenes Geld erworbenes Pferd, ohne daß man eine bestimmte Summe abführt.
Als ich in Bologna war, damals, als Julius[8] die Herrschaft über jene Stadt an sich gerissen hatte, sah ich bitterarme Bauern, deren ganzes Vermögen aus zwei Rindern bestand und mit deren Arbeitskraft sie nicht einmal die ganze Familie unterhalten konnten, für jedes Rind je einen Dukaten (Abgabe) zahlen. In manchen Gegenden ist eine rechtmäßige Eheschließung nicht möglich, wenn man nicht eine bestimmte Steuer gezahlt hat.

Sed quid ego singula percensere coner? vincit omnem eloquentiam istorum rapacitas. Nihil est rerum, unde non aliquid exprimant emolumenti. Nec modus est, nec finis, quotidie novas exigendi vias excogitant, et quicquid semel invasit per occasionem temporis, id mordicus retinent. Haec per se satis odiosa, dum per insolentes ministros odiosius exercenter, non mediocrem invidiam conciliant Principibus, *sed sese* nihil indignum existimant, unde colligatur emolumentum, h. e. unde fames accrescat tenuibus, et Procerum, vel praedonum magis, luxuries alatur.
Neque desunt, qui e nocentum facinoribus haud mediocrem faciant quaestum, legibus ceu retibus utentes. Jam quis est magistratus, quod officium, quae praefectura, quae non ematur apud complureis? Denique cum haec tam multa non possint explere vere pertusum dolium, h. e. Principum fiscum, bellum praetexitur, colludunt Duces, populus infelix ad medullas usque exsugitur, perinde quasi principatus nihil aliud sit, quam ingens negociatio.
Quanquam autem foedum est, Christianos Principes in hisce rebus inhumaniores videri, quam ulli fuerint ethnici tyranni, tamen aliquanto minus exsecrandum hoc, quam quod apud sacerdotes quoque, quibus oportebat omnem pecuniam esse vilissimam, et quorum erat, suas doteis gratis acceptas gratis item communicare, nihil non venale est, nihil immune. Quas non tragoedias movent pro suis illis decimis, quam odiose divexant miseram plebeculam? Non datur baptismus, h. e. non licet fieri Christianum, nisi numeres: atque his praeclaris

Doch wozu versuche ich das im einzelnen aufzuzählen. Die Raffgier dieser Leute übertrifft alle Darstellungsgabe. Es gibt (einfach) keine Art von Besitz, aus dem sie nicht einen Gewinn herauspressen. Ohne Maß und Ziel denken sie sich täglich neue Möglichkeiten zu schröpfen aus, und was einmal in einem günstigen Augenblick eingeführt ist, das halten sie mit Klauen und Zähnen fest. Das ist an sich schon hassenswert, macht aber, indem es durch unduldsame Beamte praktiziert wird, Fürsten noch besonders verhaßt. Nichts ist nach ihrer Meinung unstatthaft, um daraus einen Vorteil zu erzielen, was beispielsweise die Armen in Hungersnot bringt, womit aber der Luxus der Höhergestellten, besser würde man sagen: der Räuber, gesichert wäre.

Es fehlt auch nicht an Leuten, die durch Anwendung juristischer Schliche aus verbrecherischem Tun ansehnlichen Gewinn ziehen. Welchen Magistrat, welches Amt, welche Praefektur gibt es schon, die man nicht durchweg kaufen könnte? Soviel das auch bringt, dieses wirkliche Faß ohne Boden, d. h. den Finanzbedarf der Fürsten kann es schließlich nicht ausfüllen. Deshalb wird ein Krieg vorgeschoben, spielen die Regierungshäupter ihr gemeinsames Spielchen, das Volk wird bis aufs Mark ausgesaugt, so als ob Regieren nichts anderes wäre als eine gigantische Geschäftemacherei.

Wenn es auch schändlich ist, daß christliche Fürsten in diesen Dingen inhumaner erscheinen, als je irgendwelche heidnischen Tyrannen waren, dann ist dies doch nicht so verwerflich wie das Verhalten selbst der Geistlichen. Während sie eigentlich den ganzen Mammon zutiefst verachten und ihre gratis erhaltenen Pfründen auch freigiebig mit anderen teilen müßten, ist bei ihnen alles käuflich und abgabenpflichtig. Was für Tragödien inszenieren sie nicht um ihre Zehnten, wie abscheulich plündern sie das arme Volk aus? Man kann keine Taufe empfangen, d. h. man darf nicht Christ werden, wenn man nicht zahlt, und erst unter solch aufwendigen Vorzeichen tritt man durch das Tor der

auspiciis fores ingrederis Ecclesiae. Non comprobant matrimonium, nisi numeres: non audiunt poenitentium commissa, nisi sperent praemium. Sacrificant conducti, non psallunt gratis, non orant gratis, non imponunt manum gratis. Vix procul mota manu benedicunt, nisi dederis. Non consecrant saxum, aut calicem, nisi data mercede. Quin et illud vere pontificium munus docendi populum, quaestu vitiatum est. Denique non impertiunt corpus Christi, nisi numeres. Ut ne dicam interim, quanta messis colligatur ex litibus, ex dispensationibus, sic enim vocant, ex condonationibus, quas vulgus appellat indulgentias, e conferendis sacerdotiis, confirmandis Episcopis et Abbatibus. Sed quid apud istos gratuitum sit, apud quos emitur et sepultura, etiam in alieno solo? Apud ethnicos miserae plebi stabat commune sepulchrum: erat ubi gratis, quos velles, sepelires. Apud Christianos nec mortuis operiri terra licet, nisi a Sacerdote tantulum spacii conduxeris, et pro precii modo dabitur locus amplius ac magnificus. Si plurimum numeraris, in templo proxime summum altare licebit putrescere: sin parce dederis, inter plebejos sub dio complueris. Turpe, si precium acciperent oblatum: nunc jus suum vocant, et dictu mirum, quanta exigant improbitate. Barbarus ille et gentilis Hebron offert Abrahae ignoto hospiti gratuitum sepulchri munus, et vix adduci precibus potest, ut oblatam accipiat pecuniam: et sacerdotes sepulturae jus vendimus in alieno? Vel potius quod publicum est, id ceu privatum aere locamus? Atque

Kirche ein. Eine Ehe wird nicht anerkannt, wenn man nicht zahlt, und sie hören die Sünden der Beichtkinder nicht, wenn sie nicht Aussicht auf Entlohnung haben. Sie lesen die Messe gegen Bezahlung, singen nicht gratis, beten nicht gratis und legen auch die Hand nicht gratis auf. Sie segnen eben von fern und rühren die Hand dabei kaum, wenn man nicht spendet. Sie weihen kein Standbild und kein Gefäß, wenn sie nicht ihren Lohn erhalten haben. Ja sogar die wahrhaft priesterliche Aufgabe, das Volk zu unterweisen, ist durch Gewinnsucht geschändet. Schließlich teilen sie den Leib Christi nur aus, wenn man zahlt. Ich will erst gar nicht sagen, was Prozesse, Dispense – so nennen sie das nämlich –, was Sündennachlässe, die man gemeinhin Ablässe nennt, was Pfründenverleihungen, Bischofs- und Abtserhebungen einbringen. Doch was soll bei Leuten kostenlos sein, bei denen man sogar ein Begräbnis kauft, sei es auch in fremder Erde. Bei den Heiden hatten die Armen einen gemeinsamen Begräbnisplatz. Man konnte dort, wen immer und wo man wollte, kostenlos begraben. Unter Christen kann man für Tote nur die Erde öffnen, wenn man von einem Priester entsprechend viel Boden gepachtet hat, und je nach Preis erhält man einen umfangreicheren, ansehnlichen Platz. Wenn man eine besonders hohe Summe zahlt, darf man in der Kirche ganz nahe beim Hauptaltar verwesen, wenn man aber wenig zahlt, darf man sich beim gemeinen Volk unter Gottes freiem Himmel naßregnen lassen. Es wäre schimpflich, wollten sie sich mit dem zufrieden geben, was ihnen als Entgelt geboten wird, und es ist kaum zu sagen, wie unverschämt ihre Forderungen sind. Der Barbar und Heide[9] Ephron bietet dem ihm unbekannten Gastfreund Abraham einen Grabplatz umsonst an und läßt sich durch Bitten kaum dazu bringen, die angebotene Summe zu nehmen. Da verkaufen wir als Priester Begräbnisrecht in fremder Erde? Oder vielmehr: Was öffentlich ist, das verpachten wir gegen Geld, als ob es Privateigentum wäre? Solcherart Ernte bringen gerade die gierig ein, die dem Volk

hujusmodi messem nulli metunt avidius, quam hi, qui nihil serunt populo, sed toti sibi vivunt, aut certe Principi. Alii cantionem illam nobis occinunt: Dignus est operarius mercede, perinde quasi nihil intersit inter Episcopum et conductum militem, aut fossorem. Serviles operae praemio pensantur. Principum et sacerdotum munus sublimius est, quam ut mercede sit aestimandum.

## *Fumos vendere.*

Nimis quam elegans adagium exstat apud Martialem, *Fumos vendere*, pro eo quod est principum benevolentiam, simulato commendationis officio, per occasionem familiaritatis, precio vendere. Nam fumus initio quidem magnum quiddam esse videtur, verum evanescit ilico. Martialis carmen hoc est:

*Vendere nec vanos circum palatia fumos,*
*Plaudere nec Cano, plaudere nec Glaphyro.*

Unde et praestigiosam rerum magnarum spem atque ostentationem, fumum ac nebulas vocamus. Divus Hieronymus contra Ruffinum: *De tanta librorum sylva unum surculum ac fruticem proferre non potes. Hi sunt veri fumi, hae nebulae.* Nam Ruffinus opprobrarat Hieronymo, quod Poetarum literas quasi *fumos* objiceret virginibus non intellecturis. At Hieronymus proverbii telum imperite tortum, in eum retorquet doctius, indicans eo verbo non obscuritatem, sed inanem ac falsam ostentationem significari. Plutarchus De Deo Socratis:

nichts bringen, sondern ausschließlich für sich leben oder allenfalls für den Fürsten. Andere singen uns dieses Lied vor: Der Arbeiter ist seines Lohnes wert,[10] so als ob kein Unterschied wäre zwischen einem Bischof und einem Söldner oder einem Landarbeiter. Dienstleute erhalten ihren Arbeitslohn. Das Amt eines Fürsten und eines Priesters ist höher, als daß man es nach Entlohnung einstufen dürfte.

## *Wind machen.*[1]

Bei Martial findet sich das überaus scharfsinnige Adagium *Fumos vendere*[2] (»Wind machen«). Hiermit bezeichnet man das Verhalten der Menschen, die sich für eine Empfehlung stark machen wollen und die Gunst der Fürsten, weil man mit ihnen Verbindung habe, für einen bestimmten Preis verkaufen. Denn Rauch macht ja zunächst den Eindruck, als ob er etwas Bedeutendes sei, verflüchtigt sich aber alsbald. Martials Epigramm lautet:

*Weder die nichtigen Rauchschwaden verkaufen, die sich um die Paläste hinziehen,*
*noch dem Canus, noch dem Glaphyrus Beifall klatschen.*

Deshalb nennen wir eitle Hoffnung auf große kommende Dinge und Prahlerei damit Rauch und Wolkendunst. Der heilige Hieronymus schreibt in seinem Buch gegen Rufinus: *Bei einem so großen Wald von Büchern kannst Du nicht ein einziges Zweiglein oder eine einzige Staude vorbringen. Es sind wahrhaftig nur Rauchwolken und Nebelschwaden.* Rufinus hatte nämlich dem Hieronymus vorgeworfen, er halte den jungen, unverständigen Frauen die Erzeugnisse der Dichter wie Rauchwolken vor. Doch Hieronymus schleudert das ungeschickt gezielte Geschoß des Sprichworts kenntnisreicher auf ihn zurück, indem er zu erkennen gibt, daß mit diesem Wort nicht Dunkelheit, sondern eitle und verlogene Prahlerei angedeutet sei. Plutarch schreibt über den Gott des Sokrates:

Τὸν δὲ τύφον ὥσπερ τινὰ καπνὸν φιλοσοφίας εἰς τοὺς σοφιστὰς ἀποσκεδάσας,

i. e. *Fastum autem ceu fumum quendam philosophiae in sophistas dispersit.*

Porro genus hoc hominum maximam aularum regalium pestem, Aelius Lampridius eleganter ac luculenter exponit in Imperatoris Heliogabali vita. Ejus verba libuit subscribere: *Zoticus*, inquit, *sub eo tantum valuit, ut ab omnibus officiorum Principibus sic haberetur, quasi domini maritus esset. Erat praeterea idem Zoticus, qui hoc familiaritatis nomine abutens, omnia Heliogabali dicta ac facta venderet, fumis quam maxime divitias enormes sperans, cum aliis atque aliis polliceretur, omnes falleret. Egrediensque ab illo, singulos audiret: dicens, De te hoc locutus sum, Hoc de te audivi, Hoc de te futurum est. Ut sunt homines hujusmodi, qui si admissi fuerint ad nimiam familiaritatem Principum, famam non solum malorum, sed et bonorum Principum vendunt. Et qui stultitia vel innocentia Imperatorum, qui hoc non perspiciunt, infami rumigeratione pascuntur.* Hactenus ille.

Caeterum adagium fecit insignius, Thurini Verconii supplicium, quod quidem in vita Alexandri Severi, idem Aelius refert ad hunc modum: *Solus*, inquit, *post meridiem, vel matutinis horis, idcirco nunquam aliquos videbat, quod ementitos de se multa cognoverat, speciatim Verconium Thurinum, quem cum familiarem habuisset, ille omnia vel fingendo sic vendiderat, ut Alexandri quasi stulti hominis, et quem ille in potestate haberet, et cui multa persuaderet, infamaret imperium. Sicque omnibus persuaserat, quod ad*

Τὸν δὲ τύφον ὥσπερ τινὰ καπνὸν φιλοσοφίας εἲς τοὺς σοφιστὰς ἀποσκεδάσας,

d. h. *Er streute aber Hochmut wie einen Rauch der Philosophie gegen die Sophisten aus.*[3]

Aelius Lampridius ebenfalls zeigt in seiner Biographie des Kaisers Heliogabal feinsinnig und einleuchtend, daß solche Menschen die schlimmste Pest der Königshöfe sind. Seine Worte darf man anführen: *Zoticus*, sagt er, *galt unter ihm soviel, daß er von allen höchsten Amtsträgern so behandelt wurde, als ob er mit dem Herrn verheiratet wäre. Es war außerdem eben dieser Zoticus, der unter Mißbrauch des Titels dieser Verbundenheit alle Worte und Taten des Heliogabal verkaufte, indem er für die Rauchwolken möglichst gewaltige Reichtümer in Aussicht stellte und alle täuschte, indem er den einen dies, den anderen das versprach. Kam er von jenem heraus, hörte er sich die einzelnen an und sagte: Ich habe von dir gesprochen, dies habe ich über dich gehört, das ist für dich vorgesehen. So sind nun einmal Menschen dieser Art: Sind sie in allzu hohem Grade zum Vertrauen der Fürsten zugelassen, verkaufen sie nicht nur den Ruf der schlechten, sondern auch der guten Fürsten. Gerade sie weiden sich mit ruchloser Gerüchtemacherei an der Torheit und Ahnungslosigkeit der Kaiser, die das nicht durchschauen.* So weit berichtet jener.

Übrigens hat die Hinrichtung des Thurinus Verconius dieses Adagium noch bekannter gemacht. Auch darüber berichtet eben dieser Aelius, und zwar in der Lebensbeschreibung des Alexander Severus, folgendermaßen: *Nach Mittag, sogar schon in den Morgenstunden blieb er*, so sagt Aelius, *allein und ließ deshalb niemand vor, weil er festgestellt hatte, daß man viele Lügen über ihn verbreitet hatte, besonders Verconius Thurinus. Der war ein Vertrauter und hatte sich alles so zurechtgelegt und den anderen vorgespiegelt, daß er den Alexander zum Narren halten könne, ihn ganz in seiner Gewalt habe und ihm alles Beliebige einreden könne und so das Reich in Verruf brachte. So hatte er z. B. die Meinung*

*nutum suum omnia faceret. Denique hac illum arte deprehendit, ut quendam immitteret, qui a se quiddam publice peteret, ab illo autem occulto, quasi praesidium postularet, ut pro se Alexandro secreto suggereret. Quod cum factum esset, et Thurinus suffragium promisisset, dixissetque se quaedam Imperatori dixisse, cum nihil dixisset, sed in eo pendere ut adhuc impetraret, eventum vendens: cumque iterum jussisset Alexander interpellari, et Thurinus quasi aliud agens, nutibus annuisset, neque tamen interim quicquam dixisset: impetratum autem esset quod petebatur, Thurinus autem ab illo qui meruerat, fumi venditor ingentia praemia percepisset, accusari eum Alexander jussit: probatis per testes omnibus, et quibus praesentibus quid accepisset, et quibus audientibus quid promisisset, in foro transitorio ad stipitem illum ligari praecepit, et fumo apposito, quem e stipulis et lignis humidis fieri jusserat, necavit, praecone dicente:* Fumo punitur qui vendidit fumum. *At ne in una tantum causa videretur crudelior fuisse, quaesivit diligentissime antequam damnaret, et invenit Thurinum saepe etiam in causis ab utraque parte accepisse, quum eventus venderet, et ab omnibus qui aut praepositūras, aut provincias acceperant.* Atque inibi paulo post: *Nec dedit alicui facultatem, vel fumorum vendendorum de se, vel sibi de aliis male loquendi, maxime occiso Thurino, qui illum quasi fatuum et vecordem saepe vendiderat.* Quid autem dixerit *forum transitorium*, ipse in ejusdem vita videtur explicare, quum alio quodam loco sic ait: *Qui de*

*aufgebracht, daß der Kaiser alles nach seiner, d. h. des Thurinus Eingebung mache. Schließlich überführte der Kaiser jenen mit folgendem Trick, indem er nämlich jemand einschaltete, der von ihm, dem Kaiser, ganz offiziell etwas erbat, von jenem aber insgeheim, eine Art Protektion verlangte, sich für ihn privat bei Alexander einzusetzen. Als das geschehen war, sagte Thurinus seine Fürsprache zu und erklärte dann, er habe sich beim Kaiser für ihn verwendet, obwohl er (tatsächlich) nichts gesagt hatte. Er hatte noch den Hinweis gemacht, daß es von ihm abhänge, ob er überhaupt Erfolg habe. So verkaufte er trotzdem das Gelingen. Alexander gab dann Anweisung, man solle sich noch einmal an ihn wenden. Thurinus tat so, als ob er mit etwas anderem beschäftigt wäre, nickte zustimmend, sagte aber nichts. Schließlich erlangte der Bittsteller, worum er nachgesucht hatte, und Thurinus erhielt von dem erfolgreichen Bittsteller als Rauchverkäufer eine erhebliche Belohnung. Alexander ließ ihn darauf in Anklagezustand versetzen, ließ durch Zeugen alles erhärten, die bestätigen konnten, was er erhalten, und gehört hatten, was er versprochen hatte. Dann ließ er ihn an einer Marktpassage an einen Pfahl binden und ihn im Rauch, den er aus Stroh und feuchtem Holz hatte entfachen lassen, ersticken, wobei der Ausrufer sagte:* Mit Rauch wird bestraft, wer Rauch verkauft hat. *Um ja nicht in einem einzigen Prozeß zu grausam zu erscheinen, untersuchte er aufs sorgfältigste, bevor er ein Urteil fällte, und stellte fest, daß Thurinus in vielen Fällen bei seinem Handel mit erfolgreichem Ausgang sogar von beiden Parteien (Geld) angenommen hatte, von allen, die entweder Praepostituren oder Provinzen erhalten hatten.* An derselben Stelle heißt es dann wenig später: *Er bot keinem die Möglichkeit, weder Rauchwolken mit seiner Person zu verkaufen, noch über andere schlecht zu reden, besonders nachdem Thurinus hingerichtet war, der ihn oft wie einen Narren und Dummkopf verkauft hatte.*[4] Was aber *forum transitorium* (Marktpassage) bedeutet habe, scheint er (Aelius Lampridius) selbst in der Lebens-

*eo fumum vendiderat, et a quodam militari centum aureos acceperat, in crucem tolli jussit, per eam viam qua esset servis suis ad suburbana imperatoria iter frequentissimum. Porro genus illud supplicii, Avidius Cassius Imperator, primus excogitasse legitur, ut stipitem praelongum poneret, pedum centum octoginta, id est, materiam, et e summo usque ad imum damnatos ligaret, et ab imo focum apponeret, incensisque aliis, alios fumi cruciatu, timore etiam necaret.* Hactenus ille. Immane profecto supplicium, sed tamen factis tam pestilentibus dignum.

Atque utinam non etiam hodie, non Principum modo, verum etiam Episcoporum aulae passim hoc teterrimo hominum genere scaterent, ac non complures haberent Thurinos, atque adeo plus quam Thurinos: quippe qui non officium modo falso promissum vendunt, verum etiam ipsum silentium, videlicet Demosthenicum quiddam referentes: imo quod est utroque sceleratius, linguae venenis officiunt iis, a quibus officii pacti mercedem acceperunt. Utinamque nostri temporis Principes Alexandrum Severum curent imitari, qui cum esset Ethnicus, praeterea Syrus genere, postremo vehementer adolescens, tamen adulatoribus, delatoribus, judicibus furacibus, fumi venditoribus, atque id genus aulae pestibus usque adeo erat infensus, ut vir alioqui moribus placidissimis his demum esset implacabilis. Circumfertur et hoc tempore proverbium in splendida promissa aulicorum. Ajunt enim thus aulicum, significantes

beschreibung jenes (Kaisers) zu erklären, an einem anderen Ort, wo er sich folgendermaßen ausdrückt: *Einen, der im Hinblick auf ihn Rauch verkauft und von einem Offizier hundert Goldstücke angenommen hatte, den ließ er an dem Wege kreuzigen, den seine Sklaven meistens zu den kaiserlichen Besitzungen vor der Stadt nahmen. Andererseits liest man, daß der Kaiser Avidius Cassius zuerst diese Art Todesstrafe ausgedacht habe, der einen ungewöhnlich langen behauenen Pfahl von 180 Fuß errichten und die Verurteilten von oben nach unten anbinden, unten über einem Feuer anbringen und so die einen verbrennen, die anderen durch die Kreuzigung im Rauch schon durch Furcht vergehen ließ.* So weit berichtet jener.[5] Es ist dies sicherlich eine schreckliche Todesstrafe, aber doch solch abscheulichen Vergehen angemessen.

Wenn doch nicht auch heute die Hofhaltungen nicht nur der Fürsten, sondern wahrlich sogar der Bischöfe überall von diesem elenden Geschmeiß wimmeln würden und nicht (gleich) eine Menge Thurini hätten und dazu noch mehr als (bloße) Thurini, denn sie verkaufen nicht nur eine fälschlich versprochene Gefälligkeit, sondern sogar, daß sie sich aus Gefälligkeit still verhalten, wobei sie es in etwa wie Demosthenes machen. Was noch verbrecherischer ist als beides, sie schaden sogar mit ihrer giftigen Zunge denjenigen, von denen sie für die vereinbarte Gefälligkeit sich haben bestechen lassen. Man möchte wünschen, daß unsere gegenwärtigen Fürsten sich nach dem Vorbild des Alexander Severus richten würden, der als Heide und nach Herkunft Syrer, schließlich sogar als ein stürmischer junger Mann trotzdem Schmeichler, Zuträger, diebische Richter, Rauchverkäufer und derartiges Hofgesindel so sehr haßte, daß er, im übrigen ein Mann von bemerkenswert friedfertigem Verhalten, diesen gegenüber wirklich unversöhnlich war. Auch heute wird das Sprichwort im Hinblick auf die großspurigen Versprechen der Hofschranzen gebraucht. Man spricht nämlich vom höfischen Weihrauch, womit man den Weihrauchdunst

thureum illum vaporem, qui nunc inter sacra spargitur acerra pensili. Quod quidem a nostro non admodum abludit. Addunt et aquam consecratam aulicorum, eam aquam significantes quae pro templis proponitur: ut qui ingrediuntur aut egrediuntur, ea sese conspergant.

## *Ut fici oculis incumbunt.*

Ὥσπερ τὰ σῦκ' ἐπὶ τοῖσιν ὀφθαλμοῖς ἔφυ, i. e. *Quemadmodum fici oculis innati.*
De iis dicebatur, qui pertinaciter urgerent, premerentque negocium aliquod. Sumta similitudine a ficis, hoc est, vitio, quod oculis adnascitur, nec facile potest avelli oculo incolumi. Aristophanes in Ranis:
Ὥσπερ τὰ σῦκ' ἐπὶ τοῖσιν ὀφθαλμοῖς ἔφυ,
i. e. *Ut ficus oculis imminens, sic ille erat.*
Accommodabitur haudquaquam inepte et in hos, qui cum graves sint et intolerabiles, tamen avelli non queunt, nisi magno malo. Quod genus utinam nulli essent aut unquam existerent Principes, et Principum optimates, qui cum avaritia sint inexplebiles, libidine corruptissimi, crudelitate perniciosissimi, tyrannide immanes, verissimi reipublicae hostes, ac praedones, in publicam perniciem, non solum armis et opibus instructi, verum etiam novis artibus, quas nec Dionysius unquam, nec Phalaris reperit, tamen sic adhaerent, sic imminent, sic affixi sunt populo, ut nec ferri possint, nec avelli. Usque adeo nullus est senatus, nullus magistratus,

meint, der heutzutage beim Gottesdienst mit einem schwingenden Weihrauchfaß verbreitet wird. Das weicht allerdings von unserm (Sprichwortgebrauch) nicht sehr ab. Man spricht (zusätzlich) auch vom Weihwasser der Höflinge und spielt damit auf das Wasser an, was am Eingang der Kirchen angeboten wird: damit die Eintretenden oder die Hinausgehenden sich damit besprengen.

## *Wie Gerstenkörner in den Augen sitzen.*[1]

῞Ωσπερ τὰ σῦκ' ἐπὶ τοῖσιν ὀφϑαλμοις ἔφυ, d. h. *wie Gerstenkörner in den Augen sitzen.*
Das sagte man von denen, die hartnäckig ein Vorhaben verfolgten und sich darauf festlegten. Der Vergleich bezieht sich auf jene Gerstenkörner, die als krankhaftes Gewächs auf dem Auge haften und kaum zu entfernen sind, ohne daß das Auge verletzt wird. Aristophanes sagt in den Fröschen:
῞Ωσπερ τὰ σῦκ' ἐπὶ τοῖσιν ὀφϑαλμοῖς ἔφυ,
d. h. *Wie das Gerstenkorn die Augen bedroht, so war er.*[2]
Man wird es sehr treffend auf jene anwenden, die, so beschwerlich und unerträglich sie sind, trotzdem nur mit großem Schaden abgeschüttelt werden können. Wenn es doch nur keine Fürsten oder Hofschranzen von dieser Sorte gäbe bzw. wenn keine mehr aufkämen. Die sind doch unersättlich habgierig, gänzlich zügellos und verdorben, äußerst gefährlich in ihrer Grausamkeit, teuflisch in ihrer tyrannischen Art, wirkliche Feinde und Ausplünderer des Staates, sind nicht nur mit Waffen und Geld versehen, sondern auch mit immer neuen Tricks, die noch nicht einmal ein Dionysius oder Phalaris ersann, und haben sich dennoch so eingenistet, lasten so schwer auf dem Volk, daß sie ebenso unerträglich wie unabwendbar sind. Es gibt einfach keinen Senat, keine Behörde, keine Religionsangelegenheit noch

nulla religio, nulla reipublicae pars, in quam actis radicibus illi non penetrarint, ceu pestis per omneis corporis venas sparsa. Siquidem animadverterunt hoc homines tantum ad nocendum oculati cordatique, unam hanc ancoram superesse publicae incolumitatis, si civium et civitatum honesta concordia, Tyrannis potentium coerceatur. Hanc igitur in primis dirimere cura est. Sentiunt in pace minimum sibi licere, cum res legibus et consiliis agitur, non dolis, aut armis.
Proinde modis omnibus id agunt, ne populus publica pace gaudeat. Perspiciunt praecipuam reipublicae felicitatem in hoc sitam, si Principem habeat integrum, cordatum, vigilantem, hoc est, vere Principem. Itaque miro studio curant tutores, ne unquam vir sit Princeps. Adnituntur optimates, ii, qui publicis malis saginantur, ut voluptatibus sit quam effoeminatissimus, ne quid eorum sciat, quae maxime decet scire Principem. Exuruntur vici, vastantur agri, diripiuntur templa, trucidantur immeriti cives, sacra profanaque miscentur, dum Princeps interim ociosus ludit aleam, dum saltitat, dum oblectat se morionibus, dum venatur, dum amat, dum potat. O Brutorum genus jam olim exstinctum! o fulmen Jovis aut caecum, aut obtusum! Neque dubium est, quin isti Principum corruptores, poenas Deo daturi sint, sed sero nobis.
Interim ferendi sunt, ne Tyrannidem excipiat anarchia, malum pene perniciosius. Quod complurium rerum publicarum experimentis comprobatum est, et nuper etiam agrico-

einen Bereich staatlichen Lebens, in den jene nicht ihre Wurzeln getrieben haben, wie die Pest sich in allen Gefäßen des Körpers ausbreitet. Dies allerdings haben solche Menschen, scharfblickend und beherzt, wenn es darum geht Schaden anzurichten, wohl begriffen, daß nämlich ehrenwerte Eintracht der Bürger und Staatswesen die einzigen Rettungsanker für das bürgerliche Wohl sind, mit dem man die Tyrannei der Mächtigen in Schranken halten kann. So ist denn ihre erste Sorge, diese zu zerstören. Sie spüren, daß unter friedlichen Verhältnissen ihrer Willkür Schranken gesetzt sind, wo alles nach Gesetz und Ordnung abläuft, und nicht mit Tricks oder mit Waffengewalt.

Deshalb legen sie es wie immer darauf an, dem Volk den Genuß eines allgemeinen Friedens vorzuenthalten. Sie haben wohl erkannt, daß das besondere Glück des Staates nur mit einem untadligen, verständigen und wachsamen, d. h. mit einem wirklichen Fürsten sichergestellt ist. Deshalb entwikkeln die Berater, Vormünder, Paladine einen erstaunlichen Eifer, um zu verhindern, daß aus dem Mann ein Fürst wird. Die Großen am Hof, also diejenigen, die zum Schaden des Staates gemästet werden, setzen alles daran, daß er ja nichts von dem erfährt, was ein Fürst vor allem wissen sollte. Die Dörfer werden gebrandschatzt, die Äcker verwüstet, Kirchen beraubt, harmlose Bürger umgebracht, Geistliches und Weltliches auf den Kopf gestellt, und gleichzeitig ist der Fürst in aller Ruhe beim Würfelspiel, widmet sich Tanzvergnügen, läßt sich von Hofnarren amüsieren, ist auf der Jagd, mit der Geliebten im Bett oder beim Saufgelage. Ein Jammer, daß die Brutusse schon längst dahingegangen sind, daß der Blitz des Zeus nicht mehr trifft oder keine Kraft mehr hat! Zweifellos werden es diese Verderber der Fürsten vor Gott büßen, aber für uns ist das zu spät.

Mittlerweile muß man sie ertragen, damit die Tyrannis nicht in Anarchie umschlägt, ein Übel, das beinahe noch verderblicher ist. Das ist doch in mehreren Staaten durch die Erfahrung bestätigt worden, und kürzlich hat uns auch der

larum per Germaniam exortus tumultus nos docuit, aliquanto tolerabiliorem esse Principum inhumanitatem, quam ἀναρχία omnia confundentem. Siquidem fulmina terrent quidem omnes, at non ita multos feriunt. Caeterum mare inundans nulli parcit, nihil non miscens ac volvens.

At quod optimates impii sunt Reipublicae, id fortasse sunt Ecclesiae, nonnulli ex his ordinibus, quos vulgus mendicantes vocant. Pios non accuso, nec ordinem incesso, malos noto, quae ubique maxima turba est. Hi sic sese per omne reipublicae corpus sparserunt, ut nihil usquam agatur sine illis. Regnant in concionibus, quod peculiare munus Episcoporum. Tyrannidem occuparunt in scholis, quod huic proximum munus. Per hos ministrantur Ecclesiastica Sacramenta, per hos Sacerdotes sumus. Hi plus quam censoria severitate pronunciant de fidei professione. Hic Christianus est, hic semichristianus, hic haereticus, hic sesquihaereticus. In horum sinus populus effundit occultos vitae actus, et secretissimas animi cogitationes: nec his contenti sunt, nulla panguntur Principum foedera, in quibus hi non agant parteis. Sine his nullum contrahitur matrimonium. In theatricis certaminibus, in publicis fortibus agonothetas agunt, adeo nihil pudet. Denique nec mori licet absque istis. Nulla est aula Principum, in quam non irrepserint. Si quod impudens facinus destinarunt Principes, per hos exsequuntur. Si quid moliuntur Romani Pontifices, quod paulo sit alienius ab Apostolica illa et prisca sanctimonia, horum potissimum utuntur ministerio. Veluti si quod bellum, si quis tumultus,

Bauernaufstand in Deutschland[3] gezeigt, daß (selbst) die Unmenschlichkeit der Fürsten noch erträglicher ist als ἀναρχία (Anarchie), die alles umstürzt. Wenn nämlich schon die Blitze alle in Schrecken jagen, treffen sie doch nicht (gleich) alle. Wenn dagegen die Flut (des Meeres) kommt, die alles umwühlt und wegschwemmt, wird keiner verschont.

So rücksichtslos aber die Großen gegen den Staat sind, so sind gegen die Kirche vielleicht manche aus den sogenannten Bettelorden. Die Frommen (darunter) will ich nicht anklagen und auch nicht gegen den Orden vorgehen, ich weise nur auf die Schlechten, die überall in der Mehrzahl sind. Die haben sich im ganzen Staatskörper so ausgebreitet, daß nirgendwo etwas ohne sie geschieht. Sie beherrschen die Kirchenversammlungen, eine Funktion, die doch ganz allein den Bischöfen zukommt. Sie haben sich in den Schulen zu Tyrannen aufgeschwungen, ein Tätigkeitsfeld, das nächstwichtig ist. Sie verwalten in der Kirche die Sakramente und machen aus uns Priester. Noch verbindlicher als Zensoren machen sie ihre Feststellungen in Glaubenssachen: der da ist ein Christ, der ein halber Christ, der ein Haeretiker, der ein anderthalbfacher Haeretiker. Ihnen vertraut das Volk seine geheimen Taten und die allergeheimsten Gedanken an. Doch damit nicht zufrieden, keine Verträge werden zwischen Fürsten geschlossen, wo sie nicht ihre Hände im Spiele haben. Ohne sie wird keine Ehe geschlossen. Ohne die geringste Scham machen sie bei theatralischen Schaukämpfen und Auslosungen in der Öffentlichkeit den Schiedsrichter. Schließlich darf man nicht einmal ohne sie sterben. Es gibt keinen Fürstenhof, in dem sie sich nicht eingenistet haben. Wenn Fürsten eine dreiste Unternehmung im Schilde führen, sind diese ihre ausführenden Organe. Wenn die Päpste in Rom etwas vorhaben, was von der altehrwürdigen apostolischen Heiligkeit abweicht, bedienen sie sich am liebsten der Hilfe der Bettelmönche. Handelt es sich um einen Feldzug oder einen Umsturz, um

si qua exactio, si qua condonatio parum pudens, in hisce fabulis isti primas agunt. Interim simplici popello specie sanctitatis imponitur. Sacerdotes ad hos collati, sacerdotes non sunt. Episcopi horum fiducia in utramvis aurem dormiunt. Plebs destituta, pro unicis pastoribus gemino luporum genere discerpitur, dum et Praesules exercent Tyrannidem, nec hi tamen pastores sunt, sed alia ratione praedones.

Rursus admoneo, nec pios a me notari, nec ordinem. Nam qui inter eos sunt incorruptissimi, solent eadem, quae deploro, deplorare. Atque apibus licet suos fucos, ut aculeo carentes, quamvis furaces aliquando depellere. Hos fucos omnibus crabronibus aculeatiores, nec Reges, nec summi Pontifices queant a republica profligare, nisi magna Christianae religionis ruina, adeo suas factiones communierunt, adeo totum orbem arcibus ac populis suis occuparunt, et indies novos struunt nidos, hoc, nimirum, praetextu, quod superiorum monasteriorum religio, cujus commendatione primum exorta sunt, perierit; quasi vero et horum non paulo post sit peritura sinceritas, si qua modo sinceritas. Ita fit, ut orbis impiis et ociosis Monachorum gregibus oneretur, et Principes fraudentur populo, et Episcopi grege, et populus Pastore, Christianae religionis puritas ac libertas, paulatim ad Judaicas caerimonias delabatur. Et quemadmodum difficile dictu sit, utrum gravior sit Reipublicae malorum Principum inter se concordia, an dissidium, quod sive belligerantur, magno populi malo id faciant, sive conciliantur, in

eine Steuereintreibung oder eine Schenkung, die ziemlichen Anstoß erregen könnten, überall da sind diese in vorderster Front. Unentwegt lassen sie das dumme Volk unter dem Deckmantel der Heiligkeit zur Ader. Im Vergleich mit ihnen sind Priester keine Priester. Die Bischöfe verlassen sich auf sie und schlafen auf beiden Ohren. Das arme Volk ist verlassen und, statt nur einen Hirten zu haben, wird es von einer zweifachen Rotte von Wölfen ausgenommen, wobei auch die Bischöfe tyrannisch regieren und diese hier keineswegs Hirten, sondern nur auf andere Art Räuber sind.
Ich weise noch einmal darauf hin, daß ich weder die Frommen tadle noch die Orden. Denn die Untadligsten unter ihnen sind durchweg darüber ebenso bekümmert wie ich. Die Bienen dürfen sogar ihre Drohnen, obwohl sie keinen Stachel haben, einmal wie Raubbienen davonjagen. Diese Drohnen aber, die schärfere Stacheln haben als alle Hornissen, lassen sich nicht einmal von Königen und den Päpsten selbst aus dem Staat verjagen, ohne daß es der christlichen Religion großen Schaden bringen würde. So fest haben sie ihre Parteien abgesichert, haben die ganze Gesellschaft mit ihren Zwingburgen und Mitläufern durchsetzt und legen von Tag zu Tag neue Nester an. Das tun sie natürlich unter dem Vorwand, daß die Frömmigkeit der älteren Klöster, die den Vorzug und die Grundlage jener bildete, verdorben sei. Als ob deren Lauterkeit, sofern davon überhaupt die Rede sein kann, nicht bald darauf schon hätte verderben müssen. So kommt es, daß alle Welt unter der Last ganzer Herden dreister mönchischer Nichtstuer stöhnte, daß die Fürsten um ihr Volk, die Hirten um ihre Herde und das Volk um seine Hirten betrogen wird. Die Reinheit der christlichen Religion und ihre Freiheit entartete so allmählich zu einem jüdischen Zeremonienwesen. Es ist schwerlich zu sagen, ob Kumpaneigeschäfte der Fürsten untereinander mehr Unheil bringen als ihre Verfeindung; ob sie im Kriege liegen miteinander, sie tun es zum großen Schaden für das Volk, oder ob sie zusammenhalten, sie zielen nur auf den Schaden der

publicum exitium conspirent: ita nescias utrum magis sit optandum, imo quo melius dicam, utrum magis detestandum, istorum ne inter ipsos consensus, an seditio, quod utraque res publico fiat malo.

Opinor autem *ficos* hic dici, rigidum tumorem innascentem genis oculorum: ea res cum molestissima sit, tamen non sine periculo tollitur, quod oculo immineat parti vexationis et tractatus impatientissimae. Adagii mentionem facit Suidas.

Öffentlichkeit. So kannst Du nicht wissen, was wünschenswerter oder, um es unverhohlener zu sagen: ob es verabscheuungswürdiger ist, daß es unter ihnen zum Konsens kommt oder zum Zerwürfnis, was beides dem Staat nur Schaden bringt.

Ich glaube aber, man spricht hier von *Gerstenkörnern*, wenn ein hartes Geschwür auf den Augenkörpern entsteht. Diese Erscheinung ist höchst beschwerlich und kann nicht gefahrlos beseitigt werden, weil sie einen Bereich des Auges bedroht, der sehr empfindlich gegen einen schmerzhaften Eingriff ist. Suidas erwähnt dieses Adagium.

III

*Aut Regem, aut fatuum nasci oportere.*

Annaeus Seneca vir amoenissimi, ut Tacitus ait ingenii: quod quidem ex eo liquet libello ludicro, quem scripsit in Claudium Caesarem, nam is nuper in Germania repertus, in lucem emersit, hujusmodi refert adagium, in eo de quo modo diximus opusculo, *Aut Regem, aut fatuum nasci oportet.* Sed praestat illud ipsius verbis adscribere: *Ego,* inquit, *scio me liberum factum, ex quo suum diem obiit ille, qui verum proverbium fecerat, Aut regem, aut fatuum nasci oportere.* Rursum in eodem libello: *Occidit in una domo Crassum, Magnum, Scriboniam, Bassioniam, Assarios, nobiles tamen. Crassum vero tam fatuum, ut etiam regnare posset.* Iterum alio in loco obscurius quidem, sed tamen eodem allusit carmine,

*Abrupit stolidae regalia tempora vitae.*

Jam si vere scripsit Hesiodus, non omnino de nihilo esse quod populari sermone celebratur, fortassis haud abs re fuerit vestigare, quae res huic proverbio dederit occasionem, quod duo tam dissimilia, nempe regem et fatuum ita conjungit, ut utrunque alteri simillimum videri velit. Praesertim cum haec sit peculiaris regum laus, solaque vere regia, sapientia, prudentia, vigilantia, caeteros antecellere. Consentaneum est igitur, priscos illos reges, maxima ex parte insigni stultitia praeditos fuisse, id quod partim e poetarum fabulis, partim ex historiographorum monumentis licet cognoscere. Siquidem Agamemnonem suum Homerus, et hunc imitati Tragici, ambitiosum potius quam cordatum

## III

*Man muß entweder als König oder als Narr geboren sein.*[1]

Annaeus Seneca, nach dem Wort des Tacitus ein Mann von sehr ansprechendem Geist, schrieb gegen den Kaiser Claudius eine Spottschrift,[2] die übrigens kürzlich in Deutschland wieder ans Licht kam. In diesem Buch findet sich das Adagium: *Entweder muß man als König oder als Narr geboren sein.* Doch (es ist) besser, es mit seinen Worten anzuführen: *Ich*, sagt er, *weiß, daß ich frei geworden bin, seitdem jener Mann sein Ende fand, der das Sprichwort wahr gemacht hatte, man müsse entweder als König oder als Narr geboren sein.* In demselben Büchlein schreibt Seneca auch: *Er tötete in einem Hause den Crassus, den Magnus, die Scribonia, die Bassiona, die Assarier, obwohl sie von vornehmer Herkunft waren, den Crassus, der so töricht war, daß er sogar Herrscher hätte sein können.* An einer anderen Stelle desselben Gedichts macht er die allerdings dunkle Anspielung:

*Er zerstörte die königlichen Verhältnisse eines törichten Lebens.*

Wenn nämlich Hesiod recht hat, der schreibt, Volksmund sei nicht unbegründet, wäre es nicht abwegig zu erforschen, was Anlaß für dieses Sprichwort gewesen ist, das zwei so verschiedene Dinge, nämlich König und Narr so verbindet, daß eins dem andern völlig gleichgestellt scheint. Ist dies doch der besondere Ruhm der Könige, und zwar der spezifisch königliche, daß sie an Weisheit, Klugheit und Wachsamkeit die anderen übertreffen. Es herrscht wohl Übereinstimmung darüber, daß die Könige der Vorzeit sich vor allem durch Torheit hervorgetan haben, was man teilweise aus dichterischen, teilweise aus Aufzeichnungen der Historiker entnehmen kann. So stellen Homer und in seinem Gefolge die Tragiker den Agamemnon mehr als einen Ehr-

faciunt. Quid autem stultius, quam unicae filiae crudelissima caede, imperatoris mercari titulum. Quid ineptius, quam pro barbara puellula tam juveniliter digladiari: ut quod suos amores retinere non posset, Achillem sua spoliaret amicula: nec id sane sine summo totius exercitus discrimine. Tum autem quam inepte stomachatur Achilles orbatus suis amoribus, quam pueriliter deplorat apud matrem. At hunc unum nobis Poeta, velut absolutum egregii Principis exemplar proposuit. Ad haec, quam non sapienter indignatur Ajax. Quam seniliter delirat Priamus, dum Helenam prostitutae pudicitiae mulierculam amplectens, ac filiam appellans, negat se poenitere belli, in quo tot clades acceperat, tot orbatus liberis, toties luctu funestatus, ne Paris non potiretur amica. Quid multis? Tota Ilias, quam est longa, nihil aliud quam quod eleganter scripsit Horatius,

*Stultorum Regum et populorum continet aestus.*

Quanquam et Odyssea suos habet Procos et Alcinoos, crassos et stupidos. Quin et Herculem ipsum robustum faciunt et animosum, sed hebetis crassique animi. Jam Hesiodus, quem nonnulli volunt antiquiorem Homero esse, principes δωροφάγους ac νηπίους appellat. Opinor quod et parum saperent in administranda republica, et opibus per fas nefasque cumulandis inhiarent, potius quam communibus populi commodis. Cujusmodi fingunt et Midam illum, ob animi stoliditatem, asininis auriculis insignitum. Et haud scio an huc pertineat et illud, quod prisci Theologi, nimirum Poetae, sapientiam Apollini tribuunt ac Palladi, Jovi deorum et hominum monarchae, fulmen duntaxat trisulcum, et nutum

geizling denn als einen beherzten König dar. Was gibt es aber Törichteres, als mit der grausamen Opferung der einzigen Tochter den Titel eines Imperators einhandeln zu wollen? Was ist läppischer, als sich für ein Mädchen aus barbarischem Land wie ein unreifer Junge herumzuschlagen und dem Achill die Freundin wegzunehmen, weil man seine Lust nicht zügeln kann, und das zudem noch mit größter Gefahr für das ganze Heer. Andererseits wie albern röhrt Achilles über den Verlust seiner Liebesgespielin, wie kindisch heult er bei seiner Mutter los. Und ausgerechnet diesen hat uns der Dichter als das Leitbild eines hervorragenden Fürsten vorgeführt. Wie verrückt gebärdet sich außerdem Ajax, wie senil verliert Priamus seine Fassung, wenn er das käufliche Dirnchen Helena umarmt, sie Tochter nennt und bestreitet, daß ihm der Krieg leid tue, in dem er so viele Niederlagen hatte hinnehmen müssen, so viele Kinder verloren hatte und so oft von Trauer ergriffen war, nur damit Paris seine Freundin behalten konnte. Doch was bedarf es vieler Worte? Die ganze Ilias, so lang sie auch ist, enthält nichts anderes, wie Horaz[3] treffend bemerkt, als *die Zornesausbrüche törichter Könige und Völker.*

So hat auch die Odyssee ihre plumpen und dummdreisten Freier, ihre Procusse und Alcinous. Selbst den Herkules stellt man zwar kräftig und mutig dar, aber doch als geistig schwerfällig und plump. Schon Hesiod, den manche für älter halten als den Homer, nennt die Fürsten δωϱοφάγους und νηπίους, geschenkgierig und töricht.[4] Ich glaube auch, daß sie von der Verwaltung des Staates kaum etwas verstanden, auf Gedeih und Verderb danach trachteten, Schätze aufzuhäufen, statt nach dem allgemeinen Wohl des Volkes (zu streben). Deshalb hat man den Midas wegen seiner Albernheit mit Eselsohren versehen. Vielleicht paßt dazu auch, daß die alten Theologen, nicht zuletzt die Dichter, dem Apollon und der Pallas Weisheit nachsagen, daß sie aber für Jupiter, den Monarchen der Götter und Menschen, nichts übrig haben als den dreizackigen Blitz und die her-

illum ac supercilium, quo totum Olympum tremefacit, relinquunt. Alioqui quis nepos, quis balatro unquam nugatus est nugacius, aut nequius nequam fuit, quam hic cui regnum mundi dederunt? Technis fallit uxorem, nunc cygnus, nunc taurus, nunc aurum factus: insidias struit mulierculis, subornat Ganymedes, ac coelum nothis implet. Ad eundem modum Neptunum et Plutonem feroces et inexorabiles fingunt, sapientiam non tribuunt.
Sed ut ad recentiores veniamus historias et missas faciamus fabulas, quid tandem cordis fuisse credis Croeso Lydorum regi, si modo talis fuit, qualem depinxit Herodotus, qui gemmis et auro congesto fretus, Soloni indignabatur, quod sibi felicis cognomen non tribuerit. Aut quid fingi stultius potest Xerxe, cum ad Athum montem legatos mitteret, eumque contumeliosissimis ac minacissimis literis territaret: cum Hellesponto mari certum plagarum numerum infligi juberet. Neque vero minus regaliter desipuit Alexander ille Magnus, cum abdicato patre, Jovis filius salutari gauderet, dum vino certaret, dum in conviviis ab adulatoribus, ut Deum adorari sese pateretur, dum queritur hunc orbem suis victoriis angustum esse, et Oceanum ingressus, alios quaerit mundos, quos expugnet: ut ne commemorem interim Dionysios, Ptolemaeos, Julios, Nerones, Tiberios, Caligulas, Heliogabalos, Commodos, Domitios, quorum alius sibi Dei nomen vindicavit, cum esset hominis vocabulo indignus: alius se totum assentatoribus deridendum propinavit: alius ambitione praeceps universum orbem insanissimis rerum tumultibus concussit.

risch hochgezogene Augenbraue, womit er den ganzen Olymp zum Zittern bringt. Gibt es irgendwo einen Prasser und Schwätzer, der läppischere Possen getrieben hätte, der ein größerer Taugenichts gewesen wäre, als der, dem man die Herrschaft über das All anvertraute? Mit Schlichen hintergeht er seine Frau, jetzt als Schwan, dann als Stier, schließlich als Gold, stellt Mädchen nach, stiftet Ganymed an und füllt den Himmel mit Bastarden. Genauso macht man Neptun und Pluton zu tobsüchtigen, wilden, unerbittlichen Figuren, sagt ihnen aber keine Weisheit nach.
Doch ich will mich jüngeren, historischen Vorgängen zuwenden und die Mythen auf sich beruhen lassen. Wes Geistes Kind, glaubst Du, ist Krösus der Lyderkönig wohl gewesen, wenn er nur so war, wie Herodot ihn dargestellt hat, der, stolz auf seine Edelsteine und das angehäufte Gold, dem Solon zürnte, weil er ihn nicht glücklich nennen wollte. Was kann man sich auch Dümmeres vorstellen als den Xerxes, der Gesandte zum Berg Athos schickte und ihm schriftlich mit den ärgsten Beschimpfungen und Drohungen Angst einjagen wollte, der dem Meer am Hellespont eine gemessene Tracht Prügel verabreichen ließ. Nicht weniger königlich verrückt stellte sich Alexander der Große, als er sich von seinem Vater lossagte, sich hochmütig als Sohn des Zeus begrüßen ließ, in betrunkenem Zustand Streitigkeiten vom Zaune brach, sich beim Mahl von Schmeichlern wie einen Gott verehren ließ, der bewegliche Klage darüber führte, daß diese Erde für seine Eroberungszüge zu klein sei, und in See sticht, um in anderen Erdteilen auf Eroberung auszugehen. Ich will gar nicht erst Dionysius, Ptolemäus, die Julier, die Nero, Tiberius, Caligula, Heliogabalus, Commodus und die Domitier erwähnen, von denen der eine für sich göttliche Ehren in Anspruch nahm, da er doch der Bezeichnung Mensch unwürdig war, der andere sich bis zur völligen Lächerlichkeit nach dem Munde reden ließ und wieder ein anderer von Geltungsdrang besessen den ganzen Erdkreis in die wahnwitzigsten Verwirrungen stürzte.

Sed ego jure videar ineptus, qui catalogum hunc ingrediar, et aquam, ut ajunt, quaeram in mari. Quin omnes potius et veterum et neotericorum annales evolve, nimirum ita comperies, vix seculis aliquot unum aut alterum extitisse Principem, qui non insigni stultitia maximam perniciem invexerit rebus humanis. Siquidem Princeps, aut magno orbis totius malo stultus est, aut magno omnium bono sapit: tametsi proclivius est laedere quam prodesse, et citius serpit, vel pervadit potius pernicies quam utilitas.

At nunc videmus nonnullos Principes, quidvis expetere potius, quam id quod unum Principis vocabulo dignos reddit: et stultam plebeculam, omnia potius suspicere in Regibus, quam id quod solum erat requirendum. Juvenis est: isto pacto sponsum commenda sponsae, non Principem reipublicae. Formosus est: recte hoc nomine laudetur foemina. Bonis est lacertis aut lateribus: probe dixisti, si laudas athletam. Robustus est, et tolerans laborum: isto titulo calones ac lixae commendantur. Multum auri congestum habet: foeneratorem diligentem praedicas. Facundus est: sic admiror sophistam. Belle canit, belle saltat: histrionum ac tibicinum laus ista est, non Regum. Invictus est bibendo: nam hac quoque laude veteres delectati sunt Principes: apte, si spongiam mihi laudas. Procerus est, et ab humeris inter omnes eminet: praeclarum, si quid ex alto detrahendum sit. Jam illa scite ludit alea, scite lateruncul is: laus est cum infimis nebulonibus communis, ac pudenda Principi. Omnia

Doch ich komme mir selbst schon albern vor, wenn ich diesen Katalog aufstelle und, wie man so sagt, Wasser im Meer suche. Geh lieber nur alle Aufzeichnungen der Alten und aus jüngerer Zeit durch und wundere Dich ja nicht über die Feststellung, daß in etlichen Jahrhunderten kaum der eine oder andere Fürst aufgetreten ist, der nicht die menschliche Gesellschaft mit bemerkenswerter Torheit in das größte Verderben gestürzt hat. Ein Fürst ist immerhin zum großen Schaden der ganzen Welt verrückt oder zum großen Nutzen aller verständig. Jedenfalls ist der Hang zum Verletzen größer als der zu nützen, und es setzt sich eher das Verderben als der Nutzen durch.

Heutzutage sehen wir dagegen manche Fürsten nach allem eher trachten als nach der verdienten Würde eines Fürstentitels, während das dumme Volk alles an einem Fürsten höher schätzt, als was man allein von ihm verlangen sollte. So preist man z. B. seine strahlende Jugend, was doch allenfalls den Bräutigam der Braut, aber nicht den Fürsten dem Staat empfehlenswert macht, erbaut sich an seiner guten Erscheinung, was doch nur an einer Frau Beachtung verdient. Man sagt, er habe muskulöse Arme und breite Schultern, was doch nur einem Athleten Ruhm verschaffen dürfte. Lobt man seine Kraft und seine Ausdauer, muß man sich begreiflich machen, daß man damit Troßknechte und Marketender meint. Hat er viel Gold zusammengehäuft, lobt man den gerissenen Wucherer; ist er beredt, bewundert man den Sophisten; singt und tanzt er gut, lobt man seine schauspielerischen und musikalischen Fähigkeiten, nicht was königlich ist. Ist er ein gewaltiger Zecher, ein Lob, an dem gerade auch die Könige der Vorzeit ihr Vergnügen fanden, täte man besser daran, einen Schwamm zu loben. Ist er schlank und hochgewachsen und ragt mit seinen Schultern über alle hinaus, ist er gerade gut genug, wenn es darum geht, hochhängende Gegenstände herunterzuholen. Würfelt er gut oder ist geschickt beim Steinspiel, hat er diesen Vorzug gemeinsam mit windigen Burschen und sollte sich als Fürst

congeras, cultum, aurum, gemmas, imagines, ab Hercule deductum genus, aut si mavis a Codro, Cecropeve, nisi pectus mihi narras longe a vulgi stultitia semotum, liberum a sordidis humilium rerum cupiditatibus, a falsissimis multitudinis opinionibus, non audio laudem Rege dignam. Neque enim temere divinus ille Plato scripsit, non aliter felices fore respublicas, nisi si aut Philosophis committeretur imperium, aut quibus imperium contigisset, philosophiam sequerentur. Porro philosophiam sequi, non est pallium aut peram circumferre, barbam demittere. Quid igitur? Ista quae vulgus stulte miratur contemnere, deque rebus longe secus sentire, quam hominum multitudo sentit. Nec video qui fieri possit, ut qui putet sibi licere quicquid libet, qui divitias ut magnum quiddam admiretur, qui pro imperio quodvis etiam jusjurandum violandum putet, qui inani rapiatur gloria, qui pudendae serviat libidini, qui mortem vehementer horreat, salutarem Principem agere possit.

Ac primum quidem est, recte de singulis judicare: propterea quod infectis opinionibus, ceu fontibus, unde omnes vitae scatent actiones, omnia perperam gerantur oportet. Proximum est, ut abhorreant a turpibus, ferantur ad honesta. Nam vera sapientia non solum complectitur veri cognitionem, verum etiam studium et amorem honesti. Siquidem liceat fortassis invenire, qui perspiciat bellum sine gravi rerum humanarum pernicie suscipi non posse, nec esse tanti veterem aliquem et obsoletum ditionis titulum, verum impellit ambitio, ut omnia misceat armis. Et est fortassis, qui videat, hinc maximam reipublicae pestem nasci, quod ad

dessen eher schämen. Du magst alles zusammenraffen, Schmuck, Gold, Edelsteine, Bildwerke, Abstammung von Herkules oder, wenn Du lieber willst, von Kodrus oder Kekrops – wenn Du mir nicht von einer Gesinnung erzählst, die sich von der Torheit der Masse völlig unterscheidet, frei ist von schnöder Begehrlichkeit nach wertlosem Tand und vom Massenwahn, sehe ich nichts Rühmliches für einen König. Nicht von ungefähr schrieb der göttliche Platon, Staaten könnten nicht anders glücklich sein, als wenn die oberste Gewalt entweder Philosophen übertragen würde oder wenn die Herrschenden sich Philosophie zu eigen machten.[5] Sich die Philosophie zu eigen machen, heißt aber nicht, nach Philosophenmanier lediglich mit Pallium und Ranzen oder mit wallendem Bart herumzulaufen. Wie also sollte es sein? Das, was die Masse in ihrer Dummheit bewundert, verachten und über die Verhältnisse eine andere Ansicht haben als die große Masse. Ich sehe auch nicht, wie jemand ein staatserhaltender Fürst sein könnte, der meint, daß ihm alles erlaubt sei, der den Reichtum als etwas Großes bewundert, der sich sogar jeden Eidbruch im Interesse der Herrschaft genehmigt, der sich von eitlem Ruhm fortreißen läßt, der sich schamlos seiner Leidenschaft überläßt und hündische Furcht vor dem Tode hat.

Das erste (was man von ihm verlangen muß) ist, abgewogen über alles zu urteilen, weil unüberlegte Meinungen als Quellen unseres Tuns notwendigerweise alles verderben. Das nächste ist, daß Fürsten das Schimpfliche verabscheuen und ihren Sinn auf das Ehrenvolle gerichtet halten. Denn die wahre Weisheit begreift in sich nicht nur die Kenntnis des Wahren, sondern auch Eifer und Liebe für das, was ehrenvoll ist. Man mag wohl jemand finden, der einsieht, daß ein Krieg nicht ohne schweres Unheil für die menschliche Gesellschaft entfacht werden könne; aber dann treibt ihn doch der Ehrgeiz dazu, alles in kriegerische Verwirrung zu stürzen. Vielleicht sieht auch jemand, daß dem Staat der größte Schaden erwächst, wenn Menschen in die Staatsfüh-

gerendos magistratus adsciscuntur, non qui prudentia, rerum usu, vitae integritate, plurimum prodesse reipublicae possint, sed qui maxima pecuniae summa licitentur: verum huc pertrahit avaritia, ut neglecto publico malo, fisci negotium agat. Et non deest qui intelligat, Principis esse munus, sicut ab omnibus accipit vectigal, ita omnium consulere rebus, praesidere in judiciis, excludere maleficia, magistratus observare, corrigere leges inutiles. Verum ab hoc studio revocant voluptates, per quas non est ocium curis Principe dignis vacare. Est qui sentiat se plurimum prodesse posse rebus mortalium, verum id quidem non sine vitae discrimine. Hic deseret rempublicam, quisquis existimabit, infelicissimum esse mori. Proinde primum omnium, Principis animus omnibus erroribus liberandus est, ut perspiciat, quid vere honestum, quid vere gloriosum, quid vere magnificum. Deinde instillandum turpitudinis odium, et amor honesti, quo videlicet perspiciat, quid Principem deceat, et nihil appetat, nisi quod sit bono ac salutari Principe dignum. Ut honestum ubi sit videat, et hoc uno metiatur omnia, nec unquam ab hoc aberret scopo. Atque hanc vocant sapientiam, qua necesse est, ut Princeps tanto caeteros antecellat mortales, quanto dignitate, opibus, ornatu, potentiaque antecedit.

Atque utinam saltem Christiani Principes omnes sapientissimum illum Regem imitentur, cui cum daretur optio, quicquid vellet ab eo qui nihil non praestare poterat, nihil aliud optavit quam sapientiam, et eam sapientiam, qua populum sibi commissum recte gubernaret. Atque idem quaeso quid aliud inculcat suo filio, quam amorem ac studium sapientiae? Eodem spectat, quod Aegyptii simulachrum Principis ita repraesentabant, ut oculum pingerent, cum sceptro.

rung berufen werden, die nicht durch Klugheit, Erfahrung und untadeligen Lebenswandel dem Staat den größten Nutzen bringen, sondern Menschen, die das meiste Geld bieten können; denn die Habsucht führt dahin, daß das Interesse des Fiskus und nicht das Gemeinwohl den Ausschlag gibt. Sicher fehlt es auch nicht an Einsichtigen, die die Aufgabe eines Fürsten darin sehen, daß er so, wie er von allen Steuern empfängt, auch für die Angelegenheiten aller sorgen, Gerichtsverhandlungen führen, Übeltaten verhüten, die Beamten kontrollieren und schlechte Gesetze verbessern muß. Den Eifer dafür lähmt die Vergnügungssucht, die keine Zeit dazu läßt, Dinge zu tun, die eines Fürsten würdig sind. Es mag jemand meinen, er sei selbst unter Gefährdung seines eigenen Lebens fähig, der Menschheit größtmöglichen Nutzen zu bringen, und ein anderer, der den Tod für das größte Übel hält, wird den Staat im Stich lassen. Deshalb gilt es vor allem, den Geist des Fürsten von allen Irrtümern zu befreien, so daß er erkennt, was wahrhaft ehrenvoll, was rühmlich und was wirklich erhaben ist. Dann sollte man ihn mit Abneigung gegen alles Schimpfliche, mit Liebe zum Ehrenhaften erfüllen, damit er doch einsieht und nur nach dem trachtet, was eines guten und staatserhaltenden Fürsten würdig ist. Er sollte das Ehrenvolle wo immer erkennen, alles an diesem einzigen Maßstab orientieren und niemals davon abweichen. Das aber ist die Weisheit des Fürsten, die man von ihm erwarten muß, damit er über die anderen Menschen in dem Maße hinausragt, wie er sie an Würde, Vermögen, Repräsentation und Macht übertrifft.
Würden doch wenigstens alle christlichen Fürsten sich nach jenem hochweisen König richten, der, als ihm vom Allmächtigen die Wahl freigestellt wurde, nichts anderes wünschte als Weisheit, und zwar jene Weisheit, mit deren Hilfe er das ihm anvertraute Volk richtig regieren könnte.[6] Bitte, was prägt dieser seinem Sohne anderes ein als Liebe und Eifer für die Weisheit? In diesen Zusammenhang gehört auch, daß die Ägypter den König bildlich darstellten, indem

Nimirum quod oculus in corpore, id verus Princeps in republica. Quod sol in coelo, id Princeps in populo. Sol oculus mundi, Princeps oculus multitudinis. Quod animus in homine, id Princeps in civitate. Animus sapit, corpus obtemperat. Et imperat quidem animus corpori, sed corporis bono: nec sibi gerit regnum veluti tyrannus, sed ei cui praesidet. Denique Dei moderantis universa, salutaris Princeps vivam imaginem refert. Atque eo magnificentior est Princeps, quo propius ad archetypi sui formam accessit. Deus nihil non perspicit, nihil non sentit, nullis corrumpitur affectibus. Ita potentissimus est, ut idem sit optimus. Omnibus bene facit, etiam indignis. Non punit nisi raro, idque coactus. Nobis administrat hunc mundum, non sibi. Hoc illi praemii loco est, si profuit: contra qui pestilens est Princeps, is cacodaemonis simulachrum, ac vicem reddere videtur. Aut non sapit, aut si sapit, in publicam perniciem sapit. Quod habet potentiae, in reipublicae pestem abutitur. Et cum plurimum noceat omnibus, plus tamen vult nocere quam possit.
Nihil est bono Rege praeclarius, nihil melius, nihil Deo propius: rursum nihil malo Principe foedius, nihil pejus, nihil cacodaemoni similius. Numen quoddam est Princeps salutaris. At nulla belua nocentior tyranno. Tyrannus est autem, quisquis sibi gerit imperium, quocumque nomine pingatur aut sculpatur.
Non est nostrum de summis proceribus veluti pronunciare, sed tamen cogimur, non sine suspiriis, hanc quam dixi

sie ein Auge mit einem Zepter malten. Ist doch der wahre Fürst im Staat, was das Auge für den Körper ist. Was die Sonne am Himmel, das ist der Fürst im Volke: die Sonne ist das Auge des Weltalls, der Fürst das Auge der Menge. Was der Geist im Menschen, das ist der Fürst im Staate. Der Geist hat Einsicht, der Körper gehorcht ihm. Zwar erteilt der Geist dem Körper Befehle, doch nur zum Wohle des Körpers. Er führt seine Herrschaft nicht wie ein Tyrann, sondern im Interesse dessen, dem er vorsteht. Schließlich handelt der staatserhaltende Fürst nach dem Bilde Gottes, der das All regiert. Der Fürst ist um so erhabener, je näher er der Gestalt seines Urbildes kommt. Gott durchschaut alles, fühlt alles und wird durch keinerlei Affekte mißleitet. Er ist so allmächtig, daß er zugleich allgütig ist. Er ist allen wohlgesinnt, sogar den Unwürdigen. Er straft selten, und nur, wenn es unvermeidlich ist. Er regiert diese Welt für uns, nicht in seinem Interesse. Nützlich gewesen zu sein, das ist sein Lohn, wohingegen ein heilloser Fürst sich nach dem Bilde und als Sachwalter des bösen Geistes zu verhalten scheint. Ob er Einsicht hat oder nicht, seine Einsicht gereicht dem Staat zum Verderben. Die Macht, über die er verfügt, mißbraucht er zum Unheil des Staates. Wenn er schon allen den größten Schaden zufügt, so geht seine Böswilligkeit noch über seine tatsächliche Schädlichkeit hinaus.

Es gibt nichts Herrlicheres als einen guten König, nichts Besseres und nichts Gott Ähnlicheres, umgekehrt nichts Scheußlicheres als einen schlechten Fürsten, nichts Schlimmeres und nichts Teuflischeres. Der Fürst ist eine Art Heilsgottheit, aber keine Bestie ist schädlicher als ein Tyrann. Tyrann aber ist, wer Herrschaft in seinem Interesse ausübt, unter welchem Titel immer man ihn malt oder als Standbild herausstellt.

Es ist nicht unsere Aufgabe, für Personen von höchstem Rang Vorschriften zu erlassen, und trotzdem fühlen wir uns genötigt, nicht ohne Bedauern, festzustellen, wie sehr die

sapientiam, in Christianis Principibus desiderare. Alioqui, unde tot rerum novationes, tot toties icta et rescissa foedera, tam crebri tumultus, tot strages, tot pugnae, tot minae, tot dissidia, nisi a stultitia proficiscuntur? Et haud scio, an nonnulla hujus mali pars nobis ipsis sit imputanda. Clavum navis non committimus nisi ejus rei perito, quod quatuor vectorum, aut paucarum mercium sit periculum: et rempublicam, in qua tot hominum millia periclitantur, cuivis committimus. Ut auriga fiat aliquis, discit artem, exercet, meditatur: at ut Princeps sit aliquis, satis esse putamus natum esse. Atqui recte gerere principatum, ut est munus omnium longe pulcherrimum, ita est omnium etiam multo difficillimum. Deligis, cui navim committas: non deligis, cui tot urbes, tot hominum capita credas? Sed esto, receptius est, quam ut convelli possit. Nascuntur Principes et cuicunque sors faverit, sive probus sit ille, sive improbus, sive stultus, sive sapiens, sive sanus, sive motae mentis, modo figuram habeat hominis, ei summa rerum credenda est. Hujus arbitrio mundus bellis et caedibus miscebitur, sacra ac prophana omnia perturbabuntur.

Sed ea res si minus mutari potest, proximum tamen erat, diligenti institutione succurrere: et si non licet idoneum imperio deligere, enitendum est, ut idoneum imperio faciamus eum, quemcunque fortuna nobis dedit. Videmus qua sollicitudine, qua cura, qua vigilantia, paterfamilias educat puerum, unius fundi dominum futurum. Quanto igitur

genannte Weisheit gerade christlichen Fürsten fehlt. Woher sonst als durch Torheit werden so viele Änderungen der Verhältnisse, so viele und so oft geschlossene und gebrochene Verträge, so häufige Umwälzungen, so viele Zerstörungen, so viele kriegerische Auseinandersetzungen, so viele Bedrohungen und so viele Spaltungen hervorgerufen? Ich weiß auch nicht, ob wir diesen Übelstand uns nicht größtenteils selbst anrechnen müssen. Das Steuer eines Schiffs vertrauen wir einem erfahrenen (Steuermann) an, wenn es auch nur um die Sicherheit von vier Passagieren oder einer Handvoll Waren geht: den Staat dagegen, in dem es um die Sicherheit von so viel tausend Menschen geht, überantworten wir jedem Beliebigen. Wenn einer Wagenlenker werden will, lernt er die Technik, übt sich fleißig darin. Wir meinen aber, wenn einer Fürst sein solle, genüge es, daß er geboren sei. Wie aber richtiges Regieren die weitaus schönste von allen Aufgaben ist, so auch die weitaus schwierigste. Du suchst Dir jemand aus, dem Du ein Schiff anvertraust, achtest dagegen nicht darauf, wem Du so viele Städte, so viele Menschenleben anvertraust. Das ist jedenfalls fester eingewurzelt, als daß man es (beseitigen) könnte. Fürsten werden nun einmal geboren, und wem immer das Los zugefallen ist, sei er rechtschaffen oder verdorben, dumm oder weise, besonnen oder verrückt, sofern er nur Menschengestalt hat, muß man ihm die höchste Macht anvertrauen. Nach seinem Belieben wird die Welt in Krieg und Mord verstrickt und werden religiöse und politische Verhältnisse auf den Kopf gestellt.

Meint man aber, diese Verfassung kaum ändern zu können, hätte man zunächst auf eine sorgfältige Erziehung achten müssen. Wenn es schon nicht möglich ist, einen geeigneten Herrscher zu wählen, soll man darauf bedacht sein, denjenigen, den der Zufall uns beschieden hat, auf die Regierung vorzubereiten. Wir sehen doch, mit welcher Sorgfalt, wie pfleglich und aufmerksam der Vater einen Sohn erzieht, der lediglich Herr eines einzigen Besitztums sein wird. Mit

majori cura instituendus est is, qui vel magno omnium bono futurus sit bonus, aut magno omnium exitio malus, et de cujus unius nutu salus aut pernicies pendebit orbis? Quibus decretis, quibus philosophiae praeceptis, hoc pectus erit praemuniendum: non solum adversus tantas rerum tempestates, quae solent in civitatibus exoriri, verum etiam adversus fortunae indulgentiam, quam arrogantia et stultitia fere solet comitari: adversus delicias, quibus vel optima natura corrumpi possit: multo maxime vero adversus adulatorum pestiferas assentationes, et illud venenatissimum euge, quod illi tum potissimum occinunt, cum Princeps insanit maxime. Hic mihi jam tum infantulo adhibendus erat artifex quispiam egregius. Non enim recte fingitur Princeps, nisi cum se nondum intelligit esse Principem. Statim, inquam, adsciscendus formator, in quo deligendo conveniet et hoc esse diligentiores, quod Principem deligere non licet, instituere licet. Hic mihi in pectusculum adhuc vacuum ac sequax instillet opiniones Principe dignas: muniat optimis de honesto decretis: ostendat discrimen veri Principis ac tyranni: subjiciat oculis, quam Deo propinqua res est salutaris Rex, quam tetra belua, quamque abominanda tyrannus. Admoneat eum, qui sibi gerit imperium, non Reipublicae, praedonem esse, non Principem: nihil interesse inter piratas et Principes piratarum animo praeditos, nisi quod hi, quo sunt potentiores, hoc majorem adferunt perniciem rebus huma-

wieviel größerer Sorgfalt muß dann erzogen werden, wer einmal gutsein wird für oder abgrundschlecht gegen alle und von dessen persönlichem Gutdünken Heil oder Verderben aller abhängt? In welchen Lehrsätzen und philosophischen Anweisungen wird sein Geist zu befestigen sein, und zwar nicht allein gegen so gewaltige Erschütterungen, wie sie in staatlichen Gemeinschaften aufzutreten pflegen, sondern auch gegen die Gunst des Geschickes, die gewöhnlich begleitet ist von dummer Anmaßung; gegen Genußsucht, durch die die beste Naturanlage verdorben werden kann, am meisten aber gegen die Schmeichler, die mit ihrem verführerischen »Gut so!« und dem tödlichen Gift ihres »Köstlich!« dem Fürsten gerade dann in den Ohren liegen, wenn er die Kontrolle über sich verloren hat. Ich meine, daß man schon in seiner frühesten Kindheit einen hervorragenden Erzieher hätte heranziehen müssen. Man bildet nämlich einen Fürsten nur dann richtig aus, wenn man auf ihn einwirkt, bevor er sich seiner fürstlichen Bestimmung bewußt geworden ist. Ganz früh, meine ich, soll man einen Erzieher gewinnen, bei dessen Wahl man um so sorgfältiger vorgehen muß, weil man sich den Fürsten nicht wählen, wohl aber erziehen kann. Er sollte dem noch unbeeinflußten und bildsamen jungen Geist Auffassungen einflößen, die eines Fürsten würdig sind, ihn mit den besten Anweisungen für einen ehrenhaften Lebenswandel versehen, ihm den Unterschied zwischen einem wahren Fürsten und einem Tyrannen vor Augen halten, ihm begreiflich machen, wie gottähnlich ein staatserhaltender Fürst und welch eine widerwärtige Bestie und wie verabscheuungswürdig dagegen ein Tyrann ist. Er sollte den, der im eigenen Interesse und nicht im Interesse des Staates herrscht, daran erinnern, daß er ein Ausbeuter und kein Fürst ist, daß keinerlei Unterschied besteht zwischen Piraten und Fürsten mit der Gesinnung von Piraten, wobei noch erschwerend hinzukommt, daß Fürsten mit ihrer größeren Machtfülle der menschlichen Gesellschaft noch größeren Schaden zufügen. Der Erzieher sollte dem

nis. Inculcet, quam multis hominum millibus, imo quam universo mundo prodesse queat, si is unum sapientem ac bonum praestiterit virum. Doceat, apud Christianos homines imperium nihil aliud esse, quam Reipublicae administrationem, non dominium. Imperium quidem appellari, sed meminerit se imperaturum, et liberis, et Christianis, hoc est, bis liberis. Ad hoc ut Princeps sit aliquis, non satis esse natum fuisse, non satis esse vetustas imagines, non sceptrum, non diadema. Animus sapientia praecellens, animus pro publica incolumitate semper solicitus, et nihil spectans, nisi commune bonum, Principem facit. Praemoneat, ne sese vel applausibus stultae plebeculae, vel adulatorum laudibus metiatur. Ne quid agat impulso odii, amoris, irae, aut ullius affectus instinctu. In creandis magistratibus, in condendis legibus, in caeteris muniis, unicum tantum spectet scopum, nempe honestum, et publicam utilitatem. Non satis esse, si ipse nemini faciat injuriam, officialium quoque suorum integritatem praestandam esse Principi. Non esse sitam in hoc Principis laudem, si ditionis terminos proferat, si finitimos submoveat armis: verum si quam forte nactus est ditionem, justitia, frugalitate, caeterisque pacis artibus efficiat florentiorem. Doceat, ut ad benemerendum de bonis sit propensissimus, ad ignoscendum facilis, ad puniendum non aliter accedat quam amicus medicus, membrum deploratum amputaturus, aut inusturus: ut omnia studiose vitet, unde perspiciat reipublicae magnum malum fore. Super omnia vero bellum modis omnibus declinet, quod aliis e rebus, alia atque alia mala nascuntur: at bellum universum malorum

jungen Fürsten einprägen, wieviel tausend Menschen, ja wie sehr er der gesamten Welt nützen kann, wenn er sich nur als weise und gut bewährt. Er sollte ihn belehren, daß unter Christen Herrschaft nichts anderes ist als Verwaltung des Staates, nicht Beherrschung. Man nennt es zwar Herrschaft, aber der Fürst sollte daran denken, daß er über Freie und Christen, d. h. über doppelt Freie, gebietet. Er sollte weiterhin wissen, daß Geburt, Ahnenreihe, Zepter und Diadem noch keinen Fürsten machen. Überragende Weisheit, unermüdliche Sorge für die Unversehrtheit des Staates und das alleinige Interesse für das Gemeinwohl machen einen Fürsten aus. Man sollte ihn dazu anhalten, sich nicht nach dem Applaus der törichten Menge oder den Lobhudeleien der Schmeichler einzuschätzen. Er sollte sich in seinen Handlungen nicht von Regungen des Hasses, der Liebe, des Zorns oder irgendwelchen Affekten bestimmen lassen. Bei der Bestellung von Beamten, der Findung von Gesetzen und bei sonstigen Obliegenheiten sollte er ganz ausschließlich Ehre und Nutzen des Staates im Auge haben. Der Fürst muß ebenfalls erkennen, daß es nicht genügt, wenn er selbst niemandem Unrecht tut, sondern daß er auch für die Untadeligkeit seiner Beamten geradestehen muß, daß der Ruhm eines Fürsten nicht darin bestehe, die Grenzen seines Herrschaftsbereichs auszudehnen und die Nachbarn mit Waffengewalt zu vertreiben, vielmehr den Herrschaftsbereich, der ihm gerade zugefallen ist, mit Gerechtigkeit, Sparsamkeit und anderen Künsten des Friedens noch blühender zu machen. Der Erzieher sollte den Fürsten dazu anleiten, sich eifrigst um das Wohlwollen anständiger Menschen zu bemühen, willfährig Nachsicht zu üben und nur wie ein hilfreicher Arzt zu strafen, der ein unheilbares Glied amputiert oder ausbrennt, sowie sorgsam alles seiner Meinung nach für den Staat Nachteilige zu vermeiden. Mehr als dies alles soll er aber unter allen Umständen den Krieg vermeiden; denn wenn auch aus unterschiedlichen Verhältnissen unterschiedliche Übel entstehen, der Krieg löst den Geleitzug aller Übel

agmen semel effundit. Haec atque hujusmodi decreta, sunt animo puerili, sapientum apophthegmatis et laudatorum Principum exemplis infigenda.

At nunc videmus vix ullos homines educari vel corruptius vel indiligentius, iis, quos tanti refert omnium quam optime institutos fuisse. Infans hic orbi imperaturus, stultissimis mulierculis committitur, quae adeo nihil instillant in animum illius Principe dignum, ut etiam si quid recte moneat praeceptor, aut si suapte sponte videatur ad mansuetudinem propensior, dehortentur: et Principem, hoc est, tyrannum agere doceant. Denique nemo non blanditur, nemo non assentatur. Applaudunt proceres, obsecundant ministri, adulatur et praeceptor: non hoc agens ut patriae salutarem reddat Principem, sed ut sibi magnificam paret fortunam. Adulatur et Theologus, quem vulgo Confessorem vocant, episcopen aliquam aucupans. Assentatur magistratus, assentantur qui colludunt, qui convivunt: ut rectissime dixerit Carneades, a Regibus nullam artem recte disci, praeter artem equitandi. Propterea quod solus equus, quoniam non sentit Principis ac plebeji discrimen, nescit adulari Regi: sed excutit, quicunque is fuerit, qui non apte norit insidere tergo.

Statim docetur fastum, docetur arrogantiam: admonetur licere quicquid libet. Audit, omnes omnium possessiones esse Principis, Principem esse superiorem legibus: in pectore Principis omnem legum et consiliorum mundum esse reconditum. Audit *sacras majestates, serenitates, divinitates, terrestre numen,* et hujusmodi magnificos titulos. In summa, dum adhuc puer est, nihil aliud discit ludere, quam tyranni-

zugleich aus. Diese und ähnliche Lehrsätze muß man dem kindlichen Sinn (des Fürsten) anhand von Sentenzen einsichtiger Männer und von Beispielen aus dem Leben berühmter Fürsten einprägen.

Doch heutzutage sehen wir, daß kaum jemand schlechter oder nachlässiger erzogen wird als jene, bei denen es so sehr darauf ankommt, daß sie am besten von allen erzogen sind. Ein Kind, das einmal über diese Welt herrschen soll, vertraut man ganz ungebildeten Weibsleuten an, die so wenig für eine angemessene geistige Nahrung des Fürsten sorgen, daß sie sogar entgegen den möglichen rechten Mahnungen und dem beherrschten Verhalten des Erziehers dazu anhalten, den Fürsten, d. h. den Tyrannen herauszukehren. Schließlich schmeichelt ihm jedermann und redet ihm nach dem Munde. Die Hochgestellten klatschen Beifall, die Diener hofieren ihn und der Lehrer schmeichelt ihm. Statt ihn bewußt zu einem für das Vaterland heilbringenden Fürsten zu machen, sucht man für sich selbst den größtmöglichen Vorteil herauszuschlagen. Auch die Theologen, die man gemeinhin doch Bekenner nennt, schmeicheln und suchen (auf diese Art) für sich ein Bistum herauszuschlagen. Die Beamten reden ihm nach dem Munde, ebenfalls die Spielgefährten und die Tafelfreunde. Könige lernen, wie Karneades[7] sehr richtig gesagt hat, keine Kunst außer der Reitkunst, und zwar deshalb, weil allein das Pferd, da es zwischen dem Fürsten und einem Plebejer keinen Unterschied macht, dem König nicht schmeichelt und jeden, der nicht richtig im Sattel sitzen kann, abwirft.

Ganz früh schon erhält er seine Lektion in Hochmut und Anmaßung, wird er belehrt, daß ihm alles erlaubt ist. Er hört, daß jedermanns Besitzungen dem Fürsten gehören und der Fürst über dem Gesetz stehe, daß der Fürst der Inbegriff aller Gesetze und Ratschläge sei. Er hört ferner solch hochtrabende Titel wie *Geheiligte Majestäten, Erlauchtheiten, Göttlichkeiten, Gott dieser Erde.* Ganz allgemein lernt er, solange er noch ein Kind ist, nichts anderes als den

dem. Mox rapitur ad puellas, invitant, laudant, inserviunt omnes. Hic adest aequalium effoeminatissima turba, nullus risus, nullus sermo, nisi de puellis. Sub haec alea, choreae, convivia, citharae, discursus: in his aetatis optima pars conteritur. Quod si quando libeat literis oblectare ocium, leguntur aniles fabulae, aut his perniciosiores historiae. Ex his animus nulla praemunitus antidoto, imbibit admirationem et zelum, ut Graeci vocant, alicujus pestilentissimi Ducis, puta Julii Caesaris, aut Xerxis, aut Alexandri Magni. Atque in his ipsis quae pessima sunt, maxime placent. Ab his impetus dementes, ab his exemplum pessimum sumunt. Pone nunc, si placet, ingenium non delectum e multis, quod oportuit, sed qualecunque contigit. Pone tam corruptam educationem, quae vel Aristidis ingenium posset corrumpere. Pone tot adulationis venena, pone delitias, quibus male convenit cum sapientia, pone voluptates, pone fortunae splendorem, pone potestatem, pone aetatem ferocem, et suapte sponte proclivem ad pessima. Super omnia, pone pectus falsissimis infectum opinionibus. Et miraris si hic ab his profectus rudimentis ad gerendam rempublicam, parum sapienter administrat?

Sed juvenis est, inquiunt, sapiet aliquando rerum usu. At Principem non oportet esse juvenem, etiamsi juvenis fuerit. Et cum misera est omnis prudentia, quae colligitur usu rerum, tum in Principe miserrima est. Nimio constabit reipublicae, Principis sui prudentia, si gerendo bello discet

Tyrann zu spielen. Bald zieht es ihn zu den Mädchen; sie locken ihn, loben ihn und sind ihm zu Willen. Da ist (ständig) um ihn die ganze Herde versnobter Altersgenossen und macht immer nur lose Scherze über die Weiber. Mal gibt es Würfelspiele, mal Sauflieder, Gelage, Zitherspiel und mal Herumschwärmen; damit vertut man den besten Teil dieses Alters. Vertreibt man sich die Zeit einmal mit Büchern, liest man schwachsinnige Romane oder noch schädlichere Geschichtserzählungen. Ein Geist, der durch kein Gegengift gefestigt ist, saugt sich daran voll mit Bewunderung und, wie die Griechen sagen: zelotischer Nacheiferung für irgendeinen verruchten politischen Führer, etwa für Julius Caesar, Xerxes oder Alexander den Großen. An diesen aber imponieren gerade ihre schlechtesten Eigenschaften am meisten. Von ihnen übernehmen sie die wahnwitzige Unbeherrschtheit und nehmen sich eben an ihren Schlechtigkeiten mit Vorliebe ein Beispiel. Stell Dir nun, bitte, einen Menschen vor, der nicht, wie es eigentlich sein müßte, aus vielen ausgewählt ist, sondern einen x-beliebigen, stelle Dir eine derart verfehlte Erziehung vor, wie sie sogar einen Charakter von der Art des Aristides verderben könnte, dazu das viele Gift der Schmeichelei, die Possenreißerei, die so schlecht zur Weisheit paßt, die Vergnügungen, den Glanz des Reichtums, die Macht, das ungebärdige Alter, das von sich aus noch völlig ungefestigt ist. Stelle Dir einen Geist vor, den man mit grundfalschen Überzeugungen infiziert hat; soll man sich da noch wundern, wenn einer nach solcher Ausbildung für die Staatsführung nicht annähernd weise genug ist?

Er ist ein junger Mann, sagt man, und wird schon irgendwann durch Erfahrung klug. Doch ein Fürst darf sich nicht auf seine Jugend berufen, auch wenn er noch jung an Jahren sein sollte. Wenn schon jede Klugheit miserabel ist, die man durch Erfahrung gewinnt, dann ist sie es erst recht bei einem Fürsten. Die Klugheit eines Fürsten kommt den Staat allzu teuer zu stehen, wenn er erst beim Kriegführen erfährt, daß

bellum rem esse modis omnibus fugiendam. Si non prius intelligat, magistratus integris viris esse committendos, quam improborum temeritate rempublicam labefactatam conspexerit. Nec est committendum, ut sicuti qui cithara discunt canere, prius quam artem assequantur, citharas aliquot obterunt ac perdunt, quemadmodum scripsit Xenophon: ita Princeps reipublicae pernicie discat rempublicam administrare.

Non mirum igitur, si quando videmus evenire, ut praepostere res geratur: nimirum ut cum affectus e corpore orti, ab animo coerceri debeant: ab animo perturbationes proficiscantur in corpus, ut oculus minus perspiciat quam reliquum corpus: ut omnibus noxius sit ac pestilens, qui Dei vicem gerens, omnibus debuit esse salutaris. An non videmus egregia oppida a populo condi, a Principibus subverti? Rempublicam civium industria ditescere, Principum rapacitate spoliari? Bonas leges ferri a plebejis magistratibus, a Principibus violari: populum studere paci, Principes excitare bellum.

Haec, opinor, dederunt occasionem adagio quod retulimus, a quo quidem, nescio quo pacto, longius sumus digressi: sed jam ad id redimus. Dictum est igitur: *Aut fatuum, aut Regem nasci oportere*, quod hujusmodi ferme fuerint barbari Reges apud veteres, quorum utinam nostrae tempestatis Principes sint dissimillimi. Nam et fatuis ob inopiam mentis omnia permittuntur. Et Regibus ob potentiam omnia laudi quoque tribuuntur. Possimus et de pari Regum ac fatuorum

man den Krieg unter allen Umständen meiden müsse, wenn er nicht schon erkennt, daß man die Beamtenstellen untadeligen Männern übertragen müsse, bevor er mit angesehen hat, daß der Staat durch die Unüberlegtheit verworfener (Kreaturen) an den Rand des Abgrunds gebracht ist. Man sollte das nicht machen wie nach einem Bericht Xenophons[8] jene Leute, die das Zitherspiel probieren, bevor sie sich theoretisch mit der Technik des Spiels vertraut gemacht haben, und so Zither um Zither völlig zu Schanden machen. So nämlich lernt (gewöhnlich) ein Fürst zum Verderben des Staates den Staat regieren.

Es ist also nicht verwunderlich, wenn wir es dahin kommen sehen, daß man falsch regiert. Wir wissen doch, daß die Affekte, die im Körper ihren Sitz haben, vom Geist gebändigt werden müssen, daß (umgekehrt) der Geist den Körper in Verwirrung bringt, so daß das Auge weniger wahrnimmt als der übrige Körper und dann gerade der Schaden und Verderben für alle bringt, der als Statthalter Gottes für alle ein Erhalter sein müßte. Sehen wir nicht hervorragende Städte vom Volk gegründet und von Fürsten vernichtet, den Staat durch Bürgerfleiß reich und durch räuberische Fürsten ausgeplündert? (Sehen wir nicht,) daß gute Gesetze von Beamten aus dem Volk gemacht und von Fürsten verletzt werden, daß das Volk auf Frieden aus ist und die Fürsten den Krieg entfachen?

Dies (alles), glaube ich, hat Veranlassung zu dem Adagium gegeben, über das wir berichten, von dem wir aber, ich weiß nicht wie, abgeschweift sind. Doch schon wenden wir uns ihm wieder zu. Es heißt also: *Entweder als Narr oder als König muß man geboren sein*, wie unter den Barbaren der Vorzeit die Könige ungefähr so waren. Von ihnen sollten sich aber die Fürsten unserer Zeit sehr wohl unterscheiden. Denn den Narren läßt man wegen ihres Schwachsinns alles durchgehen, andererseits findet man an Königen alles lobenswert, weil sie mächtig sind. Wir könnten das Adagium so deuten, daß es das Glück der Toren mit dem von

felicitate dictum interpretari, quod Regibus quicquid volunt, fortuna suppeditet. Fatui vero non minus felices sint sua philautia, per quam sibi putant nihil bonarum rerum deesse. Porro proverbium apud Romanos natum videtur, apud quos Regis cognomen erat invisum, ceu barbarum ac tyrannicum, et pugnans cum publica libertate, quam illi vel in primis tum sectabantur.

## *Spartam nactus es, hanc orna.*

Ἣν ἔλαχες, Σπάρταν κόσμει, i. e. *Spartam, quam nactus es, orna*, sive administra. Admonet adagium, ut quamcunque provinciam erimus forte nacti, ei nos accommodemus, proque hujus dignitate nos geramus. M. Tullius ad Atticum lib. 4. Epistola 6. *Reliquum est:* Σπάρταν ἔλαχες, ταύταν κόσμει. *Non me hercle possum. Et Philoxeno ignosco, qui reduci in carcerem maluit.* Idem ad eundem lib. I. *Eam ob causam, quam mihi dicis obtigisse* Σπάρταν *non modo nunquam deseram, sed etiam si ab illa deserar, in mea pristina sententia permanebo.* Quod a Cicerone refertur, carmen est anapaesticum, e Tragoedia quapiam, *Spartam nactus es, hanc exorna.* Theocriti Scholiastes indicat allusum ad hoc proverbium in Hodoeporis:

Αὐτόθιμοι ποτόρισδε καὶ αὐτόθι βουκολιάσδιον
τὰν σαυτοῦ πατέων ἔχε τὰς δρύας,

i. e. *Mecum isthic certa, simul isthic pascito tauros.*
*Et terram calcans propriam, ne desere quercus.*

Proverbium igitur ad varios usus licebit accommodare: vel cum admonebimus, ut suam quisque personam, quam susce-

Königen gleichsetzt, weil den Königen ihr Reichtum alles bietet, was sie wollen, weil aber die Narren in ihrer Eigenliebe nicht weniger glücklich wären; denn sie bestärkt sie in dem Glauben, daß ihnen nichts fehlt, was das Leben verschönt. Demnach scheint das Sprichwort bei den Römern aufgekommen zu sein, bei denen der Königstitel als barbarisch, tyrannisch und freiheitswidrig verpönt war: denn ihr Sinn stand damals ganz auf Freiheit.

## *Du hast dein Sparta, mach es ansehnlich.*[1]

Ἣν ἔλαχες, Σπάρταν κόσμει, d. h. *das Sparta, das du bekommen hast, statte aus*, oder: *verwalte*! Das Sprichwort erinnert daran, daß wir uns nach der ›Provinz‹ richten, die uns nun einmal zuteil wurde, und uns so verhalten, wie es ihr gemäß ist. Cicero schreibt an Atticus[2]: *Im übrigen ist es so:* Σπάρταν ἔλαχες, ταύταν κόσμει (Bring das Sparta, das dir zuteil wurde, in Ordnung!). *Beim Herkules, ich kann es nicht. Ich habe Verständnis für Philoxenos*[3], *der sich lieber in den Kerker zurückführen lassen wollte.* Derselbe Cicero schreibt, ebenfalls an Atticus[4]: *Aus diesem Grunde werde ich das Sparta, von dem du behauptest, es sei mir zugefallen, nicht nur niemals im Stich lassen, sondern sogar, wenn ich seiner ledig sein werde, die frühere Meinung beibehalten.* Was da von Cicero zitiert wird, ist ein anapaestischer Vers aus irgendeiner Tragödie: *Du hast Sparta erlangt, nun bring es in Ordnung!* Der Scholiast des Theokrit macht eine Anspielung auf dieses Sprichwort im »Wanderer«

Αὐτόθιμοι ποτόρισδε καὶ αὐτόθι βουκολιάσδιον
τὰν σαυτοῦ πατέων ἔχε τὰς δρύας,

d. h. *Wetteifere hier mit mir, du sollst hier die Stiere weiden, und die eigene Erde tretend, laß die Eichen nicht im Stich!*[5] Man kann das Sprichwort also auf mannigfache Weise gebrauchen. So etwa, wenn wir darauf hinweisen, daß jeder

pit, cum decoro tueatur. Episcopus es, ne Satrapam agas, sed Episcopum. Maritus es, cura quae mariti sunt officia. Aulicus es, aulicum age. Judex es, ne jam amicum aut inimicum, sed Judicem agas. Principatus tibi contigit, Principis officio fungere. Privatus es, ut privatum te gere. Sic propemodum usus est Aristophanes: Nam huic inscribitur comoedia, cui titulus Θεσμοφοριάζουσαι:

Χρὴ γὰρ ποιητὴν ἄνδρα πρὸς τὰ δράμματα
Ἃ δεῖ ποιεῖν πρὸς ταῦτα τοὺς τρόπους ἔχειν,

i. e. *Decet Poetam accommodari moribus,*
*Utcunque ad argumenta, quae tractaverit.*

Vel cum jubebimus unumquemque sua sorte contentum esse oportere, quaecunque contigit. Quemadmodum enim peritus gubernator in omni tempestate bonum praestat nauclerum: ita vir sapiens in omni fortuna sapienter se gerit. Est ampla res familiaris, sapienter administra. Non est, utere paupertatis commodis. Contigit eruditio, utere ad bene vivendum. Non contigit, ne macereris, sufficit pietas ad consequendam salutem. Plutarchus in commentario Περὶ τῆς εὐθυμίας, admonens ut suam quisque sortem boni consulat: Σπάρταν, inquit, ἔλαχες, ταύτην κόσμει, i. e. *Sparta tibi obtigit, hanc exorna.* In eodem libello monet hoc dictum a Solone proditum. Citatur autem ex Euripide:

Σπάρταν ἔλαχες, κείνην κόσμει,
Τὰς δὲ Μυκήνας ἡμεῖς ἰδία.

i. e. *Spartam nactus es, hancce guberna,*
*Sors est proprie nostra Mycenae.*

die Rolle, die er einmal übernommen hat, gebührend berücksichtigen soll: Du bist ein Bischof, also spiele nicht den Satrapen; du bist ein Ehemann, kümmere dich um die Pflichten des Ehemanns; du bist im Hofdienst, führe dich also auf wie ein Hofmann; du bist ein Richter, also mach nicht den Freund oder Feind, sondern den Richter; ist dir Herrschaft zuteil geworden, nimm die Aufgaben eines Fürsten wahr. Bist du ein schlichter Bürger, führe dich wie ein Bürger auf. So ungefähr hat Aristophanes das Sprichwort gebraucht in seiner Komödie Θεσμοφοριάζουσαι (Thesmophoriazusen)[6]:

Χρὴ γὰρ ποιητὴν ἄνδρα πρὸς τὰ δράμματα
Ἃ δεῖ ποιεῖν πρὸς ταῦτα τοὺς τρόπους ἔχειν,

d. h. *Der Dichter sollte seinen Lebenswandel so gut es geht der Aussage seines Werks anpassen.*

So werden wir auch verlangen, daß einer sich mit seinem Los, welches immer ihm zuteil wurde, zufrieden gibt. Wie nämlich ein erfahrener Steuermann bei jedem Wetter sich als guter Schiffer bewährt, so zeigt sich der weise Mann bei jeder Wendung des Geschicks weise. Hat man ein beträchtliches Vermögen, soll man es klug verwalten. Ist es nicht der Fall, nutzt man die Vorteile der Besitzlosigkeit. Hat man Bildung, soll man Gebrauch davon machen, um ein gutes Leben zu führen. Fehlt sie, soll man sich deshalb auch nicht grämen, Frömmigkeit tut es (wohl) auch, um das ewige Heil zu erlangen. Plutarch mahnt in seinem Kommentar Περὶ τῆς εὐθυμίας (*Über die Ruhe des Gemütes*), daß jeder zufrieden sein solle mit seinem Geschick: Σπάρταν, sagt er, ἔλαχες, ταύτην κόσμει (*Dein Sparta ist dir beschieden, halte es in Ordnung*). In derselben Schrift erinnert er daran, daß dieses Wort von Solon überliefert wird.[7] Aus Euripides aber wird zitiert:

Σπάρταν ἔλαχες, κείνην κόσμει,
Τὰς δὲ Μυκήνας ἡμεῖς ἰδία,

d. h. *Du hast dein Sparta erlangt, regiere es,*
*Unser Los ist vorzugsweise Mykene.*[8]

Videntur verba esse Agamemnonis ad Menelaum.
Quod confine est illi Platonico: Τὸ παρὸν εὖ τίθεσθαι, i. e. *Quod praesens est, bene dispone*, sive *boni consule*.
Nunc vulgus hominum magis incumbit augendae rei, quam bene administrandae, contra quam recte monet Socrates in Theaeteto Platonis: Κρεῖττον γὰρ που σμικρὸν εὖ, εἰ πολὺ μὴ ἱκανῶς περᾶναι, i. e. *Nam satius est, pusillum bene, quam multum non ut oportet peragere.*
Hanc igitur sententiam passim in Principum aulis insculpi oportuit, Σπάρταν ἔλαχες, ταύταν κόσμει: quorum vix ullum reperias, qui vere cogitet quid sit Principis agere personam, qui ve sua ditione contentus, non conetur aliquid imperii sui finibus addere. Principis munus est, modis omnibus reipublicae commodis providere, publicam tueri libertatem: alere pacem, excludere quam minimo suorum exitio maleficia, dare operam ut sanctos et integros habeat magistratus. Cum igitur harum rerum securus, ludit alea, saltat, scortatur, musicatur, venatur, negociatur, breviter alibi intentus est totus, tum occinendum est adagium: Σπάρταν ἔλαχες, ταύταν κόσμει. Rursum ubi neglecta quae contigit ditione, foris agit, aliis inhians imperiis: suos in summum adducit discrimen, suos exhaurit funditus, seque pariter et universam fortunam aleae belli subjicit, ut unum aut alterum oppidulum adjiciat suis finibus, tum suggerendum adagium: *Spartam nactus es.* Nihil Principi pulcrius, quam ut hoc quicquid est regni, quod fortuna dedit, sua sapientia, vir-

Es sieht so aus, als ob es Worte des Agamemnon an Menelaus wären.

Es ist verwandt mit jenem Platonwort: Τὸ παρὸν εὖ τίθεσθαι, d. h. *was du unmittelbar vor dir hast, ordne wohl an!*

Heute denkt Hinz und Kunz mehr daran, sich zu bereichern, als an eine gute Vermögensverwaltung, ein Verhalten, gegen das sich Sokrates mit Recht in Platons Theaitet wendet: Κρεῖττον γὰρ που σμικρὸν εὖ, εἰ πολὺ μὴ ἱκανῶς περᾶναι, d. h. *denn es ist richtiger, eine Kleinigkeit gut als vieles unzweckmäßig durchzuführen.*[9]

Diese Sentenz sollte überall an Fürstenhöfen eingemeißelt werden, dieses Σπάρταν ἔλαχες, ταύταν κόσμει. Du wirst kaum einen ausfindig machen, der tatsächlich erwägt, was es heißt, die Rolle eines Fürsten zu spielen, der, wohl mit seinem Herrschaftsbereich zufrieden, keinen Versuch macht, sein Territorium zu erweitern. Es ist die Aufgabe eines Fürsten, auf jede nur denkbare Art für das Wohl des Staates zu sorgen und die Freiheit des Staates zu schützen, den Frieden zu fördern, Verbrechen bei geringstmöglichem Schaden für die Untertanen auszuschließen und dafür zu sorgen, daß er rechtschaffene und untadelige Beamte hat. Wenn er sich darum nicht kümmert, würfelt, tanzt, mit Dirnen sich herumtreibt, Aufzüge veranstaltet, auf Jagd geht und Geschäfte macht, kurz seine Aufmerksamkeit auf alles andere richtet, muß man ihm mit dem Adagium Σπάρταν ἔλαχες, ταύταν κόσμει in den Ohren liegen. Wiederum, wenn ein Fürst den ihm zugefallenen Herrschaftsbereich vernachlässigt, außerhalb tätig ist und andere Staaten erobern will, wenn er (so) seine Untertanen in das größte Unheil stürzt, sie rücksichtslos ausbeutet und sich selbst und alle anderen dem Würfelspiel des Krieges ausliefert, nur um das eine oder andere Nest seinem Territorium einzuverleiben, dann soll man ihm das Sprichwort *Du hast dein Sparta* vorhalten. Nichts steht einem Fürsten besser an, als seinen Herrschaftsbereich, wie ihn nun einmal das Schicksal über-

tute, diligentia reddat ornatius. Contigit oppidulum, imitare Epaminondam: fac ut frigidum illud oppidulum tua opera multo reddas celebrius ac locupletius. Contigit fera et intractabilis natio: da operam, ut eam paulatim cicurem et legibus obtemperantem reddas. Contigit regnum parum splendidum: noli vexare finitimos, sed hoc quod habes, citra alienum detrimentum exorna. Vix unquam feliciter cessit peregrinae ditionis affectatio.

Quasdam nationes ingenium ac linguae sonus discrevit, ut Germanos et Hispanos: quosdam ipsa natura diduxit, ut insulares mari, Italos mari simul et Alpium molibus. Nonnullis casus suos terminos dedit. Si quisque quod nactus sit, nitatur ornare, nimirum ubique florebunt omnia. Et inter amicos nempe Christianos, omnia erunt omnium communia. Nunc saepenumero sit, ut dum aliena labefactare nitimur, nostra funditus subvertamus: et, ut feliciter cedat res, tanto nostrorum civium sanguine, tantis sumptibus, tot periculis, tot sudoribus, tot orbitatibus, tot denique nunquam enumerandis malis, emimus titulum nescio quem inanem, et magni nominis fumum. Xerxes, Cyrus, Alexander Magnus, et vixissent diutius, et veriorem gloriam essent consecuti, si suas civitates recte administrare, quam alienas armis vexare maluissent.

Carolus Burgundionum dux, hujus proavus, si vim ingenii, qua pollebat, si magnitudinem animi contulisset ad sua locupletanda potius, quam ad expugnanda aliena: nec infeli-

geben hat, mit seiner Weisheit, Tüchtigkeit und Sorgfalt anziehender zu machen. Ist es nur eine winzige Stadt, mach es wie Epaminondas und sorge, daß das unansehnliche Nest durch dich um so viel angesehener und wohlhabender wird. Hast du es mit einer ungebärdigen, unlenkbaren Nation zu tun, bringe sie allmählich dahin, daß sie umgänglich wird und den Gesetzen gehorcht. Ist dein Reich glanzlos, quäle die Nachbarn nicht, sondern entwickle das, was du hast, ohne anderen zu schaden. Das Streben nach auswärtigem Besitz hat kaum einmal einen glücklichen Ausgang genommen.

Charakter und Sprache haben gewisse Nationen unterschieden, wie etwa die Deutschen und die Spanier; manche hat die geographische Lage selbst isoliert wie die Inselbewohner das Meer, die Italiener zugleich das Meer und die Mauern der Alpen. Manche fanden durch zufällige Ereignisse ihre Grenzen. Wenn jeder sich bemüht, das in Ordnung zu bringen, was ihm zugefallen ist, wird verständlicherweise überall alles in Blüte stehen. Erst recht unter freundschaftlich verbundenen Christen wird alles allen gemeinsam sein. Heute geschieht es oft, daß wir unser eigenes Land in Grund und Boden zerstören, indem wir fremde Länder zu erschüttern versuchen. Damit wir Erfolg haben bei unserem Unternehmen, lassen wir unsere Bürger bluten, machen gewaltige Rüstungen, beschwören größte Gefahren herauf, verursachen ungeheuerliche Anstrengungen und machen so viele Kinder zu Waisen. Für all diese Übel gewinnen wir einen leeren Titel, Schall und Rauch eines großen Namens. Xerxes, Cyrus, Alexander der Große hätten länger gelebt und gediegeneren Ruhm erworben, wenn sie es vorgezogen hätten, ihre Staaten recht zu verwalten, statt andere mit Waffengewalt zu drangsalieren.

Herzog Karl von Burgund, der Urgroßvater des Regierenden,[10] wäre nicht so unglücklich im Kriege umgekommen und hätte zu den hochgelobten Fürsten gerechnet werden können, wenn er seine blühende Geisteskraft und seinen

cem mortem oppetisset in bello, et inter laudatissimos Principes haberi poterat.

Magna pars nostrae ditionis id temporis fatali quadam peste tenebatur. Stultissima, videlicet, sed omnium perniciosissima dissensione, omnibus in duas factiones divisis: quarum alteri nomen erat ab hamo, alteri a pisce asello. Pugnabat civitas cum civitate, vicus cum vico, domus cum domo: saepe, quos idem lectus jungebat, factio diversa segregabat: et fratrem a fratre, ruptis naturae vinculis, distrahebat. Passim latrociniis, jurgiis, caedibus, rapinis fervebant omnia. Et interim bonus ille Princeps, perinde quasi haec nihil ad rem pertinerent, procul aliorum oppugnabat moenia.

Carolus Galliarum Rex, hujus nominis octavus, peragrata Italia, reversus est ad suos: sed tanto suo suorumque malo ac periculo, ut poenituerit ejus felicitatis. Denique sunt, qui affirment, eum ad senectutem pervenire potuisse, si Italiam Italis reliquisset. Quid dicam de Philippo, hujus Caroli patre? Adiit Hispanias, non Martis aleam experturus, sed arcessitus ad regni partem capessendam, pacata undique omnia. Et tamen hanc tam felicem peregrinationem, quam flevit patria, non ferendis exactionibus expilata? Ipse magno vitae periculo non semel laboravit. Franciscum Buslidium Archiepiscopum Byzontinum amisit, virum modis omnibus incomparabilem. Sed tamen utcunque rediit, non licuit iis malis ita defungi. Denuo reliquit suos, saevissima jactatus tempestate, delatus est in Angliam, tum temporis non admodum aequam nostratibus. Quid illic acciderit, quid

hochgemuten Sinn eher darauf gerichtet hätte, seine eigenen Länder reich zu machen als fremde zu erobern.
Ein weiter Bereich unseres Landes war zu jener Zeit von einer schlimmen Epidemie befallen. Völlig verrückt, aber höchst gefährlich für alle war man in einen Meinungsstreit geraten, und das ganze Land war in zwei Parteien geteilt: die eine nannte sich nach einem Angelhaken, die andere nach dem Eselsfisch. Die eine Stadt lag mit der anderen im Streit, ein Dorf mit dem anderen, ein Haus mit dem anderen; oft trennte der Parteiunterschied die Bettgenossen und riß unter Auflösung der natürlichen Bande den Bruder vom Bruder. Ringsum war alles in Aufruhr vor lauter Straßenraub, Wortgefechten, Mord und Diebstahl. Unterdes berannte jener noble Fürst, als ob das alles nichts zu sagen hätte, in der Ferne die Mauern der anderen.
Der französische König Karl, der achte dieses Namens, kehrte in sein Land zurück, nachdem er kreuz und quer durch Italien gezogen war. Er hatte damit aber solches Unheil und solche Gefahr für sich und seine Untertanen heraufbeschworen, daß er seinen Erfolg bereute. Schließlich gibt es Leute, die behaupten, er hätte sehr alt werden können, wenn er Italien den Italienern überlassen hätte. Was soll ich noch von Philipp, dem Vater unseres Karl, sprechen? Er ging nach Spanien, nicht um das Kriegsglück zu versuchen, sondern gerufen, um die Partnerschaft in der Regierung zu übernehmen, und überall herrschte tiefer Frieden. Wie sehr klagte trotzdem das Vaterland über diese an sich glückliche Unternehmung, da es durch unerträgliche Abgaben ausgeplündert wurde. Nicht nur dies eine Mal hat er sich großer Lebensgefahr ausgesetzt. Er verlor Franz Busleiden, den Erzbischof von Besançon, einen Mann, der über jeden Vergleich erhaben war. Auch als er zurück war, konnte er diese Belastungen nicht los werden. Wieder verließ er sein Land, geriet in einen wütenden Sturm und wurde in England angetrieben, das uns damals durchaus nicht günstig gesinnt war. Ich muß nicht erwähnen, was er dort

passus fuerit, quid pollicitus: quo pacto dimissus sit, non libet commemorare. Servivit necessitati, fateor et ignosco, sed quid erat necesse in eam venire necessitatem? Nec iis admonitus malis, de repetenda patria cogitavit. Hispaniae revisendae erant, ubi periret juvenis ad res maximas natus, nisi ipse suam sibi invidisset felicitatem. Atque unius hominis mors simul et patriam optimo Principe, et Maximilianum unico orbavit filio.

Quid dicam de Christianissimo Francorum Rege Ludovico, ejus nominis duodecimo? Adortus est Venetos, id temporis, ut videbatur, inexpugnabiles, unico conflictu tot oppida restituit Romano Pontifici Julio, tot Imperatori Maximiliano, tot sibi recepit. Rediit rebus felicissime, sicuti videbatur, confectis. Verum quantum malorum pelagus hinc exundavit in Gallos? Qui suo sanguine tot insignes triumphos Julio pepererant, ejusdem opera majore sanguinis jactura, ex Italiae finibus ejecti. Parum hoc, et quo non tandem ignominiae stigmate notati? Quod ni Julium mors intercepisset, vidissemus regnum illud, totius orbis florentissimum, funditus eversum. Quid autem de Serenissimo Scotorum rege Jacobo commemorem? Is vir absolutam felicitatem absolutae laudi adjunxerat, si perpetuo suis se finibus continuisset. Erat ea corporis specie, ut vel procul Regem posses agnoscere. Ingenii vis mira, incredibilis rerum omnium cognitio, invicta animi magnitudo, vere regia pectoris sublimitatis, summa comitas, effusissima liberalitas. Denique nulla virtus

ausgehalten, was für Zusagen er gemacht und unter welchen Bedingungen man ihn entlassen hat. Ich habe Nachsicht und gebe zu, daß er der Not gehorchte, doch wozu mußte er sich jener Not aussetzen? Auch diese Widrigkeiten konnten ihn nicht bewegen, an eine Rückkehr ins Vaterland zu denken. Es zog ihn zurück nach Spanien, wo der hoffnungsvolle Mensch in jungen Jahren umkommen mußte. Wenn er sich nur nicht selbst um sein Glück gebracht hätte! Sein Tod nahm dem Vaterland den besten Fürsten und zugleich dem Maximilian den einzigen Sohn.

Was soll ich von dem allerchristlichsten französischen König Ludwig, dem zwölften seines Namens, sagen? Er griff das damals anscheinend uneinnehmbare Venedig an, eroberte für den römischen Papst Julius auf einem Feldzug erstaunlich viele Städte zurück, viele auch für den Kaiser Maximilian und behielt noch reichlich viele für sich selbst (zurück). Er kehrte heim und hatte anscheinend seine Unternehmungen höchst erfolgreich abgeschlossen. Doch was für ein Ozean von Leiden überflutete dadurch Frankreich? Die mit ihrem Blut für Julius so viele hervorragende Triumphe gewonnen hatten, wurden auf dessen Betreiben mit größerem Blutverlust hinausgeworfen. Darüber hinaus: Welches Stigma der Schande erhielten sie nicht? Wenn den Julius der Tod nicht hinweggerafft hätte, wäre jenes blühendste Reich der Erde vor unseren Augen von Grund auf zerstört worden. Wozu aber soll ich noch Seine Majestät, den König Jakob von Schottland, erwähnen? Der Mann hätte doch mit einem unbestrittenen Ruhm einen ebenso unbestrittenen Erfolg verbunden, wenn er sich nur immer auf sein Land beschränkt hätte. Sein Aussehen war so, daß man schon von weitem den König erkennen konnte. Sein Ingenium war von erstaunlicher Kraft, er war unglaublich bewandert auf allen Gebieten, hatte ein unerschütterlich hochgemutes Wesen, eine wahrlich königliche Hochherzigkeit, unerwartet große Freundlichkeit und eine geradezu verschwenderische Freigebigkeit. Es gab überhaupt keine einem hohen Fürsten anste-

erat, quae magnum deceret Principem, in qua ille non sic excelleret, ut inimicorum quoque suffragio laudaretur. Contigerat uxor Margareta, Serenissimi Anglorum Regis Henrici octavi soror: ea forma, ea prudentia, ea in maritum caritate, ut non aliam a Superis optare potuisset. Regnum Scotiae, quod multis et opibus et celebritate incolarum, et splendore fertur cedere, sic suis virtutibus illustrarat, sic auxerat, sic ornarat, ut veram egregii Principis laudem meruerit, si intra hoc gloriae suae stadium constitisset. Sed o nunquam felicem regno, raro Principi, regis discessum! Dum nimium amico in Gallorum regem animo, quo Britanniae Regem magnis rerum minis Gallias impetentem averteret, et ad insulae suae defensionem revocaret, egressus regni sui fines, Anglos bello lacessit. Quid multis? Fortiter quidem, sed infeliciter periit, non tam sibi, quam regno. Periit adhuc aevo vigens. Diu Scotia tanto Principe; Diu Margareta tali marito; Diu filius (nam filium ex ea sustulerat) tali patre frui potuisset, atque ipse vicissim et his omnibus et sua gloria, nisi sibi vitam invidisset.

Caesus est una cum fortissimo patre filius, et filius eo patre dignissimus Alexander Archiepiscopus, titulo divi Andreae, juvenis quidem viginti ferme natus annos: in quo nullam consummati viri laudem desiderares. Mira formae gratia, mira dignitas, heroica proceritas, ingenium placidissimum quidem illud, sed tamen ad cognitionem omnium disciplinarum acerrimum. Nam mihi fuit cum eo quondam in urbe

hende Tugend, in der jener sich nicht so auszeichnete, daß er sogar im Urteil der Feinde Lob verdiente. Seine Frau Margareta war die Schwester Seiner Majestät, des englischen Königs Heinrich VIII. Sie war so schön, so klug und dem Gatten so zugetan, daß er sich vom Himmel gar keine andere hätte wünschen können. Schottland, das vielen an Wohlstand, an Bekanntheit der Einwohner und an glanzvollem Lebensstandard nachstehen soll, hatte er mit seiner Tüchtigkeit so ansehnlich, wohlhabend und kultiviert gemacht, daß er wirklich das Lob eines hervorragenden Fürsten verdient hätte, wenn er sich mit diesem Ruhm begnügt hätte. Doch niemals ist es für den Staat, selten sogar für den König selbst glücklich, wenn dieser sich außer Landes begibt. Er fühlte sich mit dem französischen König engstens verbunden, überschritt die Grenzen seines Reiches, um den englischen König, der mit ungeheuer bedrohlichem Aufgebot Frankreich angreifen wollte, abzuschrecken und zur Verteidigung seiner Insel zurückzurufen; so aber reizte er die Engländer zum Kriege. Was soll ich noch viel sagen? Unglücklich, wenn auch tapfer, kam er in der Blüte seines Lebens um, mehr noch zu des Reiches als zu seinem eigenen Verderben. Schottland hätte sich lange eines solchen Regenten, Margareta eines solchen Gatten und der Sohn – es gab nämlich einen Sohn aus jener Ehe – eines solchen Vaters und er selbst hinwiederum sich alles dessen und seines Ruhmes erfreuen können, wenn er sich selbst nicht das Leben mißgönnt hätte.

Zusammen mit dem ungewöhnlich tapferen Vater wurde sein völlig ebenbürtiger Sohn, der Erzbischof Alexander von St. Andrews, erschlagen, ein junger Mann von gerade zwanzig Jahren, an dem man nichts vermißt hätte, was zum Lobe eines ausgereiften Mannes gesagt werden kann. Er hatte eine auffallend angenehme Erscheinung, ein erstaunlich würdevolles Auftreten, einen geradezu heroischen Wuchs und eine sehr zurückhaltende, aber doch für alle Wissensgebiete sehr wache Auffassungsgabe. Mit ihm habe ich nämlich einst in

Senensi domestica consuetudo: quo tempore a nobis in Rhetorum praeceptis, Graecanicisque literis exercebatur. Deum immortalem! quam velox, quam felix, quam ad quidvis sequax ingenium, quam multa simul complecti poterat! Eodem tempore discebat Jure consultorum litteras: nec eas admodum gratas, ob admixtam barbariem et odiosam Interpretum verbositatem. Audiebat dicendi praecepta, et praescripto themate declamabat pariter et calamum exercens et linguam. Discebat Graece, et quotidie quod traditum fuerat, stato reddebat tempore. Horis pomeridianis, musicis operam dabat, monochordiis, tibiis, testudini. Modulabatur et voce nonnunquam. Ne ipsum quidem convivii tempus studiorum vacabat fructu. Sacrificus perpetuo salutarem aliquem librum recitabat: puta Decreta Pontificum, aut divum Hieronymum, aut Ambrosium: nec unquam recitantis vox interrumpebatur, nisi si quid alteruter doctorum inter quos medius accumbebat, admonuisset, aut ipse parum assequens, quod legebatur, sciscitatus esset aliquid. Rursum a convivio fabulae, sed breves, et haec quoque litteris conditae. Proinde nulla omnino vitae pars vacabat studio, nisi quae rei divinae somnoque daretur. Nam etiamsi quid superfuisset temporis, quod tam variis studiorum vicibus non suppetebat, tamen, si quid forte supereat, id historicorum lectioni dabat. Nam hac cognitione praecipue capiebatur. His itaque rebus factum est, ut adolescentulus vix dum decimum octavum egressus annum, tantum in omni litterarum genere consecutus fuerit, quantum in quovis viro jure mireris. Nec illud in hoc usu venit, quod fere solet in aliis, ut

Siena zusammen gewohnt; damals unterrichtete ich ihn in Rhetorik und Griechisch. Beim Himmel, wie schnell war seine Auffassung, wie ideenreich und wie beweglich. Wieviel konnte er auf einmal erfassen! Zur gleichen Zeit trieb er Rechtswissenschaft, eine Aufgabe, die auch nicht gerade Vergnügen machte, wegen der stellenweise barbarischen Ausdrucksweise und der widerlichen Geschwätzigkeit der Kommentatoren. Er hörte Theorie der Redekunst und bearbeitete aufgegebene Themen zugleich in Wort und Schrift. Er lernte Griechisch und gab täglich zu einer feststehenden Zeit das Gelernte wieder. Nachmittags machte er Musik, strich das Trumscheit, blies die Flöte oder spielte auf der Zither. Gelegentlich übte er sich auch im Singen. Nicht einmal die Essenszeit blieb ungenutzt für Studien. Sein Kaplan las ständig aus irgendeinem erbaulichen Buch, aus den Papstdekreten oder aus Hieronymus oder Ambrosius, und niemals wurde der Vorleser unterbrochen, sofern nicht einer von den gelehrten Männern, zwischen denen er Platz genommen hatte, einen Hinweis gegeben oder er selbst über eine Stelle, die er nicht recht verstand, Aufklärung verlangt hatte. Nach dem Essen erzählte man sich Geschichten, kurze zwar und immer solche mit literarischem Anspruch. So blieb überhaupt keine Tageszeit ohne Studium, außer der für Gottesdienst und der Schlafenszeit. Denn wenn auch Zeit übrig gewesen wäre, die ohnedies bei so vielfältigen Studien nicht ausreichte, wenn wirklich einmal etwas übrig blieb, dann las er geschichtliche Darstellungen. Solche Kenntnis fesselte ihn nämlich ganz besonders. So kam es, daß der junge kaum achtzehnjährige Mensch in allen Disziplinen solche Fortschritte machte, wie man sie bei einem reifen Manne mit Recht bewundern würde. Das führte aber nicht wie gewöhnlich bei anderen dahin, daß er wissenschaftlich erfolgreich, aber charakterlich weniger gefestigt war. Er hatte ein zurückhaltendes Auftreten, doch so, daß man (auch) darin eine erstaunliche Klugheit entdeckte. Er hatte einen hochgemuten Sinn, frei von der Einwirkung

ad litteras felix, ad bonos mores minus esset appositus. Verecundi mores erant, sic tamen, ut miram agnosceres prudentiam. Animus sublimis, et a sordidis istis affectibus procul semotus: sed ita, ut nihil adesset ferocitatis, nihil fastidii. Nihil non sentiebat, permulta dissimulabat: nec unquam ad iracundiam poterat incitari. Tanta erat naturae lenitas, animique moderatio. Salibus impendio delectabatur, sed eruditis ac minime dentatis, h. e. non nigro Momi, sed candido Mercurii sale tinctis. Si quid turbae domi natum fuisset inter famulos, mirum quanta dexteritate, quantoque candore solitus sit componere. Denique religionis erat et pietatis plurimum, superstitionis nihil. In summa, nemo fuit dignior, qui ex rege, et ex illo rege nasceretur. Utinam autem in parentem pietas, quam fuit admirabilis, tam fuisset et felix. Comitatus est in bellum, ne usquam patri deesset. Quaeso, quid tibi cum Mavorte, omnium poeticorum Deorum stupidissimo, qui Musis, imo qui Christo eras initiatus? Quid isti formae, quid isti aetati, quid naturae tam miti, quid ingenio tam candido, cum taratantaris, bombardis, et ferro? Denique quid erudito cum acie? quid Episcopo cum armis? Imposuit, nimirum, tibi immodica quaedam in parentem pietas, dumque nimium fortiter amas patrem, infeliciter cum patre caesus occubuisti. Tot naturae dotes, tot virtutes, tot eximias spes unica pugnae procella absorbuit. Periit et nostrarum rerum nonnihil. Nempe, quod in erudiendo te sumpsimus operae, quodque mea partum industria mihi in te vindico.

At quantus felicitatis cumulus, nisi genius aliquis malus

niedriger Affekte, und zwar so, daß weder Ungebärdigkeit noch Aufgeblasenheit darin war. Er merkte alles, behielt sehr viel für sich und ließ sich niemals zu Zornesausbrüchen hinreißen, so ausgeprägt war seine natürliche Gelassenheit und seine Selbstkontrolle. Witz machte ihm sehr viel Freude, aber er mußte gebildet und durfte keinesfalls bissig sein, d. h. er durfte nicht mit dem boshaften Salz des Momus, sondern mußte mit dem freundlichen des Merkur gewürzt sein. Gab es in seinem Hause Streit unter den Famuli, war es erstaunlich, mit welcher Offenheit und Lauterkeit er ihn immer beilegte. Schließlich hatte er eine überaus fromme Gesinnung, aber ohne jede Spur von Frömmelei. Alles in allem: Niemand hätte seine königliche Herkunft, die Abstammung gerade von diesem Könige würdiger zeigen können. Hätte er doch nur ebensoviel Glück gehabt wie er Bewunderung verdient für seine Treue gegen den Vater! Er folgte ihm in den Krieg, um den Vater nirgendwo im Stich zu lassen. Bitte, was hattest Du mit Mars zu tun, dem stupidesten aller von Dichtern zitierten Götter, der Du doch den Musen, ja sogar Christus geweiht warst? Dieses Aussehen, diese Jugend, dieses sanfte Wesen, diese so strahlende Geisteskraft, was hatte das alles mit Kriegstrompeten, Kanonen und Schwert zu tun? Was hat schließlich der Gebildete auf dem Schlachtfeld zu suchen, der Bischof unter Waffen? Das hat dir offenbar die Liebe zum Vater auferlegt, da du ihn allzu heftig liebtest, und hast nun unseligerweise zusammen mit ihm den Tod gefunden. So hat die Gewaltsamkeit einer einzigen Schlacht derart reiche Gaben der Natur, so viele Tugenden und hervorragende Hoffnungen hinweggerafft. Es ging zugleich einiges von dem zugrunde, was wir aufgebracht haben, zum Beispiel was wir an Mühe bei deiner Ausbildung eingesetzt haben und was ich als Ergebnis meines Fleißes in deiner Person für mich in Anspruch nehmen darf.

Umgekehrt, wieviel Glück wäre uns beschieden gewesen, wenn nicht irgendein böser Geist den König veranlaßt hätte,

Regem huc impulisset, ut regni sui limites egressus, in alienis agris cum ferocissima gente Martem experiri vellet. Utinam quod praeclare coeperat, perficere maluisset, h. e. Σπάρταν, ἣν ἔλαχε, κοσμεῖν. Regibus proprius ac pulcherrimus laudum campus intra regni fines est. In apum gente caeterae quidem huc et illuc volatu divigantur, solus Rex, ut aculeo caret, ita pro portione corporis alas habet multo minores, ut ad volatum parum sit idoneus. Veteres ita Venerem fingebant, ut pedibus testudinem premeret: id innuentes, matrem familias ab aedibus nusquam oportere discedere, quippe cujus omne officium intra domesticos parietes contineatur. Atqui multo magis ad rem pertinebat, Principem hoc admoneri symbolo: qui si quid peccat, non unius familiae, sed orbi totius malo peccat. An parum est domi negociorum, ut foris sint arcessenda? Tanta est ubique scelerum sentina, tot sacrilegia, tot latrocinia, tot oppressiones, tot injuriae, tot contumeliae, tot magistratuum corruptelae, tot leges, aut a tyrannis institutae, aut in tyrannidis ministerium detortae, ut illa minutiora ne dicam, neglectas oppidorum vias, collabentes aedes sacras, incuratas fluminum ripas. His ita mederi, ut in remedium, quam minimum de sanguine tuorum impendas, ut respublica beneficium sentiat, non sentiat impendium, an non egregium Principis munus, et immortali laude dignum? Quod si cupis omnino gloriae tuae pomeria ultra ditionis tuae fines extendere, fac ut, qui finitimi sunt, magnitudinem tuam benefactis, non malefactis experiantur. Exuris villas, proteris segetes, demoliris urbes,

die Grenzen seines Reiches zu überschreiten und im Ausland mit einem aufs äußerste gereizten Volk das Kriegsglück zu versuchen. Hätte er doch lieber, was er prächtig begonnen hatte, auch durchgeführt, nämlich Σπάρταν, ἣν ἔλαχε, κοσμεῖν, *das Sparta, das ihm zugefallen, in Ordnung zu bringen.* Könige haben ihre unübertrefflich schöne Arena, in der sie sich Ehre machen können, innerhalb ihrer Landesgrenzen. Bei einem Bienenvolk fliegen alle überallhin aus, nur die Königin, die ohne Stachel ist, hat Flügel, die im Verhältnis zum Körper viel zu klein und deshalb zum Fliegen ungeeignet sind. Die Alten haben die Venus so dargestellt, daß sie mit den Füßen auf einer Schildkröte stand, und wollten damit andeuten, daß die Mutter der Familie nie aus dem Hause gehen dürfe, da ihre Pflichten ganz auf die häuslichen Wände beschränkt wären. Aber es ist weit mehr sinnvoll, daß der König mit diesem Symbol gemeint ist; wenn der nämlich einen Fehler macht, geht der nicht nur zu Lasten einer einzigen Familie, sondern der ganzen Gesellschaft. Gibt es denn daheim zu wenig Aufgaben, daß man sie draußen suchen muß? Überall gibt es einen solchen Sumpf von Verbrechen, so viele Sakrilegien, Straßenräubereien, Gewalttätigkeiten, Ungerechtigkeiten, Unterschleife bei den Behörden, so viele Gesetze, entweder von Tyrannen erlassen oder zum Gebrauch der Tyrannen gebeugt, daß ich (gar) nicht erst jene unbedeutenderen Dinge erwähnen will wie z. B. die vernachlässigten Straßen in den Städten, die verfallenen Gotteshäuser und die unbefestigten Flußufer. Ist es nicht eine hervorragende Aufgabe für einen Fürsten und unverwelklichen Lobes wert, hier Abhilfe zu schaffen, ohne daß die Besserung noch Blut der Bürger kostet, und so, daß der Staat die Wohltat, aber nicht die Belastung spürt? Wenn du überhaupt den Ruf deines Namens über die Grenzen deiner Herrschaft hinaus ausweiten willst, sieh zu, daß deine Nachbarn das Ausmaß deiner Wohltaten und nicht deiner Übeltaten erfahren. Da legst du etwa Landhäuser in Asche, walzt Saaten nieder, zerstörst

abigis pecora, trucidas homines, atque ita denique te magnum declaras. Bellum certamen, si id cum latrone suscepisses. Hesiodus scripsit, malum vicinum magnam esse noxam: contra bonum, ingens esse commodum. Hoc in te probent finitimi tui: fac ita te mirentur magnum, ut ament benignum. Verum satis jam dolori nostro, satis datum discipuli memoriae. Superest, ut ad proverbiorum recensionem redeamus.

Städte, treibst Herden fort, bringst Menschen um und stellst dich so schließlich als einen Großen dar. Ein nobler Wettstreit, hättest du es mit einem Räuber aufgenommen! Hesiod schrieb, ein böser Nachbar wäre ein großes Übel, ein guter dagegen ein unschätzbarer Gewinn.[11] Diese Erfahrung sollten deine Nachbarn mit dir machen: sie sollten dich in dem Maße als groß bewundern, in dem sie deine Güte lieben können. Doch nun habe ich meinem Kummer genug nachgegeben und der Erinnerung an meinen Schüler. Jetzt ist es an der Zeit, zur Behandlung der Sprichwörter zurückzukehren.

IV

## *Herculei labores.*

Ἡράκλειοι πόνοι, i. e. *Herculei labores*, bifariam accipiuntur, partim plurimi atque ingentes, quique vires desiderent Herculanas, quemadmodum usurpavit Catullus:

*Sed te*, inquit, *quaerere jam Herculis labos sit.*

Item Propertius:

*Deinde ubi pertuleris, quos dicit fama labores*
*Herculis.*

Ac rursum alibi:

*Non labor Alcidae.*

M. Tullius lib. de Finibus II. *At quum de omnibus gentibus optime mererere, quum opem indigentibus salutemque ferres, vel Herculis perpeti aerumnas, sic enim majores nostri labores non fugiendos tristissimo verbo aerumnas etiam in Deo nominaverunt: exigerem ex te* etc. Partim *Herculei labores* dicuntur, qui sunt ejusmodi, ut aliis quidem maximas adferant commiditates, caeterum auctori suo nihil ferme fructus adducant, praeter aliquantulum famae, plurimum invidiae. Idque ita fato quodam accidisse putant, quod ἐν τετράδι γενηθῆναι, i. e. *quarta natus luna* credatur, sicut alio dictum est loco. Homerus Poetico more causam in Aten Deam et Junonem rejicit, quae infesta Herculi, tanquam ex pellice nato, periculis omnibus illum objecerit.

Celebrantur igitur, atque etiam enumerantur a Poetis *Herculani labores:* quorum omnium longe difficillimus ac maximus hydra Lernaea, malum pertinax, ac propemodum inexpugnabile illi, qui jam omnia devicerat. Cujus symbolo

IV

## *Herkulische Mühen.*[1]

Ἡράκλειοι πόνοι, d. h. *herkulische Mühen* werden unterschiedlich aufgefaßt, einmal als zahllos und ungeheuer, und als solche, die nach herkulischen Kräften verlangen. So will sie beispielsweise Catull verstanden wissen, der sagt:
*Wenn dich zu erstreben schon eine herkulische Mühe ist.*[2]
Auch Properz sagt:
*Dann, sobald du die sogenannten herkulischen Mühen ertragen hast.*[3]
Wieder anderswo heißt es:
*Nicht die Mühe des Alkiden.*
M. Tullius Cicero sagt: *Wenn du dich um alle Welt aufs höchste verdient machen, wenn du Hilfsbedürftigen beistehen und sie retten würdest, dann hieße das wohl die Mühen des Herkules auf sich nehmen. So haben nämlich unsere Vorfahren unentrinnbare Mühen mit erkennbarer Verdrossenheit sogar bei einem Gott als Plackerei bezeichnet: ich würde von dir fordern etc. ...*[4] Anderseits werden *herkulische Mühen* genannt, die anderen zwar einen denkbar großen Vorteil, dem aber, der sie auf sich genommen hat, fast keinen Gewinn bringen außer etwas Ruhm und sehr viel Mißgunst. Man glaubt, daß das schicksalhaft sei, und meint, der sei ἐν τετράδι γενηθῆναι, d. h. *im letzten Viertel des Mondes geboren*, wie an anderer Stelle ausgeführt ist.[5] Homer macht auf dichterische Art die Göttin Ate und Juno dafür verantwortlich, die dem Herkules feind war, weil er von einem Kebsweib stammte, und ihn deshalb immer wieder Gefahren aussetzte.
Deshalb werden von den Dichtern *die Mühen des Herkules* der Reihe nach gepriesen. Die schwierigste und größte von allen war die Lernäische Hydra, ein hartnäckiges Scheusal, das für ihn, der schon alle überwunden hatte, fast unüberwindlich blieb. Horaz bringt in den Episteln deutlich genug

veteres invidiam exprimere voluisse, satis indicat Horatius in Epistolis, cum ait:

*Diram qui contudit hydram,*
*Notaque fatali portenta labore subegit,*
*Comperit invidiam supremo fine domandam.*

Consuevit enim haec teterrima pestis pulcherrimorum facinorum esse comes, eximiamque virtutem non aliter quam umbra corpus assequi, ut apposite dixerit Josephus in opere De Judaea capta: Ἀμήχανον δ'ἐν εὐπραγίαις φθόνον διαφυγεῖν. i. e. *Nulla ratione fieri potest, ut in recte factis effugias invidiam.* Quis enim umbram effugiat invidiae, nisi pariter et virtutis lucem effugerit? Cohaerent invicem haec duo, ac rem omnium optimam res omnium pessima comitatur. Proinde Pindarus videtur non sine causa scripsisse:

Τὸ δ'ἄχνυμαι φθόνον ἀμειβόμενον τὰ καλὰ ἔργα.

Graviter et indigne ferens, nimirum, quod est indignissimum, praeclara facta invidiae praemio pensari. Neque vero parum concinne veteres illi videntur invidentiae symbolum Excetrae tribuisse, primum palustri malo, quod, quemadmodum tradunt etiam naturalium causarum vestigatores, magis huic morbo sint obnoxii, qui humili abjectoque animo praediti sunt, sunt autem, quibus sanguis inest frigidior. Eamque ob causam et apud Nasonem:

*Invidiae domus est in vallibus imis*
*Abdita, sole carens, non ulli pervia vento,*
*Tristis, et ignavi plenissima frigoris, et quae*
*Igne vacet semper, caligine semper abundet.*

Neque vero cum simplici portento res, sed centum armato capitibus, quorum si quis unum aliquod exsecuerit, in ejus

zum Ausdruck, daß die Alten mit dem Bild dieser Hydra den Neid ausdrücken wollten. Er sagt:
*Der die scheußliche Hydra niederrang und mit schrecklicher Mühe das berüchtigte Ungeheuer unterwarf, erfuhr, daß man schließlich auch noch mit dem Neid fertig werden müsse.*[6]
Diese widerwärtige Seuche heftet sich nämlich gewöhnlich an die schönsten Taten und folgt hervorragender Tüchtigkeit wie der Schatten dem Körper. So sagt auch Josephus treffend in seinem Buch über die Eroberung Judäas: 'Αμήχανον δ'ἐν εὐπραγίαις φθόνον διαφυγεῖν, d. h. *man kann um keinen Preis bei noch so rechtschaffenem Verhalten dem Neid entgehen.*[7] Wer wollte nämlich den Schatten des Neides vermeiden, wenn er nicht zugleich auch das Licht der Tüchtigkeit verpaßt? Diese beiden hängen wechselseitig zusammen, und das Allerschlechteste ist der Begleiter des Allerbesten. Deshalb hat Pindar nicht ohne Grund geschrieben:

Τὸ δ'ἄχνυμαι φθόνον ἀμειβόμενον τὰ καλὰ ἔργα.
(Es schmerzt, daß Neid edlen Taten folgt.)[8]

Er war verständlicherweise sehr empört darüber und fand es anstößig, daß man für hervorragende Taten Neid hinnehmen müsse. Und tatsächlich haben jene alten Autoren den Neid ganz zutreffend unter dem Symbol der Schlange dargestellt, vor allem weil er ein schmutziges Übel ist; denn (wie doch auch die Naturforscher überliefern) sind vor allem jene für dieses Übel anfällig, die kleinmütig und engherzig sind. Sie sind aber so, weil ihr Blut kalt ist. Aus diesem Grunde heißt es auch bei Ovid:
*Das Haus des Neides ist ganz tief in Tälern verborgen, wohin keine Sonne dringt und kein Windhauch hinlangt. Traurig und starrend von erschlaffender Kälte, wo ewig das Feuer fehlt und dichte Finsternis herrscht.*[9]
Nun wird aber die Sache nicht durch ein einfaches Scheusal versinnbildlicht, sondern es erscheint mit hundert Köpfen bewaffnet. Hat man einen davon abgeschlagen, wachsen an

locum protinus duo suppullulent. Ea videlicet invidentiae natura est, ut si contra lucteris, magis ac magis irrites: si quando coneris splendore virtutis opprimere, tum insurgat acrior, et intumescat. Hic si recidas, illic major oboritur. Carptim exstingui non potest, vix tandem obruitur. Verum id perpaucis contigit, ac vix etiam ipsi Herculi. Quanquam enim livor velut ignis, alta petit, est tamen omnino aliquid usque adeo perfectum et illustre, ut eo non possit attingere. Quo loci pervenisse sese gloriatur Horatius, cum ait:

*Invidiaque major.*

Ac rursum alibi:

*Et jam dente minus mordeor invido.*

Jam vero quid aliud est, quod obtrectatores isti clancularii solent in eos evomere, qui pulcherrimis sudoribus orbi prodesse conantes, praeclarum aliquid moliuntur, quam merum virus, ac venenum plusquam letale. Quandoquidem generosis et excelsis animis sua fama quam impetunt isti, non paulo carior antiquiorque solet esse, quam ipsa vita.

Porro quod gentilium fabulae sub Herculis aenigmate significarunt, idem Hebraeorum historia sub Josephi involucro nobis innuit. Nam quod illi *Lerna*, id huic fratrum invidentia. Sic enim interpretatur Philon in libro, cui titulus, Πολιτικὸς βίος. Existimat autem Josephum eorum repraesentare personam, qui rerum publicarum gubernacula tractant. Hoc videlicet argumento, quod is pastor adhuc quum esset, jam tum recte factis, simul et patris favorem emeruit, et germanorum in se concitavit aemulationem. Quid autem aliud est Rempublicam administrare, quam pastorem agere? Quandoquidem et Homerus, quem inibi citat etiam Philon, Regem ποιμένα λαῶν, subinde vocat. Siquidem nullorum benefactis malignius respondet gratia, quam eorum, qui de vulgo

seiner Stelle sofort zwei neue nach. Das zeigt doch offenbar die Natur des Neides an, daß man, wenn man dagegen ankämpft, um so mehr Neid entfacht. Macht man einmal den Versuch, den Neid mit dem strahlenden Glanz der Tüchtigkeit zu unterdrücken, dann erhebt er sich um so ungestümer und greift um sich. Beschneidet man ihn hier, wächst er dort wieder nach. Er kann nicht Stück für Stück ausgelöscht werden, kaum kann man ihn überhaupt unterdrücken. Dies gelingt nur ganz wenigen, Herkules selbst nur mit Mühe. Da nämlich die Mißgunst wie ein loderndes Feuer emporzüngelt, ist nichts so vollkommen und leuchtend, das sie nicht erreichen könnte. Soweit rühmt sich Horaz gekommen zu sein, der sagt:
*Denn der Neid ist größer.*
Und wieder anderswo sagt er:
*Und schon quält mich weniger der Zahn des Neides.*[10]
Wirklich, was ist das schon anderes, als bloßer Schmutz und mehr als tödliches Gift, was hinterhältige Schmähbrüder gegen jene ausspucken, die mit dem Schweiß der Edlen für die Gesellschaft hervorragend tätig sind. Ist doch allgemein für edle und untadelige Menschen ihr Ruf, den jene schmähen, ebenso teuer und wertvoll wie ihr eigenes Leben.
Was nun die Heiden unter dem Bilde des Herkules dargestellt haben, das hat die jüdische Überlieferung uns in Josephus angedeutet. Was nämlich für jenen die Lernäische Schlange,[11] das ist für diesen der Neid der Brüder gewesen. So legt es Philon in seinem Buch Πολιτικὸς βίος[12] aus. Er ist der Auffassung, daß Joseph die Rolle derer spielt, die das Steuer des Staates in der Hand halten, und zwar in der Weise, daß er, noch als er Hirt war, durch sein rechtes Verhalten die Gunst des Vaters verdient und sich die Eifersucht seiner Brüder zugezogen habe. Was aber ist die Staatsführung anderes als die Tätigkeit des Hirten? Auch Homer, den Philon in jenem Zusammenhang zitiert, nennt den König wiederholt ποιμένα λαῶν, Hirt der Völker. Die Öffentlichkeit verhält sich ja zu keinen Verdiensten böswil-

bene merentur. Sed quod Hercules assecutus est igni Graecanico, id Josephus magnitudine benefactorum, ac Divini Numinis favore consecutus est, ut invidiam obrueret, et eosdem aliquando supplices haberet, quos antea pertulerat aemulos, seque jam illi vitam debere faterentur, cujus vitae pridem tetenderant insidias.

Proinde Principes, qui publicum agunt negocium, hoc animo praeditos esse oportet, ut ad hoc exemplar communem modo spectent utilitatem, nec magistratum, perinde quasi cauponatio sit, sibi gerant, non aliis: nec legum velut laqueis, insidiari velint iis, unde perspexerint emolumentum aliquod auferri posse, sed gratis de bonis bene mereantur, cum monstris, h. e. cum vitiis assiduum bellum gerant, sola recti conscientia, tanquam abunde magno recte factorum praemio contenti.

Quod si meritis tuis fama maligne responderit, si clanculum obsibilaverit livor, si Lernaea bellua, vel trecentis capitibus undique venenum afflaverit, tum illud demum animi vere sublimis et invicti fuerit documentum, nihilo segnius ad immortalem eniti laudem, ac vel maximis incommoditatibus suis aliorum consulere commodis, et hunc pulcherrimum maximumque virtutis fructum ducere, si quam plurimis quam maxime prodesse liceat, atque hac parte, quoad mortali fas est, immortale numen imitari.

Ad quod cum nulla gratia, nullum officium a nobis redire queat, tamen nativa genuinaque bonitate, solis in morem, omnibus, gratis et ingratis, dignis juxta atque indignis, suam

liger als zu Verdiensten um die Allgemeinheit. Und was Herkules mit dem griechischen Feuer erreichte, das hat Josephus durch die Größe seiner Verdienste und göttliche Gunst erreicht, nämlich, daß er sich dem Neid aussetzte, daß er später die als Bittsteller vor sich hatte, deren Neid er vordem hatte ertragen müssen, und daß *die* zugaben, ihm ihr Leben zu verdanken, die noch unlängst hinterhältig seinem Leben nachgestellt hatten.

Deshalb müssen Fürsten, die für das Staatswohl wirken, eine solche Gesinnung haben, daß sie nach jenem Vorbild nur auf den gemeinen Nutzen achten. Sie sollen ihr Amt nicht zum eigenen statt zum Vorteil der anderen ausüben, ganz als ob es eine Schankwirtschaft wäre, sollen nicht mit Gesetzen wie mit Fangstricken denen nachstellen, denen sie einen Gewinn abjagen zu können hoffen, sondern sie sollen sich ohne Gegenleistung um die Guten verdient machen, mit den Ungeheuern, d. h. mit den Lastern ständig Krieg führen, allein zufrieden mit einem guten Gewissen, dem überreichen Lohn guter Taten.

Wenn der Ruf nur schlecht zu deinen Taten passen will, wenn insgeheim die Mißgunst dagegen aufbegehrt, wenn das Lernäische Ungeheuer mit reichlich dreihundert Köpfen nach allen Seiten seinen Gifthauch verströmt, dann ist es schließlich Zeichen eines hohen und unbeugsamen Geistes, beharrlich nach unsterblichem Ruhm zu streben, auch bei noch so großen Nachteilen für die eigene Person auf den Vorteil der anderen bedacht zu sein, und das für die schönste und höchste Frucht der Tugend zu halten, wenn es gelingt, möglichst vielen nach Kräften zu nützen und da, wo es Sterblichen möglich ist, um Unsterblichkeit zu ringen.

Wenn auch kein Verdienst und keine Leistung von uns zu Gott dringen kann, so kommt sie dennoch durch ihre natürliche, eingeborene Güte nach Art der Sonne allen, dankbaren und undankbaren, würdigen und unwürdigen, zugute und zielt nur auf den einzigen Gewinn, möglichst viele zu beteiligen. Da wirklich zu Gott kein Verdienst guter Taten

impertit munificentiam, hunc unum spectans fructum, si quam plurimos sui participes efficiat.
Verum ut ad Deum nullum emolumentum benefactorum refluere potest, ita nec ingratitudinis molestia potest attingere. Mortalibus illud saepenumero evenit, ut pro summis meritis summam invidiam, summumque reportent incommodum. Quod si ullis hominum laboribus hoc cognominis debetur, ut *Herculani* dicantur, eorum certe vel maxime deberi videtur, qui in restituendis antiquae veraeque litteraturae monimentis elaborant.
Quippe qui cum sudores incomparabiles suscipiant, propter incredibilem negocii difficultatem, tamen vulgi summam in se concitant invidiam. Cui cum res praeclarae semper obnoxiae fuerunt, tum vero praecipue novitas non solum apud imperitos, verum etiam apud eruditos.
Adeo nusquam magis ingrati sumus, magis invidi, magis morosi, nusquam minus candidi, quam in pensitandis eorum laboribus, quibus, meo quidem animo, nulla unquam satis digna gratia referri queat. Indocti negligunt, semidocti rident, docti, si paucos exceperis, praecipuos quidem illos, sed tamen paucos, partim invident, partim morosius carpunt, ut dissimulatis tam multis, quae recte dicta sunt, sicubi forte fortuna semel aut iterum lapsus fuerit auctor, quis autem non labitur aliquando? id solum annotant, id solum meminerunt. I nunc, et hoc tam magnificum praemium, tot tamque diuturnis vigiliis, tot sudoribus, tot incommodis redime. Abdica te communibus humanae vitae voluptatibus, neglige rem familiarem, ne parce formae, ne somno, ne valetudini. Boni consule jacturam oculorum, arcesse praematurum senium, contemne vitae detrimentum, ut plurimorum odium in te concites, plurium invidiam, ut pro tot vigiliis ronchos aliquot auferas.
Quem quaeso haec non deterreant a capessendis hujusmodi laboribus, nisi si quis sit animo plane Herculeo, qui possit, alios juvandi studio, quidvis et facere et pati?

zurückfließen kann, so kann ihn auch keine Undankbarkeit treffen.
Den Menschen widerfährt es oft, daß sie für sehr hohe Verdienste schlimmsten Neid und ärgstes Ungemach ernten. Wenn man irgendwelche Anstrengungen *herkulisch* nennen darf, dann gewiß am meisten jene, die der Wiederherstellung der antiken Literatur in ursprünglicher Reinheit gelten. Denn Menschen, die sich darum bemühen, tragen schwer an der unvergleichlichen Last dieser Aufgabe selbst und ziehen sich dazu noch den geballten Neid der Öffentlichkeit zu. Was hervorragend war, ist ihr schon immer verdächtig gewesen, nun ist es vor allem die Neuheit, nicht nur bei den Ahnungslosen, sondern gerade auch bei den Gebildeten.
Niemals sind wir undankbarer, neidischer, reaktionärer und kleinlicher, als wenn wir Anstrengungen vergelten sollen, für die man nach meiner Ansicht niemals angemessen dankbar sein kann. Die Dummen denken gar nicht daran, die Halbgebildeten lachen darüber, die Gelehrten aber, mit Ausnahme ganz weniger hervorragender, sind neidisch; teilweise nörgeln sie umständlich herum, beachten gar nicht, was richtig ist, spießen aber sorgsam auf, wo der Autor ganz zufällig einmal geirrt hat. Das allein haftet in ihrer Erinnerung, aber bitte, wer irrt nicht einmal? Das ist nun der ansehnliche Lohn für so viele durchwachte Nächte, für so viele Anstrengungen, Entbehrungen, Nachteile. Versage dir die üblichen Vergnügungen des menschlichen Lebens, vernachlässige deine familiären Verhältnisse, nimm keine Rücksicht auf deine äußere Erscheinung, deinen Schlaf und deine Gesundheit! Strenge deine Augen rücksichtslos an, nimm es auf dich, daß du vorzeitig alterst, achte Schaden an Leib und Leben für nichts, mach dich bei der Menge unbeliebt und erwecke ihren Neid, damit du als Entgelt für viele durchwachte Nächte Naserümpfen erntest.
Bitte, wen soll es nicht abschrecken, solche Mühen auf sich zu nehmen, sofern er nicht wie Herkules denkt, der alles tun und leiden mochte, um anderen zu helfen?

Commovit haec cogitatio nonnihil animum meum, ut verum fatear, atque in mediis hujus operis exantlandis laboribus lassitudo quaedam oborta est, cogitanti nimirum, qualibus viris, quos nostra vidit aetas, quam maligne fama respondeat, etiam aliquanto jam tempore defunctis, quam irreverenter despiciantur ab iis, quos vere dixeris indignos, qui illis matellam, ut dicitur, porrigant, quam ingrate carpantur a semidoctis, quam pauci etiam inter eruditos, qui candide, plenoque laudent ore. Alius desiderat aliquid, alius invenit, quod non probet, alius vitam incessit, alius fastidienter laudat, ut praestiterit vituperasse. Porro nulli judicant iniquius, quam vel semidocti, qui doctrinam alienam sua metiuntur, et reprehendendum existimant, quicquid ipsi non didicerunt: vel eruditi, qui nondum hoc laboris genus degustarunt. Nam hi plane juxta Graecorum proverbium, Ἀπὸ πύργου κρίνουσιν Ἀχαιούς, et ipsi stantes in littore, navigantis artem ac discrimen spectant ociosi. Quod si fecissent periculum, ut minore fastidio, ita majore cum venia legerent aliorum lucubrationes.
Hoc itaque cum videam tantis in re litteraria proceribus, vel heroibus magis, accidere, quid tandem augurer futurum de me, cujus omnia quam ad illos mediocria, vel, uti verius dicam, nulla sint, equidem non sum nescius, praesertim in hoc scripti genere, in quo multo plus est laboris, quam quisquam facile conjectet, qui periculum ipse nunquam fecerit? Deinde multis de causis lapsus facillimus. Postremo nusquam citius invenerit quivis, quod desideret.
Quare non arbitror futurum alienum, si postea quam ipse

Diese Überlegung beschäftigte mich sehr, um die Wahrheit zu sagen, und mitten in den Anstrengungen, die mir dieses Werk auflud, überfiel mich eine gewisse Ermüdung, nämlich als ich überlegte, wie übel man bedeutenden Männern unserer Zeit noch nach ihrem Tod mitgespielt hat, wie sie ehrfurchtslos von Zeitgenossen mißachtet werden, die, wie man so sagt, jenen nicht einmal das Nachtgeschirr hinhalten dürften;[13] wie undankbar sie von Halbgebildeten gerupft werden und wie wenige sogar unter den Gebildeten sind, die ohne Umschweife freimütig anerkennen. Der eine vermißt etwas, der andere findet etwas, was er nicht billigt, hier nimmt einer am Lebenswandel Anstoß, dort lobt ein anderer so überschwenglich, daß er besser daran getan hätte zu tadeln. Es urteilt niemand ungerechter als gerade die Halbgebildeten, die die Gelehrsamkeit eines andern an der eigenen messen und für tadelnswert halten, was sie selbst nicht gelernt haben, oder die Gebildeten, die so etwas noch nicht geleistet haben. Denn sie beurteilen so ganz nach dem griechischen Sprichwort[14] Ἀπὸ πύργου κρίνουσιν Ἀχαιούς (sie mustern die Achäer von der Mauer herab), und während sie selbst am Strand stehen, mäkeln sie unbehelligt an der Kunst und dem Wagnis des Steuermanns herum. Hätten sie selbst die Probe gemacht, dann hätten sie mit weniger Verdruß und größerem Verständnis das gelesen, was andere verfaßt haben.

Wenn ich sehe, was wahren Geistesfürsten oder -heroen widerfährt, mache ich mir keine falschen Vorstellungen darüber, was ich selbst wohl zu gewärtigen habe, dessen Werke im Vergleich damit mittelmäßig oder, um es unverblümt zu sagen, belanglos sind, zumal in dieser literarischen Gattung, in der viel mehr Arbeit steckt, als jemand vermuten würde, der sich nie darin versucht hat. Deshalb kann man auch aus vielerlei Gründen darin sehr leicht einen Fehler machen. Schließlich wird man aber auch kaum anderswo so leicht ein Versäumnis aufdecken können.

Deshalb halte ich es nicht für abwegig, wenn ich bei dieser

locus admonuisse videtur, super hisce rebus pauca disseram, non quo meum jactitem ingenium, aut ostentem industriam, sed ut lectorem mihi reddam aequiorem. Erit autem certe multo minus iniquus quisquis perpenderit, quam immensis sudoribus, quam infinitis difficultatibus, haec Adagiorum, quantum libet rudis, sylva mihi constiterit. Jam hic igitur primus esto calculus, rerum ipsarum antiquitas, non ab Euandro, aut Aboriginibus, sed ἀπὸ Καννάκου, quemadmodum dicunt Graeci, sed ab ipso usque Saturni seculo, et si quid est hoc etiam antiquius, repetita. Unde fit, ut pleraque sint a nostrorum temporum consuetudine δὶς διὰ πασῶν, quod ajunt, semota. Proinde quid sibi velit adagium, aut divines, oportet, et Delium aliquem natatorem requiras, aut ex antiquis auctoribus petas enarrationem.

Ex quibus tandem auctoribus? Non ex uno alterove, aut certis aliquot, quemadmodum usu venit in aliis argumentis. Velut si quis instituat de Arte Dicendi conscribere, certos quosdam habet et idoneos auctores, et eos non admodum sane multos, quos imitari sufficiat. At hic quicquid est scriptorum, veterum, recentium, bonorum simul et malorum, in utraque lingua, in omnijugi disciplina, breviter in omni scripti genere, necessum fuit, non dicam evolvere, sed curiosius ac penitius excutere, rimarique.

Siquidem adagia, ceu gemmulae, quod minuta sint, fallunt nonnunquam venantis oculos, ni acrius intendas. Praeterea nec obvia sunt, sed pleraque retrusa, ut prius eruenda tibi sint, quam colligenda.

Quis autem satis aestimet, quam infiniti laboris sit, res tam

Gelegenheit darüber einiges ausführe, nicht um mein Talent auszustellen oder meinen Fleiß ins rechte Licht zu rücken, sondern um mir bei meinem Leser die Voraussetzungen für eine angemessene Beurteilung zu schaffen. Der wird sicher viel weniger unbillig sein, der erwägt, welch unsagbare Mühen und welch unendliche Schwierigkeiten mir dieser Urwald von Adagien verursacht hat. Der erste Stein des Anstoßes ist das Alter der Dokumente selbst, das nicht nur zurückreicht bis zu Euander[15] und den Aborigines[16], sondern ἀπὸ Καννάκου, wie die Griechen sagen[17], und von da aus noch weiter zurück bis auf das Zeitalter des Saturn oder noch weiter, falls es noch etwas älteres gibt. Daher kommt es, daß die meisten Adagia unseren Vorstellungen δὶς διὰ πασῶν (diametral), wie man sagt,[18] ganz fremd und entrückt sind. Man muß also erraten, was das Adagium meint, muß sich einen delischen Schwimmer[19] beschaffen oder die Erklärung bei alten Autoren ausfindig machen.

Bei welchen Autoren wird man sie nun suchen? Nicht beim einen oder anderen oder bei bestimmten, wie das bei anderen Nachweisen üblich ist. Wenn beispielsweise jemand über die Kunst des Schreibens ein Werk verfassen will, so hat er ganz bestimmte einschlägige Autoren, die als Gewährsleute ausreichen, und das sind nicht einmal viele. Dagegen war es hier notwendig, alle Schriften der alten und neueren Autoren, sowohl guter als auch schlechter, in beiden Sprachen, in jeder literarischen Gattung, kurz die gesamte Literatur nicht nur durchzugehen, sondern aufmerksam und eindringlich zu durchforschen und zu durchwühlen.

Auf jeden Fall täuschen Adagien oft wie kleine Gemmen, gerade weil die Größenverhältnisse reduziert sind, manchmal den Blick des Sammlers, wenn er nicht ganz scharf zusieht. Außerdem sind noch lange nicht alle leicht zu finden, die meisten sind versteckt, so daß man sie mehr ausgraben als sammeln muß.

Wer aber weiß es genügend zu werten, wie unendlich die

minutulas, ceu per omnia maria terrasque rimari? Vix aetas humana suffecerit, ut tot utriusque linguae Poetas, tot Grammaticos, tot Oratores, tot Dialecticos, tot Sophistas, tot Historicos, tot Mathematicos, tot Philosophos, tot Theologos, quorum vel titulis recensendis defatigetur aliquis, excutias, ac revolvas, neque id semel, sed sursum ac deorsum in his, utcunque res postularit, *Sisyphi saxum volvere.* Jam hoc, opinor, nemo non videt, nemo non fatetur esse maximum. At ea quota portio quaeso nostri sudoris? En tibi restat agmen pene majus Interpretum, in quibus aliorum supinitas atque indiligentia, nonnullorum etiam imperitia (nam hi quoque sunt evolvendi, nimirum, ut aliquando legas aurum e stercore) non mediocrem sarcinam adjunxere nostris laboribus. Age vero, quid ego nunc allegem prodigiosam librorum depravationem, quae sic Latinorum pariter et Graecorum codices omneis occupavit, ut quicquid attigeris citaturus, vix unquam contingat, quin aut manifestum mendum offendat, aut suboleat occultum? Ibi vero sudor novus, exploranda, corrogandaque exemplaria, nec ea sane pauca, quo videlicet e multis unum aliquod contingat emendatius, aut multorum collatione, quod verum ac germanum sit, quasi divines. Ferendum hoc quoque, nisi pene toties accideret, quoties citaveris aliquid. Citandum autem passim.

His tam multis appone et illum calculum, haud quaquam opinor aspernandum, quod opera veterum, ex quibus ceu fontibus hausta sunt proverbia, magna ex parte desiderantur. Siquidem utraque Graecorum Comoedia funditus intercidit, uno excepto Aristophane, Latinorum item Tragoedia, praeter unum Senecam. Fortassis et hoc tolerari poterat, si modo lucubrationes illorum exstarent, qui proverbia ab illis col-

Mühe ist, solch winzige Dinge sozusagen über Land und Meer[20] aufzuspüren? Ein Menschenleben reicht kaum aus, so viele Dichter in beiden Sprachen, so viele Grammatiker, Redner, Dialektiker, Sophisten, Historiker, Mathematiker, Philosophen, Theologen, deren Buchtitel aufzuzählen schon ermüden würde, auszuschöpfen und immer wieder zu durchstöbern, und das nicht *einmal*, sondern vor und zurück, wie es die Sache gerade fordert, *den Stein des Sisyphus zu wälzen*. Ich glaube, niemand wird das verkennen und niemand wird bestreiten, daß dies eine kapitale Leistung ist. Doch der wievielte Teil unserer Anstrengungen ist das erst? Es bleibt uns noch das fast noch größere Aufgebot der Interpreten, unter denen Oberflächlichkeit und Sorglosigkeit, manchmal regelrechte Ahnungslosigkeit – denn auch durch diese Ignoranten muß man sich durcharbeiten, weil man ganz sicher gelegentlich Gold auf dem Mist findet – unsere Arbeit erheblich erschwert. Soll ich nun auch noch die abenteuerliche Verderbnis der Texte anführen, die alle lateinischen und griechischen Codices unterschiedslos belastet und so gravierend ist, daß man fast bei jedem Versuch zu zitieren entweder auf einen offenbaren Fehler stößt oder ein versteckter zu vermuten ist? Da gibt es dann neue Anstrengung, es sind neue Beispiele zu suchen und zusammenzustellen, und nicht einmal wenige, damit von vielen vielleicht das eine oder andere passend erscheint, oder man muß viele miteinander vergleichen und fast schon raten, was wirklich echt ist. Man würde sich auch damit abfinden, wenn es nicht beinahe bei jedem Zitieren so wäre. Zitieren aber muß man in üppiger Fülle.

Zu alledem kommt noch die erhebliche Schwierigkeit, daß die Werke der Alten, aus denen wie aus Quellen die Sprichwörter geschöpft werden, allenthalben verloren sind. Von der griechischen Komödie ist mit der einzigen Ausnahme des Aristophanes alles[21] völlig untergegangen. Mit der römischen Tragödie ist es bis auf Seneca genauso. Vielleicht hätte man sich auch damit abfinden können, wenn nur die Werke

lecta, commentariis sunt interpretati. Quorum de numero sunt Aristoteles, Chrysippus, Clearchus, Didymus, Tarrhaeus, cumque his alii nonnulli, quorum ne tantulum quidem fragmentum ad nos pervenit. Supersunt igitur nobis recentiores quidam, ut indiligentes, nulloque delectu, ita jejuni quoque mutilique, velut Zenobius, Diogenianus, Suidas, quibus haud dum constitui, malam ne gratiam debeamus, qui ex tam absolutis, tamque copiosis auctoribus, tam paucula quaedam, tamque nuda nobis tradiderint: an bonam, quod illorum studio, qualiacunque fragmenta vetustatis ad nos permanarint: nisi si quis id etiam horum epitomis acceptum ferat, quod illi neglecti perierunt. Quemadmodum Latini quidam Livii interitum Floro, Trogi Pompeji Justino, Juris Caesarei Justiniano, Theologiae, sententiarum, ut vocant, auctori, solent imputare, neque id prorsus ab re, mea quidem sententia. Quid quod inter hos usqueadeo non convenit, ut saepenumero secum pugnantia scribant, ut hoc denique pondus accedat tuis laboribus, non evolvendi solum eadem de re varios Interpretes, verum etiam iterum atque iterum inspiciendi, conferendi, perpendendi, judicandi.

Nunc illud etiam mihi cogita, in aliis libris saepe locum esse ingenio, ut adsit inveniendi, ceu pariendi voluptas, possisque quovis loco, quovis tempore, mentis agitatione portionem aliquam operis absolvere, quantumque valueris ingenii celeritate, tantum maturare, quod institueris: hic velut alligatus pistrino, non sineris vel latum, ut ajunt, pedem a codicibus discedere. Totum enim fere negocium pendet a

jener Autoren überliefert wären, die dort Sprichwörter zusammengetragen und in Kommentaren ausgelegt haben. Zu diesen gehören Aristoteles, Chrysipp, Klearchos, Didymos, Tarrhaeos, und zu diesen noch andere, von denen nicht das winzigste Fragment zu uns gelangte. Es stehen uns also nur einige neuere zur Verfügung, wenig sorgfältig, unkritisch, langweilig und verstümmelt wie Zenobius, Diogenianus und Suidas. Ich kann kaum sagen, ob wir es ihnen verargen dürfen, daß sie aus so einwandfreien, reichhaltigen Autoren uns nur so dürftige Kleinigkeiten überliefert haben, oder ob wir ihnen dankbar sein müssen, daß durch ihren Fleiß wenigstens einige Fragmente der Antike zu uns gelangt sind, sofern man es nicht gerade den Auszügen dieser Autoren anlasten wollte, daß die Originale mißachtet wurden und verloren gingen. So rechnen gewöhnlich zum Beispiel die Lateiner den Untergang des Livius dem Florus, den Untergang des Trogus Pompejus dem Justinus, den Untergang des Römischen Rechts dem Justinian, den Untergang der Theologie dem sogenannten Autor der Sentenzen an, und das ist, wie ich meine, gar nicht sehr abwegig. Was dort an Unstimmigkeiten auftritt, daß sie oft im Widerspruch miteinander schreiben, diese Last kommt schließlich auf deine Schultern, und es sind nicht allein über eine einzige Sache verschiedene Interpreten zu befragen, sondern man muß immer wieder nachsehen, vergleichen, abwägen und beurteilen.

Überlege nun auch noch folgendes: Bei anderen literarischen Vorhaben gibt es immer genug Entfaltungsmöglichkeiten für schöpferische Einfälle, so daß man Freude daran hat, etwas zu erfinden oder hervorzubringen, und man kann überall und zu jeder Zeit einen Teil der Arbeit mit geistiger Beweglichkeit durchführen, ja man kann, soweit man über geistige Gewandtheit verfügt, auch zur Reife bringen, was man ins Werk gesetzt hat. Hier dagegen ist man angebunden wie in einer Mühle, und man darf, wie man so sagt, keinen Fuß breit vom Text abweichen. Die ganze Arbeit hängt nämlich mit der Verfügbarkeit der Codices zusammen, besonders

codicum copia, praecipue Graecorum, quorum jam quanta sit inopia, nemo nescit. Unde fit, ut partim oculos conteras in voluminibus cariosis, situ obsitis, laceris, mutilis, a tineis ac blattis undique derosis: tum autem non raro lectu etiam difficillimis, breviter ejusmodi, ut qui in eis diutine versetur, facile cariem et senium quoddam sibi contrahat, partim etiam alienis. Quod ipsum quanti referat, vel me tacente, protinus agnoscunt ii, qui fecere periculum.

Ut ne dicam interim illud, si quid in hujusmodi commentariis voluptatis est, id totum esse lectoris, ad scriptorem nihil attinere praeter odiosum illum, ac semper eundem colligendi, converrendi, explicandi, vertendique laborem. Atqui voluptas una res est, ut vere dixit Aristoteles, quae praestat, ut in labore diu perseverare possimus. Alibi licet ingenio ludere, licet eloquentiae flosculis aliquando lascivire. Sunt excessus amoeni, in quibus lassus desideas, ingeniique vires refocilles. Cum in omni negocio, tum praecipue in litteris, varietas satietatem arcet, neque patitur oboriri taedium. At hic mihi non δὶς κράμβη, quemadmodum est in Graecorum proverbiis, sed ter millies eadem illa repetenda fuerunt. Quid sibi vellet adagium, unde natum esset, et quem in usum conveniret, ut non alibi magis quam hic locum haberet illud Graecis tritum adagium, Ὑπέρου περιστροφή.

Postremo nonnulla voluptatis pars est, hujusmodi tractare res, quae tractatu nitescant, quaeque ultro splendorem et

der griechischen, und jedermann weiß, wie groß der Mangel daran ist. Daher kommt es, daß man einerseits das Augenlicht aufs Spiel setzt über zersetzten, durch Achtlosigkeit verschmutzten, verstümmelten, beschädigten und von Würmern und Schaben zerfressenen Codices. Nicht selten sind aber auch die Schriftzüge äußerst schwierig zu lesen, kurz sie sind so, daß wer lange mit ihnen verbringt, darüber selbst bald gebrechlich und altersschwach wird oder andere sogar dahin bringt. Was das tatsächlich bedeutet, darüber will ich schweigen und das Urteil vorerst anderen überlassen, die die Dinge aus eigener Erfahrung kennen.

Nun will ich auch nicht sagen, daß, was bei solch kommentierender Tätigkeit Vergnügen macht, ganz allein dem Leser zugute komme und daß der Schriftsteller nichts davon habe als jene verhaßte und immer gleichbleibende Mühe zu sammeln, zusammenzuscharren, zu entwirren und auszusondern. Das Vergnügen ist ja, wie Aristoteles sehr richtig sagt, das einzige, was uns befähigt, bei der Arbeit lange auszuhalten. Anderswo hat man die Möglichkeit, mit Erfindungsgabe zu spielen oder sich mit beredten Wendungen genug zu tun. Man hat Gelegenheit zu angenehmen Exkursen, bei denen man sich von der Ermüdung erholen und die schöpferischen Kräfte beleben kann. Wie bei jeder anderen Arbeit, so hält ganz besonders beim literarischen Schaffen die Abwechslung die Langweile fern und verhindert, daß Widerwille entsteht. Hier gibt es aber nicht nur nach dem griechischen Sprichwort δὶς κράμβη (aufgewärmten Kohl)[22], sondern dreitausendmal galt es dasselbe zu wiederholen: was das Adagium bedeutet, woher es kommt und wie man es anzuwenden pflegt, so daß jenes abgenutzte griechische Adagium Ὑπέρου περιστροφή (von dem, der sich immer im Kreise dreht) nirgendwo mehr als hier sehr angebracht ist.

Schließlich ist es schon ein gehöriger Teil des Vergnügens, solche Gegenstände zu behandeln, die an sich bedeutend sind und von selbst den Autor zu glanzvoller und beredter

orationis copiam auctori suppeditent. Hic quae tractantur, omnia sunt ejusmodi, ut usu, non tractatione splendescant, ac tum demum genuinam suam ostendant gratiam, cum gemmarum instar commode inserta orationi visuntur. Separata frigent, ac minutula leviaque quaepiam esse videntur. Adde nunc, quod alibi summa rerum opus aestimatur, et lector non aliter, quam scriptor laborat: hujusmodi quoniam carptim leguntur, qui legit, ad unumquodlibet proverbium animum adfert integrum, ociosum, nonnulli fortassis avidum etiam, alius contra fastidientem. Quam autem iniqua interim mea conditio, a quo illud requiritur, ut in singulis adagionibus expleam ociosum, satiem avidum, satisfaciam fastidioso.

Accedit ad haec omnia Graeca vertendi labor, quem profecto nemo non difficillimum judicabit, nisi qui nunquam annixus sit, ut ex bene Graecis bene Latina faceret. Hic mihi rursum perpende tantam auctorum varietatem, quorum unicuique suus reddendus stilus: cogita tot carminum genera, quorum in hoc opere tam ingens incidit turba: nam arbitror esse non pauciora decem millibus: ut si quis hoc mensium spacio, quibus laborem hunc absolvimus, tantum carmina tam multa Latine reddidisset, idque carmine, non videatur usquequaque insimulandus ignaviae. Porro quid alii sensuri sint, nescio.

Equidem etiam illud arbitror esse non nihil, in tam immenso proverbiorum numero meminisse, quid quo loco dixeris, neque rerum turba confundi. Proinde qui in tantis difficultatibus versetur, quas omneis vel percensere sit difficilli-

Darstellung verführen. Alles dagegen, was hier behandelt wird, wirkt erst in der Anwendung und nicht in der Erwähnung selbst prächtig und enthüllt dann erst seinen wahren Wert, wenn es sich wie eine Gemme der Darstellung passend eingefügt zeigt. Allein für sich genommen, lassen die Adagia kalt und machen einen gewissermaßen zu dürftigen und gewichtlosen Eindruck. Nimm noch hinzu, daß bei anderen Literaturgattungen das ganze Werk geschätzt wird und der Leser nicht anders als der Autor zu arbeiten hat, während man sich hier etwas als Lesefrucht herauspflückt, wobei der Leser sich mit unbeschwertem und frischem Geist dem einzelnen Adagium zuwendet, mancher vielleicht mit wahrer Lernbegier, ein anderer dagegen mit Widerwillen. Wie sehr bin ich dagegen benachteiligt, wenn von mir erwartet wird, daß ich in den einzelnen Adagien dem Untätigen die Zeit vertreibe, den Interessierten befriedige und selbst dem Widerwilligen etwas biete.

Hinzu kommt noch die Mühe, alles Griechische zu übersetzen, eine Arbeit, die weiß Gott jeder für äußerst schwierig halten muß, der je versucht hat, aus gutem Griechisch gutes Latein zu machen. In diesem Zusammenhang bedenke man wieder die überaus große Mannigfaltigkeit der Autoren, deren individueller Stil wiedergegeben werden muß, man bedenke auch die überaus zahlreichen poetischen Formen, von denen in diesem Werk eine solch ungeheuere Menge anfällt. Ich glaube, es sind nicht weniger als zehntausend. Wenn jemand in der Anzahl von Monaten, in der wir diese Arbeit bewältigt haben, nur so viele Gedichte auf Lateinisch wiedergegeben hätte, und dies mit poetischem Anspruch, würde man ihn keinesfalls faul schelten dürfen. Im übrigen weiß ich natürlich nicht, was andere davon halten werden.

Immerhin wird auch dies, wie ich glaube, etwas wert sein, bei einer so unübersehbaren Menge von Sprichwörtern, sich zu erinnern, was man an welcher Stelle gesagt hat, und nicht durch die Menge verwirrt zu werden. Ist es verwunderlich, wenn einer, der sich mit so schwierigen Aufgaben beschäf-

mum, quid mirum si quando labi contingat maxime festinantem? Cur autem mihi festinandum fuerit, mox reddetur ratio. Quod si Flaccus etiam in aliis argumentis, in quibus haec absunt incommoda:

*Dat veniam maculis, quas aut incuria fudit,*
*Aut humana parum cavit natura.*

Si concedendum putat, ut in opere longiusculo somnus obrepat: si non indignatur Homero alicubi dormitanti, quid tandem causae est, cur mare coelo misceamus, si pauculi forte errores in hujusmodi deprehendantur opere, in quo praeter communes illas labendi causas, nec liberum sit rem tuis auspiciis peragere, et ejusmodi duces habeas, qui subinde praebeant ansam errandi? Ut ne quid dicam interim de codicum mendis, quae nonnunquam doctissimis viris imponunt: ut sileam de taedio, quod vel praecipue consuevit ingenii vigorem hebetare: ut taceam de tam varia rerum omnijugarum quasi farragine, qua fit, ut animus huc atque illuc in tam multa distractus, non possit semper sibi praesens esse.

Reliquum esse videtur, ut paucis occurramus et iis, quos auguror in hac nostra sylva curae diligentiaeque plusculum desideraturos. Nam quosdam hoc animo esse video, ut libros mole, non eruditione metiantur, et id demum absolutum existiment, ubi nihil adjungi possit, supersint pleraque, quibus nihil satis, nisi quod impendio nimium, atque ibi denique copiam esse judicant, cum ad satietatem ubique dicuntur omnia. Horum igitur quispiam dicet, quaedam a me copiosius locupletiusque tractari potuisse. Tum autem in evolvendis auctoribus occuret alicui locus aliquis, qui ad

tig, die alle nur aufzuzählen schon äußerst mühsam ist, sich in höchster Eile einmal zufällig vertut? Daß ich aber schnell machen mußte, das will ich gleich rechtfertigen. Horaz findet es auch bei anderen Gegenständen, die nicht mit solchen Erschwerungen behaftet sind, verzeihlich, daß bei langweiliger Arbeit uns einmal der Schlaf überfällt:

*Er macht kein Aufhebens von Fehlern, die Sorglosigkeit verursacht oder allzu menschliches Ungestüm nicht verhüten konnte.*

Er regt sich nicht auf, wenn Homer[23] einmal nachlässig ist; aus welchem Grunde stellen wir dann die Welt auf den Kopf, wenn sich zufällig einmal einige Fehler bei einem Unternehmen dieser Art einschleichen, bei einem Werk, in dem es zwar jene üblichen Möglichkeiten, danebenzugreifen, aber keine Freiheit gibt, etwas nach eigenem Gutdünken durchzuführen, in dem man von seinen Quellen selbst aufs Glatteis geführt wird. Ich will gar nicht erst von den Fehlern in den Codices sprechen, die bisweilen sogar die gelehrtesten Männer hinters Licht führen. Ich will von der Verdrießlichkeit schweigen, die auf geistige Regsamkeit allgemein wohl erschlaffend wirkt. Ich will auch von dem mannigfaltigen Wust ganz unterschiedlicher Dinge schweigen, die soviel Ablenkung bewirken, daß die Konzentration Schaden leidet.

Es bleibt also noch übrig, daß wir uns ein wenig auch mit denen beschäftigen, die, wie ich glaube, in unserer Sammlung mehr Gewissenhaftigkeit und Sorgfalt vermissen. Manche haben nämlich die Eigenart, wie ich sehe, Bücher nach dem Arbeitsaufwand und nicht nach dem bildenden Gehalt zu bewerten, und sie halten das schließlich für vollendet, wo nichts hinzugefügt werden kann, aber durchweg alles überflüssig ist. Nichts genügt ihnen, was nicht maßlos viel Aufwand erfordert, und sie meinen, daß da erst Gedankenreichtum ist, wo alles bis zum Überdruß gesagt wird. Einer von diesen wird vielleicht sagen, daß ich etwas ausführlicher und umständlicher hätte behandeln können. Einem andern

proverbium faciat, aut non faciat, sed illi facere videatur, hunc protinus cavillabitur praeteritum a nobis. Principio, quis rogo tam arrogans, qui istud ausit profiteri? quis tam iniquus, ut exigat, in hujusmodi scripti genere, ne quis omnino praetereatur locus? Ut nihil non legeris, nihil non annotaris, nihil non apparaveris, ita ne statim in tam immensae rerum turba succurrit, quod oportuit, quoque oportuit loco?

Deinde quae tandem futura fuerat ista molesta diligentia, undecunque conquirere, quicquid quocunque modo poterat ad proverbii locupletationem accommodari? Quis tandem futurus fuerat voluminum, aut modus, aut finis, si *Sardonium risum*, ut hoc exempli causa ponam, explicans, totius hujus insulae descriptionem e Geographorum omnium libris repetere voluissem, loci situm, gentis antiquitatem, originem a capite, quod ajunt, usque ad calcem percensere? Deinde quae sit ejus herbae species, quae vis, quicquid apud ullum medicorum super hac litteris proditum inveniatur, in unum converrere? Ad haec qui risus ille gignatur, quibusque de causis appareat in moriente, ex physicorum sententia commemorare? Deinde quibus hoc risus genus aliquando fuerit familiare, ex omnibus historiarum monumentis perquirere? Tum autem, quam hic risus virum probum dedeceat. In summa quicquid de laudato aut illaudato risu legatur apud morales Philosophos, ac Poetas, id omne in eundem congerere acervum? Postremo si quod apopthegma, si quid urbane dictum, si quod memorabile factum, si quis apologus, si qua fabula, si qua sententia, si quid omnino vel affine, vel

mag beim Durcharbeiten der Autoren eine Stelle begegnen, die er als Sprichwort betrachten oder nicht als solches ansehen kann, während sie jenem nun wie ein Sprichwort erscheint; jedenfalls wird er sofort über mich herfallen, weil ich sie übersehen hätte. Bitte, wer wollte schon so anmaßend sein und das für sich in Anspruch zu nehmen wagen, wer wollte so unbillig sein zu verlangen, daß bei einem solchen literarischen Vorhaben keine Stelle übergangen werden könne? Man mag alles lesen, alles notieren, alles vorbereiten, wird dann etwa bei einem Vorhaben von solchem Ausmaß gleich an der richtigen Stelle das Richtige einfallen?
Welches Ausmaß hätte schließlich jene beschwerliche Sorgfalt annehmen müssen, überall zusammenzusuchen, was nur irgendwie der Bereicherung des Sprichworts hätte dienlich sein können? Welches hätte schließlich Maß und Ziel aller Bände sein sollen, wenn ich beispielsweise bei der Erklärung des *Sardonischen Lachens*[24] die Beschreibung der ganzen Insel (Sardinien) aus allen geographischen Handbüchern hätte aufwärmen wollen, wenn ich die geographische Lage, das Alter der Bevölkerung und die Herkunft, wie man so sagt, von Kopf bis Fuß[25] hätte vorführen wollen? Dann etwa auch peinlich genau zusammenzustellen, was für eine Art Kraut dort wächst, was es für eine Kraft besitzt, was in irgendeiner medizinischen Veröffentlichung darüber ausfindig zu machen ist? Dazu noch zu erwähnen, wie jenes Lachen hervorgebracht wird, warum es bei Sterbenden erscheint, die Meinung der Ärzte darüber in Erinnerung zu rufen; dann, wem dieses Lachen einst eigentümlich gewesen ist, und das in allen historischen Quellen hervorzukramen, aber auch wie sehr dieses Lachen einem wackeren Manne geziemt; alles in allem, was über geziemendes und ungeziemendes Lachen bei Moralphilosophen und Dichtern steht, auf ein und denselben Haufen zusammenzufegen; endlich jedes Apophthegma, jeden gewählten Ausspruch, jedes denkwürdige Vorkommnis, jeden Apologus, jede Erzählung, jede Sentenz, alles, was nur in etwa naheliegend oder

contrarium, quod ad explicationem adagionis utcunque trahi queat, id universum accumulare? Hoc propositi si mihi fuisset, quis non videt ex singulis adagiis singula volumina reddi potuisse?

Qui minus absurdum hoc, quam si proverbium, Ἰλιὰς κακῶν enarraturus, universum bellum Trojanum, *a gemino*, sicut ait Flaccus, *ovo*, pergam ordiri? aut explicaturus: Ὀδυσσείου μηχάνημα, universum Odysseae retexam argumentum? Deinde quam frequenter hic incidunt loci communes de morte, de vita, de amicitia, de simultate, de justo atque injusto? Sed inepte facio, qui eos recensere pergam, cum totidem pene numero sint, quot ipsa proverbia, quos haud magni negocii fuerat ita declamatoriis locupletare rationibus, ut singuli vel in voluminis magnitudinem fuerint exituri. At istam sane diligentiam, praeterquam quod ea stultissima futura fuerit, ne praestare quidem possit, qui scribit Chiliadas, neque ferre, qui legit. Itaque magis arbitratus sum, in hoc opere modum esse quaerendum mihi, quam copiam, exitum potius, quam progressum.

Quanquam si quid properantibus nobis velut obiter in mentem venit, quod et dignum cognitu videretur, et a proverbio non alienum, id quidem non sumus gravati, ceu auctarium adjicere. Denique sunt aliquot loci, cur enim non ingenue fatear? sed hi non admodum multi, in quibus et ipsi desideramus nonnihil, quos tamen non existimavimus omnino silentio praetereundos, tametsi nobis non usquequaque satisfacerent ea, quae super his apud auctores adhuc reperissemus, sed vel in hoc recensere visum est, ut aliis, quibus seu

entgegengesetzt ist und zur Auslegung des Adagiums überhaupt herangezogen werden könnte, das insgesamt auf einen Haufen zu bringen? Wenn ich das vorgehabt hätte, wer wollte dann bezweifeln, daß man aus den einzelnen Adagien ganze Bände hätte machen können?

Es wäre nicht weniger absurd, wenn ich bei der Behandlung des Sprichwortes Ἰλιὰς κακῶν (eine Ilias voll Weh)[26] den ganzen Trojanischen Krieg von *dem doppelten Ei* ab, wie Horaz[27] sagt, erzählen wollte? Oder wenn ich bei der Erklärung des Sprichworts Ὀδυσσείου μηχάνημα (die List des Odysseus)[28] den gesamten Stoff der Odyssee ausbreiten wollte? Dann, wie oft kommen hier Gemeinplätze vor über den Tod, das Leben, die Freundschaft, die Feindschaft, den Gerechten und den Ungerechten. Aber ich wäre ein Narr, wollte ich jene am laufenden Band aufzählen, wo ihrer ebenso viele sind wie Sprichwörter selbst, und es hätte keine große Mühe gemacht, sie so mit rednerischen Wendungen anzureichern, daß die einzelnen zum Umfang eines vollen Bandes anschwellen würden. Doch eine solche Gründlichkeit könnte, abgesehen davon, daß sie den Gipfel der Torheit darstellen würde, nicht einmal der gewährleisten, der zehntausend schreibt, und der Leser könnte sie nicht ertragen. Deshalb habe ich vielmehr geglaubt, ich sollte mir ein bestimmtes Maß vornehmen statt unbeschränkter Fülle und ein absehbares Ende statt eines ziellosen Ausuferns.

Immerhin habe ich keine Bedenken gehabt bei noch so großer Eile, das, was mir sozusagen zwischendurch einfiel, passend und interessant erschien und dem Sprichwort gedanklich nahestand, zusätzlich anzufügen. Schließlich gibt es einige Stellen (denn warum soll ich das nicht offen zugeben), allerdings nicht sehr viele, an denen wir selbst einiges vermissen, die wir aber dennoch nicht ganz mit Schweigen übergehen zu dürfen glaubten, obwohl uns das keineswegs ausreichend war, was wir über diese bisher bei den Autoren gefunden hatten. Trotzdem schien es uns angemessen, auch darüber etwas zu bringen, um anderen, die mehr Muße oder

plus est ocii, seu major librorum copia, seu memoria felicior, et uberior eruditio, diligentius vestigandi ministraremus occasionem, ipsi Comicum interim illud usurpantes: Οὐχ ὡς ϑελόμεϑα, ἀλλ' ὡς δυνάμεϑα.

Videbam et ordinem nonnullum induci posse, si similium, dissimilium, contrariorum, confiniumque rationem secutus, titulos quam plurimos proposuissem, et unumquodque proverbium velut ad suam classem retulissem. Verum hunc prudens omisi, partim quod in hujusmodi miscellaneis hoc ipsum mihi videretur, ne scio quo pacto decere, si nullus adsit ordo: partim quia videbam, si omnia ejusdem sententiae, velut in eandem classem infulsissem, futurum ut ex aequalitate lectori taedium oboriretur, ac subinde nauseans clamaret illud: Δὶς κράμβη ϑάνατος, καὶ ὁ Διὸς Κόρινϑός ἐστιν ἐν τῷ βιβλίῳ.

Partim quod me deterruerit magnitudo laboris. Cur enim mentiar? Perspiciebam id fieri non posse, nisi totum opus denuo a capite usque ad calcem retexuissem, neque cogitandum de editione, nisi jam supremum illum Colophonem addidissem, ut vere jam opus futurum fuerit Horatiano novennio. At nunc licuit etiam inter edendum adjungere, si quid occurreret indignum, quod praetermitteretur.

Porro autem, vix adducor, ut credam ullos tam iniquos futuros, quanquam et hos futuros arbitror, ut eloquentiam etiam exigant, primum ab homine Hollando, h. e. plus quam Boeoto (sed extra jocum) in opere, quod totum ac

mehr Literatur zur Verfügung oder ein umfassenderes Gedächtnis und reichhaltigere Bildung haben, Gelegenheit zu sorgfältigerer Nachforschung zu geben, wobei wir uns an das Wort des Komikers halten: Οὐχ ὡς θελόμεθα, ἀλλ' ὡς δυνάμεθα. (Nicht wie wir wollen, sondern wie wir können.)

Ich sah auch, daß eine gewisse Ordnung eingeführt werden könne, wenn ich nach Ähnlichkeit, Abweichung, Gegensatz, Verwandtschaft einteilen, möglichst viele Unterteilungen vorschlagen und jedwedes Sprichwort gleichsam klassifizieren würde. Dies habe ich wohlweislich unterlassen, einmal, weil es mir bei dieser Art Miszellaneen irgendwie angebracht erschien, auf jede Ordnung zu verzichten, dann, weil ich sah, daß den Leser das Gleichmaß des Aufbaus langweilen würde, wenn ich alles je nach Übereinstimmung im Sinngehalt in ein und dieselbe Gruppe hineinstopfen würde. Der Leser würde dann vor Langeweile stöhnen: Δὶς κράμβη θάνατος, καὶ ὁ Διὸς Κόρινθός ἐστιν ἐν τῷ βιβλίῳ. (Aufgewärmter Kohl ist Gift, *und* Korinthos, der Sohn des Zeus, ist in dem Buch.)[29].

Mag sein, daß mich auch das Ausmaß der Mühe abgeschreckt hat, das zu tun! Warum sollte ich auch lügen? Ich sah, daß ich so nicht verfahren könnte, ohne das ganze Werk von neuem vom Scheitel bis zur Fußsohle umzukrempeln. Dann hätte ich an eine Veröffentlichung nicht denken dürfen, bevor ich auch das allerletzte I-Tüpfelchen gesetzt hätte, und das heißt doch, daß ich das Werk erst hätte vollenden können innerhalb der berühmten neun Jahre des Horaz.[30] So aber kann ich nun auch während der Drucklegung des Werkes einschieben, was mir zufällig noch aufstößt und nicht ausgelassen werden sollte.

Ich kann außerdem kaum annehmen, daß man unbilligerweise, was allerdings auch nicht auszuschließen sein wird, stilistischen Glanz sogar von einem Holländer erwartet, also von einem Böoter, wie er im Buche steht, und dies – Scherz beiseite! – in einem Werk, das reines Lehrbuch für zwar

proprie sit ad docendum accommodatum, et ad docendum res, non illas quidem indignas cognitu, sed ita minutas atque humiles, ut non modo non flagitent orationis ornamenta, copiamque, verum etiam repellant ac repudient. In tam varia rerum consarcinatione, in tam assidua nomenclatura scriptorum etiam humilium, quae mihi docendi causa crassius etiam et pinguius erat adhibenda, in tam frequenti Graecanici sermonis interjectione, in tam crebra traductione, quis erat splendori locus, qui nitor, quae aequabilitas, qui fluxus orationis esse poterat? M. Tullius non requirit eloquentiam a Philosopho, et quisquam eam requirat a paroemiographo? Seneca nusquam desiderat eam, nisi cum parvo constat, cum ultro adest: ut res magnas magnifice prosequatur: at hic affectare Rhetorum supellectilem, obsecro, quid aliud erat? quam quod ajunt: ἐν τῇ φακῇ μύρον; Et, τῶν πυγμαίων ἀκροθίνια κολόσσῳ ἐφαρμόζειν, ut ne dicam, τὴν χύτραν ποικίλλειν. Me quidem, quanquam in aliis non aspernor, nunquam magnopere coepit eloquentiae studium, sed nescio quo pacto magis semper arrisit cordata, quam picta fucis oratio, dum absint sordes, dum mihi sententiam animi non incommode repraesentet. Quod si qua nobis dicendi virtus aliquando comparata fuisset, eam necessum erat, in tam diutina, tam varia, tam tumultuaria Graecorum et Latinorum auctorum evolutione perire. Quandoquidem ubertas haec, vel Tullio teste, brevi etiam intermissiuncula solet sterilescere.

Tum si res ipsa maxime reciperet ornamenta dicendi, ne vacabat quidem. Quin omne tempus tot evolvendis libris, tot annotandis locis, tot rebus memoria complectendis

wissenswerte, aber doch so anspruchslose und schlichte Gegenstände ist, die für eine gezierte, wortreiche Wiedergabe nicht nur ungeeignet sind, sondern sie geradezu verbieten. Wo es sich doch um buntes Flickwerk handelt und ständig eine Revue auch unbedeutender Schriftsteller vorgeführt wird, wie hätte ich mich da mit schwülstigem Rednerpomp produzieren sollen, bei so häufigen Einschüben in griechischer Sprache und bei so vielen Übersetzungen? Wo wäre da Platz gewesen für Glanz, Lebhaftigkeit und Ebenmaß der Diktion in flüssiger Darstellung? Cicero verlangt keine Beredsamkeit vom Philosophen, und da wollte sie jemand vom Sprichwortsammler verlangen? Seneca erwartet sie nirgendwo, sofern sie nicht unaufwendig und ungezwungen erscheint und auf bedeutende Gegenstände zielt. Aber hier den rhetorischen Apparat zu bemühen, bitte, was wäre das anders als das genannte ἐν τῇ φακῇ μύρον (Salböl in ein Linsengericht) und τῶν πυγμαίων ἀκροθίνια κολόσσῳ ἐφαρμόζειν (das Feinste dem Koloß der Pygmäen anpassen) *oder*, um nicht zu sagen τὴν χύτραν ποικίλλειν (den Topf zu bemalen).[31] Obwohl ich sie bei anderen Gegenständen nicht verachte, hat mich der Eifer in der Eloquenz nie sonderlich gepackt, und irgendwie hat mich immer eine herzhafte Ausdrucksweise mehr angesprochen als eine aufwendig gezierte, nur muß sie von groben Verstößen frei sein und mir den wahren Sinn einprägsam ausdrücken. Hätten wir uns irgendwo um Glanz der Diktion bemüht, wäre sie notwendigerweise an dem tagtäglichen emsigen Wälzen so unterschiedlicher griechischer und lateinischer Autoren kläglich gescheitert. Cicero bestätigt es ja selbst, daß eine bewußt wortreiche Darstellung schon bei der kleinsten Unterbrechung stockt.

Wenn die Sache selbst auch noch so sehr nach rednerischem Schmuck verlangt hätte, hatte ich doch keine Muße dazu. Die Zeit, die ich auf das Durchlesen so vieler Bücher, auf die Sammlung so vieler Stellen und auch auf die Vergegenwärtigung so vieler Sachverhalte in meinem Gedächtnis verwen-

angustum etiam erat. Quanquam haec ipsa verbis non omnino malis efferre, nonnullam, opinor, eloquentiae partem existimabit is, cui vere cognitum fuerit, quid sit eloquentia. Nihil enim moror istos quosdam eloquentiae pene dixerim simios, qui dicendi virtutes inani quodam ac puerili vocum tinnitu metiuntur, atque ubi multorum denique dierum lucubratione unum aut alterum flosculum suis intertexuerint scriptis, et quatuor e Cicerone, ac totidem e Sallustio voculas adsperserint, protinus apicem Romanae facundiae assecutos se credunt. Tum displicet divi Hieronymi stilus, tum putet Prudentius, tum elingue, mutum, infans esse videtur, ubicunque non viderint quatuor illas M. Tullii voculas. His si quando factum esset periculum, quid sit hujusmodi, sicut videntur, nugas libris prosequi, fortassis et suam agnoscerent infantiam, et alienam eloquentiam minus impudenter contemnerent. Sed dixerit mihi quispiam monitor haud aspernandus: Atqui hoc ipsum elegans erat, artificio dicendi rebus minutis nonnihil amplitudinis addere, humilibus adjungere dignitatis aliquid, et, ut inquit Virgilius:

*Exiguis hunc addere rebus honorem.*

Neque vero non vacasset, si modo separasses colligendi et expoliendi operam, ac justum his rebus temporis spacium impertisses. Quae necessitas erat, ut juxta Plautinum dictum, *simul et sorberes et flares?* Quis adegit, ut praecipitares editionem? et opus tam ingens, tam operosum, ut ita dixerim, sesquianno perficeres, perfectum statim evulgares? Quod si Flacco praeceptum secutus, vigilias tuas in nonum pressisses annum, fieri poterat, ut non solum eloquentiae

den mußte, war nämlich trotz allem noch zu knapp. Bemüht man sich, diese Dinge einigermaßen treffend darzustellen, dann ist das für den, der weiß, was Schriftstellerei ist, wie ich meine, schon eine schriftstellerische Leistung. Mich kümmern nämlich nicht im geringsten jene, beinahe hätte ich gesagt: Affen der Beredsamkeit, die das schriftstellerische Können nach leerem, kindischem Wortgeklingel beurteilen, die, wenn sie nach tagelanger Mühe schließlich und endlich die eine oder andere Floskel unter ihr Geschreibsel gemengt haben, die, wenn sie es mit vier Wortfetzen aus Cicero und ebenso vielen aus Sallust besprengt haben, gleich meinen, sie hätten den Gipfel der lateinischen Redekunst erreicht. Dann mißfällt der Stil des hl. Hieronymus, Prudentius ist verrufen, alles gilt als unbeholfen, wertlos und sprachunkundig, was nicht die vier ciceronischen Wortfetzen enthält. Würden diese Leute einmal erwägen, was es wert ist, solchen offenbaren Nichtigkeiten in Büchern nachzujagen, würden sie vielleicht ihre kindische Einstellung erkennen und auf den Stil anderer nicht so anmaßend herabsehen. Aber es könnte ein angesehener Kritiker mahnen, es sei doch auch schriftstellerische Leistung, unbedeutenden Sachverhalten mit gehobener Ausdrucksweise mehr Ansehen zu verleihen, schlichten Gegenständen etwas Würde zu geben und, wie Vergil[32] sagt,

*kleinen Dingen Ehre zu erweisen.*

Sicher, ich hätte Zeit dazu gehabt, wenn man die Mühe des Sammelns und die Aufgabe des Gestaltens getrennt und für diese Vorhaben jeweils die angemessene Zeit aufgewandt hätte. Welche Notwendigkeit gab es denn, nach dem Wort des Plautus[33], *in einem Zuge zu fressen und zu furzen*? Wer zwang uns denn, die Ausgabe zu überstürzen, ein so ungeheures und mühsames Werk in fast nur anderthalb Jahren zu vollenden und das kaum vollendete gleich zu veröffentlichen? Hättest du dich nach der Weisung des Horaz[34] gerichtet und neun Jahre Tag und Nacht daran gearbeitet, hättest du sicher nicht nur schriftstellerischen Glanz ange-

gratiam adjungeres, verum etiam ut et copiosius et emendatius opus in lucem exiret, nec esset, cujus te poeniteret, nec cui quicquam apponi velles. Alioquin aut non oportuit suscipere provinciam, aut erat susceptae per omnia satisfaciendum.

Hic ego profecto, neque enim mihi moris est refragari veris, nonnullam culpae partem agnoscam necesse est. Neque enim me clam erat, opus hoc requirere, non Theologum hominem, qui litteras antiquas leviter, ac veluti praetercurrens degustasset, sed qui vitam omnem evolvendis, interpretandis, excutiendis id genus auctoribus contrivisset, cuique non tantum immorari, sed immori quoque studiis hujusmodi licuisset. Plane perspiciebam, hunc laborem nec unius esse hominis, nec unius bibliothecae, nec paucorum annorum, quem nos soli, nostroque, ut ajunt, Marte brevius sesquianno absolvimus, una duntaxat adjuti bibliotheca, nimirum Aldina, copiosissima quidem illa, quaque non alia bonis libris, praecipue Graecis, instructior; ut ex qua, ceu fonte, omnes bonae bibliothecae per omnem usque orbem nascuntur ac propagantur. Itaque locupletissima quidem, non diffiteor, sed tamen una.

Verum est, quo culpam hanc, si non purgare, certe minuere possim: primum quod olim me ad hoc muneris suscipiendum non tam incitavit ratio, quam induxit casus, et amicorum preces impulerunt, quibus equidem cum nec alias unquam magnopere repugnare possim, tum vero Maecenas ille meus Guilielmus Montiojus, inter aulae Britannicae Pro-

bracht, sondern das Werk wäre auch gehaltvoller und einwandfreier herausgekommen, und du hättest dich nicht schämen noch irgendeine Stelle vermissen müssen. Entweder man hätte diese Aufgabe nicht übernehmen oder ihr in allem gerecht werden müssen, wenn man sie schon auf sich genommen hat.

Hier muß ich wirklich – denn es ist nicht meine Art, der Wahrheit auszuweichen – einen Teil Schuld auf mich nehmen. Es war mir nämlich nicht verborgen, daß diese Aufgabe nicht von einem Theologen mit nur oberflächlichen Kenntnissen der antiken Literatur geleistet werden könnte, sondern nur von einem, der sein ganzes Leben mit der Lektüre, Auslegung und Durchforschung dieser Autoren verbracht hätte, dem es nicht nur möglich gewesen wäre, bei diesen Studien eine Zeitlang zu verweilen, der sich vielmehr bis an sein Lebensende auf diese Aufgabe konzentriert hätte. Mir war es völlig klar, daß das keine Arbeit für einen einzelnen Menschen wäre, keine Arbeit, die mit Hilfe einer einzigen Bibliothek erledigt werden könnte. Es hätte zudem nicht in wenigen Jahren abgeschlossen werden dürfen, was wir allein auf gut Glück in weniger als anderthalb Jahren geleistet haben. Nur *eine* Bibliothek stand uns zur Verfügung, doch das war immerhin die überaus reichhaltige Bibliothek des Aldus, die keine andere an guten Büchern, vor allem an griechischen übertrifft. Sie ist wie eine Quelle, auf die alle guten Bibliotheken überall in der Welt ihre Entstehung und ihren Ausbau zurückführen. Daher ist sie zwar die reichhaltigste, aber, ich will das nicht leugnen, eben doch nur eine.

Es gibt allerdings etwas, womit ich diese Schuld zwar nicht abwaschen, doch wenigstens vermindern kann: zunächst einmal hat mich zu diesem Unternehmen nicht so sehr eine bewußte Überlegung verleitet. Es war vielmehr ein Zufall, der mich darauf brachte: Freunde baten mich inständig, denen ich auch sonst kaum etwas abschlagen kann. Vor allem war es mein Mäzen, der am englischen Hof hochange-

ceres eximius, hoc a me contendebat, sic meritus, sic carus, ut omnia mihi posthabenda ducam, quoties illius mos gerundus est voluntati. Quod si Philosophorum etiam dogmata concedunt, ut in gratiam amicorum nonnunquam aliquantulum a recto deflectamus, mihi dandam esse veniam arbitror, qui dum tanto amico gratum facere studeo, provinciam suscepti pulcherrimam quidem illam, sed mihi fortasse non perinde aptam, praecipue cum viderem eruditorum neminem hoc negocii capessere: non quod impares sese judicarent, ut equidem opinor, sed quod vigilias illas immensas viderent, atque refugerent, maxime cum intelligerent gloriae proventum laboribus minorem futurum.

Deinde cum videremus hanc esse operis suscepti naturam, ut ipsum in se nullum haberet modum, videlicet necessum habuimus modum illius, non ipsius ratione, sed nostris occupationibus meriti, ut tantum impenderemus operae, non quantum postulat, sed quantum a nostris studiis citra vitium decidere posse videbamur. Itaque paulo festinantius absolvimus, partim quod in hoc opere nobis veluti peregrinari videremur: partim quo liceret his absolutis, toto pectore reverti ad ea, quae nostrae sunt propria professionis, quaeque ad menses aliquot intermisimus, amici voluntatem magis, quam nostrum judicium secuti.

Quanquam Horatiano praecepto non ita valde commoveor. Hoc enim ille praecepit iis, qui ad ingenii laudem scriberent. Nos praeter utilitatem lectoris nihil spectavimus. Praecepit iis, qui carmen conscriberent, in quo, teste Plino, summa

sehene Wilhelm von Montjoy. Er drängte mich zu diesem Unternehmen. Da er sich so sehr um mich bemüht hat und ich ihn schätze, meinte ich alles zurückstellen zu müssen, sobald es darum ging, ihm einen Gefallen zu tun. Sogar nach der Lehre der Philosophen ist es uns doch erlaubt, Freunden zuliebe gelegentlich ein wenig vom rechten Wege abzuweichen, und so glaubte ich, es mir verzeihen zu können, wenn ich einem solchen Freunde zulieb eine so überaus schöne, aber vielleicht doch etwas über meine Kräfte gehende Aufgabe übernähme. Ich glaubte mich um so mehr dazu berechtigt, weil ich keinen Gebildeten sich an diese Arbeit wagen sah, nicht etwa weil sie sich außerstande fühlen würden, wie ich meine, sondern weil sie jene unabsehbare Nachtarbeit vor sich sahen und scheuten, vor allem aber, weil sie merkten, daß dieses Geschäft viel weniger Ruhm als Mühsal bringen würde.

Da wir nun feststellten, daß diese Aufgabe ihrer Art nach zwangsläufig unbegrenzt sein würde, hielten wir es für notwendig, sie nach unseren sonstigen Verpflichtungen und nicht nach dem Gesetz der Sache selbst zu begrenzen, also nicht soviel Mühen darauf zu verwenden, wie sie an sich erfordert hätte, sondern soviel wir von unseren (sonstigen) Studien erübrigen könnten, ohne etwas schuldig zu bleiben. Daher haben wir das Werk in etwas allzu großer Eile abgeschlossen, einmal weil wir uns dabei wie auf einem Abstecher vorkamen, dann weil sich nach Vollendung dieses Werkes die Aussicht bot, uns mit ganzem Herzen wieder dem zuzuwenden, was unsere eigentliche Aufgabe ist, die wir mehrere Monate unterbrochen haben, mehr aus Willfährigkeit gegen den Freund als aus eigenem Entschluß.

Trotzdem lasse ich mich durch das Wort des Horaz nicht allzu sehr erschüttern. Er richtet es nämlich an Leute, die der künstlerische Ehrgeiz zum Schreiben drängt. Wir haben nichts im Auge gehabt als den Nutzen des Lesers: Er richtet es an diejenigen, die ein Gedicht schreiben, wobei ja nach

desideratur eloquentia, nos *Adagiorum commentaria* colligimus. Denique novennem istam curam, quam tamen nec ipse praestitit in carmine, fortassis praestiterit aliquis in Centuria. Verum eandem in Chiliadibus, tum perquam arduum esse videatur praestare, tum requirere parum humanum, cum hoc ipsum abunde laboriosum sit, vel, scribere Chiliadas, ut ne adjungas toties mutandi laborem, qui priore videtur non paulo difficilior. Quanquam equidem arbitror curam, quam requirit Horatius, non temporum spaciis, sed intentione metiendam esse. Qua quidem de re vere possum affirmare, me summis annixum viribus, ut quod tempori detractum videretur, id vigilantia atque assiduitate studii pensarem, ut sperem candidos lectores nec hanc partem omnino desideraturos. Nam si spacii rationem habeas, praecipitavimus opus: si noctes diesque infatigabili studio desudatas aestimes, maturavimus. Quod si non modis omnibus nostra cura respondet operi, illud certe constabit, me, quicunque unquam de Proverbiis conscripsere, vel apud Graecos, vel apud Latinos, loquor de iis, quorum exstant Commentarii, diligentia non mediocri spacio praecessisse.
Postremo quoniam et infinitum est opus, et ad communem utilitatem paratum, age quid vetat, quo minus operam partiti, communi studio perficiamus? Ego meum persolvi pensum, et fessus lampada trado. Succedat, qui vices operis excipiat. Ego sylvam ministravi, non omnino, sicut opinor, malignam, accedant, qui dolent, qui perpoliant, qui variegent. Ego partem eam absolvi, in qua plurimum fuit laboris,

dem Zeugnis des Plinius[35] höchste sprachliche Kunst verlangt wird: Wir haben lediglich *Adagien gesammelt* und aufgezeichnet. Vielleicht mag einer schließlich jene neunjährige Sorge, die er doch selbst nicht in einem Gedicht beachtet hat, bei hundert walten lassen. Dasselbe aber bei Tausenden Adagien leisten zu wollen, mag doch allzu anspruchsvoll erscheinen; es zu verlangen, ist unmenschlich. Allein Tausende zu schreiben ist reichlich mühsam, ohne daß man die textkritische Arbeit hinzurechnet, die so oft ansteht und noch bedeutend schwieriger ist als die des Schreibens. Immerhin glaube ich auch, daß die Sorgfalt, die Horaz erwartet, nicht nach der Zeit, sondern nach der Anstrengung zu messen ist. Was das angeht, kann ich wirklich versichern, daß ich mich mit aller Kraft bemüht habe, das, was an zeitlichem Aufwand anscheinend gespart wurde, durch Wachsamkeit und unablässige Konzentration auszugleichen, so daß ich hoffen darf, aufmerksame Leser werden auch diese Leistung gar nicht vermissen. Wenn Du nämlich mit dem Kalender mißt, haben wir das Werk übereilt; wenn Du allerdings die unermüdliche schweißtreibende Tag- und Nachtarbeit wertest, haben wir es reifen lassen. Wird nun unsere Anstrengung die Anforderungen nicht voll erfüllen, steht doch zumindest fest, daß ich alle erheblich an Sorgfalt übertroffen habe, die jemals bei den Griechen oder Römern über Sprichwörter geschrieben haben. Ich spreche von denen, deren Sammlungen wir noch besitzen.

Schließlich, da das Werk nicht abgeschlossen, aber für den allgemeinen Nutzen bestimmt ist, was hindert uns, die Arbeit mit anderen zu teilen und es in gemeinschaftlicher Bemühung zu vollenden? Ich habe mein Pensum erledigt und gebe (amts)müde die Fackeln weiter.[36] Nun kann einer kommen, der die Aufgabe weiterführt. Ich habe, wie ich glaube, durchaus kein kleines Stück Wald kultiviert. Sollen nun diejenigen antreten, die einschlagen, verschönern und Abwechslung hineinbringen. Ich habe den Teil der Arbeit geleistet, der am meisten Mühe macht und am wenigsten

gloriae minimum: non pigeat alios adjungere, quod et facillimum erit et splendidissimum. Mea nihil refert quocunque nomine legatur, non laborabo, penes quemcunque summa gloriae futura est, modo nos occasionem dederimus, ut ad studiosos tanta manarit utilitas. Neque vero vel tantillum offendar, si quis nostra castigabit eruditior, locupletabit diligentior, digeret exactior, illustrabit eloquentior, expoliet ociosior, vindicabit felicior, dum id cum publica studiosorum commoditate fiat, quam unam usque adeo spectavimus in hoc opere, ut nostri nullam rationem habuerimus. Alioqui poteram et ipse, quod plerique faciunt, ejusmodi laborem diligere, qui longe minoribus sudoribus mihi constitisset, idemque longe majorem gloriae fructum attulisset. Quis enim non judicasset egregium ac magnificum facinus, si totum Demosthenem, aut Platonem, aut alium aliquem hujusmodi Latinis auribus tradidissem? Atqui dictu difficile sit, quanto minore temporis, vigiliarum, oleique impendio munus hoc conficere cuisset, quam has, sicuti videntur, nugas congerere. Poteram ex tanto numero duas aut treis centurias mihi deligere, atque in his expoliendis, locupletandis, elimandis, omneis ingenii nervos intendere, non paulo minore laborum semente, multo tamen uberiorem famae messem mihi paraturus. Verum hoc fuerat meum privatim, non publicum studiosorum agere negocium. Atqui, sicut ego quidem arbitror, oportet in restituenda literaria re *ani-*

Ruhm einbringt. Es sollte sich also keiner scheuen, das hinzuzufügen, was kinderleicht auf Hochglanz gebracht wird. Mir macht es nichts aus, unter wessen Namen man (es) liest. Ich werde nicht peinlich darauf achten, wer den größten Ruhm haben wird, sofern wir nur Gelegenheit bieten, daß die Studierenden möglichst umfassend in den Genuß der Sache kommen. Ich werde nicht einmal den geringsten Anstoß daran nehmen, wenn jemand mit größerer Sachkenntnis unsere Leistung kritisiert, mit größerer Sorgfalt die Sammlung erweitert, wenn er sie übersichtlicher einteilt, sie wortreicher erläutert, umständlicher herausputzt und mit glücklicherer Hand zuordnet, nur sollte sie für die Studierenden bequem zugänglich bleiben. Darauf allein haben wir bei unserer ganzen Arbeit bisher geachtet und die eigene Person dabei gar nicht ins Spiel gebracht.

Im übrigen hätte ich auch gekonnt, was die meisten machen, und mir eine Arbeit ausgesucht, die mir weit weniger Mühe verursacht und weit größeren Ruhm eingebracht hätte. Wer hätte es nämlich nicht für eine vorzügliche und großartige Arbeit gehalten, wenn ich den ganzen Demosthenes oder Platon oder einen andern vergleichbaren ins Lateinische übersetzt hätte? Es möchte aber schwer sein zu sagen, in wieviel weniger Zeit, in wieviel weniger Nachtarbeit bei Lampenlicht man die Aufgabe hätte durchführen können im Vergleich zu meiner nach mancher Leute Meinung nichtigen Sammelei. Ich hätte mir auch aus diesem so großen Vorrat zwei- oder dreihundert aussuchen und die ganze Kraft meines Geistes darauf verwenden können, sie eindrucksvoller herauszuputzen und zu stilisieren, wobei ich sicher nicht weniger Arbeit aufgewandt, aber eine viel reichere Ernte an Ruhm eingebracht hätte. Das wäre dann allerdings mein Privatvergnügen und kein Geschäft zum allgemeinen Nutzen der Studierenden. Ich bin aber überzeugt, daß man, um das literarische Leben zu erneuern, die *Gesinnung eines Herkules* haben muß, d. h. man darf sich um keinen Preis

*mum Herculanum* praestare, h. e. nullo tuo incommodo a communi utilitate curanda vel deterreri, vel defatigari.
Sed his de rebus plus satis, ac jam dudum vereor, ne quibus *Herculani laboris* instar esse videatur, hunc tam prolixum sermonem, in quem nos *Herculani laboris* adagium induxit, perlegere. Quare finem faciam, sed si illud addidero, cum haec primum ederentur, me *labores* omneis *Herculeos* superasse.
Siquidem ille semper alias invictus, duobus simul monstris par esse non potuit. Itaque fugiens, proverbium nobis relinquere maluit, quam Martem experiri, satius esse ducens, rideri incolumen, quam laudari exstinctum.
Nobis autem eodem tempore cum duobus monstris immanibus fuit congrediendum, quorum utrumvis tantum habebat negocii, ut multos Hercules requireret, tantum abest, ut unicus homuncio duobus par esse possit. Nam Basileae simul typis excudebantur Adagiorum Chiliades, sic emendatae, locupletataeque, ut non minoris mihi constiterit instauratio, quam prior editio, quam Venetiae apud Aldum Manutium peregimus. Et universae divi Hieronymi lucubrationes, e quibus ut maximam, ita difficillimam quoque partem mihi proprie sumsi, nempe, libros Epistolares, haud levem, per Musas, provinciam, si cui tantum voluminum vel evolvendum modo sit. Nunc, Deum immortalem! quam gravis cum mendarum portentis, quibus illic scatebant omnia, mihi fuit lucta? Quanto sudore reponenda Graeca, quae vir ille passim admiscet? Nam ea plerumque vel deerant, vel perperam erant addita. Neque vero mediocribus mihi vigiliis constiterunt qualiacunque illa Scholia, quae cum suis argumentis adjecimus, non solum ob id, quod in re primum a

von der Sorge um den öffentlichen Nutzen abbringen oder darin müde machen lassen.

Doch genug davon. Ich fürchte allmählich, daß es eine *herkulische Last* sein mag, diesen weitschweifigen Sermon zu lesen, zu dem uns das Adagium über die *Mühen des Herkules* verleitet hat. Ich will also Schluß machen und nur noch sagen, daß ich alle *Mühen des Herkules* hinter mir gelassen hatte, als das Buch zum ersten Mal im Druck erschien.

Wenn Herkules auch bis dahin unbesiegt blieb, zwei Ungeheuer konnte er nicht auf einmal bezwingen. Deshalb machte er sich davon und hielt es für richtiger, uns das Sprichwort zu hinterlassen, als die Probe aufs Exempel zu machen.[37] Er zog es nämlich vor, lebendig ausgelacht als umgebracht und gelobt zu werden.

Zu derselben Zeit hatten wir uns mit zwei ungeschlachten Monstren herumzuschlagen, von denen jedes soviel Anstrengung verlangte, daß viele Herkulesse dazu nötig gewesen wären, geschweige denn, daß *ein* kümmerliches Menschlein beiden hätte standhalten können. Denn in Basel wurden die »Adagiorum Chiliades« gedruckt, in so verbesserter und erweiterter Fassung, daß mir die Neubearbeitung nicht weniger Mühe bereitete als die erste Ausgabe, die wir in Venedig bei Aldus herausgebracht hatten, gleichzeitig mit sämtlichen Werken des hl. Hieronymus, von denen ich den größten und zugleich schwierigsten Teil selbst übernommen hatte, nämlich die Bücher der Briefe. Bei den Musen, das war keine leichte Aufgabe, allein im Hinblick auf die Zahl der Bände, die durchzulesen waren. Wie gewaltig war sie aber, beim unsterblichen Gott, im Hinblick auf die unheimlich vielen Fehler, von denen es nur so wimmelte! Wie mühsam war es, die griechischen Wendungen wiederherzustellen, die der Mann überall hineinflickt. Meistens fehlten sie nämlich, oder sie waren falsch eingefügt. Kaum weniger Nachtarbeit verursachten mir alle jene Scholien, die wir mit ihren Nachweisen hinzugefügt haben, nicht nur weil wir bei

nobis tentata non esset, quem sequerer, cujus inventis adjuvarer, verum etiam quod, ut Romulum narrant non minus magnificum fuisse suorum facinorum ostentatorem, quam rerum egregiarum gestorem. Ita divus Hieronymus, ut divitem quandam ex omni disciplinarum et auctorum genere constructam penum habuit in pectore: ita nemo doctrinae suae opes in scriptis ambitiosius, ut ita dicam, ostentat. Adeo sancta quadam gloria, quicquid in vetere, quicquid in novo instrumento retrusum, quicquid in fabulis, in historiis, quicquid in Graecis, quicquid in Hebraicis Litteris exquisitum, id objicit, infulcit, inculcat. Jam in ordine digerendo, qui varie a diversis erat confusus, et si nulla est ingenii laus, tamen haud parum fuit molestiae. Tanta rerum moles huic homuncioni sustinenda fuit, et quidem uni. Nisi quod in vocibus aliquot Hebraicis, quod eas litteras leviter, ac primoribus modo, quod dici solet, labris degustassemus, Brunonis Amerbachii, doctissimi pariter ac modestissimi juvenis, opera sumus nonnihil adjuti. Cui vicissim reliquam hujus operis portionem exsequenti, in Graecis ac Latinis restituendis locis aliquot adfuimus, operam opera pensantes. Ut ne commemorem interim, nonnihil fuisse negocii, ut quae Hieronymianis lucubramentis falso titulo fuerant admixta, partim erudita, partim juxta indocta et infantia, nonnulla dementiae quoque speciem prae se ferentia, certis conjecturis, ceu vestigiis quibusdam deprehenderemus, atque exempta, suis redderemus locis. Dein ut hominis sanctissimi vitam, ab aliis non vanissime modo, verum etiam insulsissime proditam, ex omnibus ipsius monumentis colligeremus.

diesem Vorhaben keinen Vorgänger hatten, dem ich folgen konnte und dessen Einfälle mir geholfen hätten, sondern auch weil Hieronymus in etwa dem Romulus gleicht, d. h. er weiß, was er Bedeutendes getan hat, auch eindrucksvoll darzustellen. Wie nun der hl. Hieronymus eine solche Präsenz aus allen Wissensgebieten und Autoren hatte, kann auch niemand die Schätze seiner Gelehrsamkeit in seinen Schriften sozusagen anspruchsvoller vorführen. Mit einer Art heiligen Eifers stellt er aus, stopft hinein und drängt uns auf, was im Alten oder Neuen Testament sich an einer abgelegenen Stelle findet, was in Erzählungen oder historischen Darstellungen irgendwo in der griechischen oder hebräischen Literatur nur aufzufinden ist. Wenn auch mit der Anordnung der Schriften, die auf unterschiedliche Art von verschiedenen Autoren verwirrt worden war, kein Lob für künstlerische Leistung zu ernten ist, hat das doch nicht wenige Schwierigkeiten gemacht. Diese Bürde[38] hatte ich kümmerliches Menschlein ganz allein zu bewältigen. Außerdem haben wir in der hebräischen Sprache, die wir nur in den Anfangsgründen kennen, beträchtliche Unterstützung von dem hochgelehrten und sehr bescheidenen jungen Bruno Amerbach erfahren. Umgekehrt haben wir ihn, der die Herausgabe des restlichen Teiles der Werke besorgte, bei der Herstellung der griechischen und lateinischen Texte unterstützt und so Mühe mit Mühe vergolten. Ich will nicht besonders erwähnen, daß auch eine gewisse Schwierigkeit bereitete, daß einiges unter falschem Titel in die Schriften des Hieronymus geraten war. Manches davon war gelehrter Natur, manches fast platt und läppisch, einiges offenbar sinnlos. Wir haben entsprechend Konjekturen gemacht und in einigen Fällen die Herkunft festgestellt und, sofern wir es identifizieren konnten, es an die rechte Stelle gebracht. Dann haben wir das Leben dieses hochheiligen Mannes, das von einigen Leuten nicht nur sehr vage, sondern auch höchst simpel überliefert war, aus allen seinen eigenen Zeugnissen zusammengestellt.

Adde jam, quod hujusmodi laborum ea ratio est, ut fructus et utilitas ad omnes perveniat, molestiam nemo sentiat, nisi unus ille, qui sustinet. Neque enim illud animadvertit lector, qui totos libros inoffensus decurrit, nobis aliquoties ad unam voculam dies aliquot resistendum fuisse. Nec intelligit, aut si intelligit, certe non meminit, quantis difficultatibus nobis constiterit illa, qua legens fruitur, facilitas, quantisque molestiis ea molestia sit adempta caeteris. Proinde soleo et ipse mihi quarta luna videri natus, cui nescio quo fato contigit, in hujusmodi plusquam *Herculaneos labores* incidere.

## *Festina lente.*

Σπεῦδε βραδέως, i. e. *Festina lente.* Proverbium hoc non invenustam aenigmatis speciem prae se fert, propterea quod constat ex verbis inter sese pugnantibus. Ideoque referendum est ad eam formam, quam in operis hujus initio demonstravimus, nimirum eorum, quae per ἐναντίωσιν, i. e. *contrarietatem* efferuntur. Quod genus est illud, δυσδαίμων εὐδαιμονία, i. e. *infelix felicitas.* Nec absurde mihi conjectasse videatur, si quis effictum existimet ex eo, quod est apud Aristophanem in Equitibus, σπεῦδε ταχέως, i. e. *Propera propere*, ut allusor, quisquis is fuit, τὴν ἀναδίπλωσιν in ἐναντίωσιν commutarit. Ad hunc autem figurae colorem, atque ad hanc allusionis facetiam, non mediocrem gratiam adjungit tam commoda, tamque absoluta brevitas,

Nimm nun hinzu, daß es zu der Eigenart solcher Arbeiten gehört, wenn ihr Ertrag und Nutzen allen zugute kommt, ihre Beschwerlichkeit aber nur der eine spürt, der sie auf sich genommen hat. Auch das bemerkt der Leser nicht, der die ganzen Bücher durchliest, ohne zu bemerken, daß wir manchmal bei einem einzigen Wort tagelang anhalten mußten. Er vermag auch nicht einzusehen oder, wenn er es einsieht, stellt er es sich zumindest nicht vor, wie viele Beschwernisse uns jene Leichtigkeit verursacht hat, die der Leser genießt, mit welchen Anstrengungen den anderen die Anstrengung erspart wurde. Ich komme mir deshalb immer so vor, als wäre ich im vierten Viertel des Mondes[39] geboren, als sei ich vom Schicksal für die Bewältigung von Aufgaben ausersehen, die sogar die *Kräfte eines Herkules* übersteigen.

## *Eile mit Weile.*[1]

Σπεῦδε βϱαδέως, d. h. *Festina lente* – Eile mit Weile. Dieses hübsche Sprichwort hat einen rätselhaften Charakter, weil es aus einander widersprechenden Worten besteht. Es muß deshalb zu jenen Wendungen gezählt werden, die wir zu Beginn dieses Werkes erwähnt haben, d. h. zu solchen, die durch ihre ἐναντίωσις, d. h. *ihre Gegensätzlichkeit* auffallen. Zu dieser Art gehört das Wort von der δυσδαίμων εὐδαιμονία, d. h. *Glück im Unglück.* Die Vermutung, daß es aus dem Wort des Aristophanes in den *Rittern* σπεῦδε ταχέως, d. h. *Spute dich schnell!*[2], entstanden sei, scheint mir gar nicht so dumm. Wer auch der Witzbold gewesen sein mag, er hat so τὴν ἀναδίπλωσιν (Verdopplung) in ἐναντίωσιν (Gegensätzlichkeit) umgewandelt. Die bequeme und vollendete Kürze bringt zu dieser farbigen Bildhaftigkeit der Wendung und zum Witz der Anspielung ein erhebliches Maß an Eingängigkeit, eine gute Dosis Charme. Das aber,

quae et ipsa velut in gemmis, itidem et in adagiis, nescio quo modo peculiariter decere mihi videtur, et ad precii miraculum facere.

Etenim si vim ac sententiam aestimes, quam haec tam circumcisa vocum brevitas in se complectitur, quam sit foecunda, quam gravis, quam salutaris, quam ad omnem vitae rationem late patens, profecto facile discesseris in hanc sententiam, ut in tanto proverbiorum numero non arbitreris ullum aliud esse perinde dignum: quod omnibus incidatur columnis: quod pro templorum omnium foribus describatur: et quidem aureis notis: quod in principalium aularum valvis depingatur: quod primatium inscalpatur annulis: quod regiis in sceptris exprimatur: denique quod omnibus ubique monumentis repraesentetur, propagetur, celebretur, ut quod tantopere expediat semper cujusque obversari animo, quod nusquam non occurrat oculis, nulli quidem mortalium, non maximo futurum usui, praecipue tamen Principibus, et iis, quibus, ut verbis dicam Homericis:

Λαοί τ'ἐπιτετράφαται καὶ τόσσα μέμηλε,

i. e. *Commissi populi, ac tam multa negocia curae.*

Quandoquidem a plebeiae sortis hominibus, si quid forte sit vel praetermissum socordia, vel admissum temeritate, quemadmodum jactura levior, ita et incommodum, quod acceptum est faciliore remedio sarcitur. At vero Principis vel unica cessatio, semelve praecipitatum consilium, Deum immortalem, quas tempestates nonnunquam excitat, quantas rerum humanarum ruinas secum trahit? Rursum, si adsit τὸ σπεύδειν βραδέως, h. e. *maturitas quaedam ac moderatio simul ex vigilantia lentitudineque temperata*, ut neque per temeritatem quicquam faciat poenitendum, neque per socordiam quicquam praetereat, quod ad Reipublicae commodum per-

meine ich, gehört irgendwie besonders zu sprichwörtlichen Redensarten genau so wie zu geschnittenen Steinen und macht sie besonders schätzenswert.
Wenn man nämlich berücksichtigt, wieviel Kraft und Sinn diese so präzis kurze Wendung in sich umfaßt, wie ergiebig, wie bedeutsam, hilfreich und auf alle Lebenssituationen weithin anwendbar sie ist, wird man bestimmt meine Auffassung teilen, daß unter so vielen Sprichwörtern kein anderes mehr verdient, an alle Säulen, an die Tore aller Kirchen geschrieben zu werden, und zwar mit goldenen Lettern. Ebenso sollte es an die Portale der Fürstenhöfe gemalt und in die Ringe der Regierenden eingegraben werden. Die Zepter der Könige sollten mit diesem Wort reden, und schließlich sollte es auf allen Denkmälern stehen und durch sie überall hervorgehoben werden. Ist es doch so außerordentlich nützlich. Jedermann sollte es stets im Sinne haben, es sollte wo immer in die Augen fallen, da es jedem Menschen ansteht, vor allem aber den Regierenden: mit Homer könnte man sagen:

Λαοί τ'ἐπιτετϱάφαται καὶ τόσσα μέμηλε,

d. h. *den Vertrauensleuten des Volkes, die mit so viel Sorge belastet sind.*[3]
Bei Menschen von niederem Stande wirkt schon ein leichteres Heilmittel, wenn vielleicht aus Sorglosigkeit etwas versäumt oder aus Unbesonnenheit etwas verfehlt worden ist, wenn sie beispielsweise einen geringen Schaden oder einen Nachteil erlitten haben. Bei Gott, welche Stürme erregt dagegen ein einziges Versäumnis oder ein einmaliger übereilter Entschluß eines Fürsten, wieviel Zerrüttung hat er in der menschlichen Gesellschaft zur Folge? Wenn dagegen das *Eile mit Weile* gegenwärtig ist, d. h. also eine gewisse Reife und von Wachsamkeit und Bedächtigkeit getragene maßvolle Haltung, damit der Fürst aus Unbedachtheit nicht etwas ins Werk setzt, was er später bereuen müßte und aus Nachlässigkeit nichts unterläßt, was wohl zum Nutzen der staatlichen Gemeinschaft sein könnte, bitte, was könnte

tinere videatur, quaeso te quid esse possit hoc imperio felicius firmius, stabiliusque quanquam haec felicitas haud quaquam ipsis imperii terminis circumscribitur, quin undique longe lateque ad finitimos populos dimanat, nec usquam aeque locum habet Hesiodium illud:

Πῆμα κακὸς γείτων, ὅσσον τ'ἀγαθὸς μέγ' ὄνειαρ.

Proinde sic equidem existimo, proverbium hoc, si quod aliud, optimo jure, βασιλικὸν, i. e. *regium* appellari debere, non tantum ob eam quam modo diximus causam, verum etiam quod duobus his vitiis ingenia principum fere peculiariter videantur esse confinia. Nam fortunae favor, rerum affluentia, tam paratae voluptatum illecebrae: praeterea protinus licere quicquid collubitum fuerit, denique pestilentissimum illud assentatorum εὖγε, semperque parati, quicquid quocunque modo dictum factumve fuerit, arrisus, applausus, adgratulatio: haec, inquam, atque id genus alia, non mirum, si quibusdam socordiam concilient. Maxime si his omnibus fomentis aetas juventa contigerit, et hujus comes rerum imperitia. At e diverso fit nonnunquam, ut insitus ille Principum ingeniis vigor, et impetus quidam, ut ita dixerim, Leoninus, adauctus amplitudine fortunae, excitatus rerum maximarum successibus, inflammatus vel iracundia, vel ambitione, vel aliis hujusmodi cupiditatibus, exstimulatus consiliis praeferocibus, transversos rapiat aliquoties, ac tum ipsos, tum omnem imperii molem in praecipitium auferat. Quanquam si quidem in alterutram partem peccandum sit, non paulo praestiterit, Regem impendio lentum esse, quam plus aequo praecipitem. Homerus Agamemnoni vitiosam quandam animi mollitiem, hoc est, τὸ βραδέως affinxisse videtur: ut ejus nullum egregium facinus adferatur, aut

glückverheißender, zuverlässiger und beständiger sein als eine solche Regierung? Immerhin wird ja dieses Glück keineswegs auf die Grenzen des Reiches beschränkt, sondern teilt sich weit und breit nach allen Seiten den benachbarten Völkern mit, und nirgendwo ist Hesiods Wort

Πῆμα κακὸς γείτων, ὅσσον τ'ἀγαθὸς μέγ' ὄνειαρ,

d. h. *Unglück ist ein schlechter Nachbar, ein guter aber ist ein großer Beistand*,[4] mehr angebracht.

Wenn also dieses Sprichwort sinnvollerweise βασιλικὸν d. h. *königlich* genannt werden darf, dann nicht nur aus jenem Grund, den wir eben genannt haben, sondern tatsächlich, weil der Charakter der Fürsten diesen beiden Fehlern auf eine eigentümliche Art ausgesetzt erscheint. Die Gunst der Lebensumstände, der Wohlstand, die naheliegenden Verlockungen zum Wohlleben, dann die Freiheit, nach Belieben zu handeln, und schließlich das εὖγε (recht so!), jene höchst widerwärtigen Ermunterungen der Jasager, die immer auf dem Sprung sind, alles was nur irgendwann gesagt oder getan wurde, mit freudiger Zustimmung, Beifall und Glückwünschen zu begleiten. Dies und anderes derart muß doch fraglos bei manchen zur Sorglosigkeit führen. Am größten ist die Gefahr, wenn ein junger Fürst, dessen Begleiter Unkenntnis der Verhältnisse ist, in einem solchen Treibhaus weilt. Andererseits kann gelegentlich die eigentümliche Lebhaftigkeit fürstlichen Geblüts und eine Art Löwenmut, beflügelt von den reichen äußeren Möglichkeiten und durch den Erfolg gewaltiger Unternehmungen, durch Zorn, Ehrgeiz oder andere Affekte dieser Art entflammt und verleitet durch völlig unbesonnene Ratschläge, den Fürsten immer neu ins Verderben stürzen und seine ganze Macht und Herrschaft zugrunde richten. Weil man nun in jedes Extrem fallen kann, ist es doch viel besser, wenn ein Regent ganz gelassen ist, besser jedenfalls, als wenn er übereilt handelt. Homer scheint den Agamemnon mit einer fast lasterhaften Weichheit, das ist τὸ βραδέως, das *mit Weile*, d. h. Langsamkeit ausgestattet zu haben, so daß von ihm keine hervor-

animosum, nisi cum ob ereptam Chryseidem stomachatur, et Achillem sua spoliat Bryseide. Rursum Achilli parum moderatos impetus, hoc est, τὸ σπεύδειν, attribuit: nisi si cui tum σπεὺδειν βραδέως videtur, cum in consilio districto gladio regem impetiturus, a Pallade coercetur, admonitus, ut intra convicia duntaxat indignetur. Atqui hoc ipsum erat impotentis animi, in frequenti principum consessu, tot probris, tam manifestis conviciis in eum debacchari, penes quem rerum erat summa. Achillem imitatus videtur Alexander ille Magnus, ac plane vicit: quippe quem eousque praecipitem egerit impetus animi, ut in amicissimos etiam ferrum destrinxerit. Agamemnonem Sardanapalus est aemulatus, sed ita aemulatus, ut longo praecesserit intervallo. Quin utriusque generis innumerabiles invenire liceat, qui vel hujus inertiam, vel illius ferociam referant: perpaucos autem reperias, qui proverbium hoc secuti, tempestivam celeritatem cum prudenti tarditate recte miscuerint: nisi quod pro multis unus sufficit, Fabius ille Maximus, cui cognomen etiam additum Cunctatori; qui cum sibi laudem peperit immortalem, tum Romano imperio, cunctando restituit rem, aliorum ducum inauspicata celeritate jam ad extrema redactam.

Itaque non sine causa video factum, ut hoc σπεῦδε βραδέως in tantum arriserit duobus Imperatoribus Romanis, omnium facile laudatissimis, Octavio Augusto, et Tito Vespasiano, quorum utrique singularis quaedam aderat animi magnitudo, cum incredibili quadam lenitate, facilitateque con-

ragende oder beherzte Tat berichtet wird, außer daß er über den Raub der Chryseis stöhnt und den Achilles seiner Bryseis beraubt. Andererseits sagt er dem Achilles ungestüme Angriffslust, das ist τὸ σπεύδειν, das »eilen« nach, der ihm das »Eile mit Weile« zu üben scheint, als er im Kriegsrat das Schwert zieht und auf den König losgehen will, aber von Pallas zurückgehalten und ermahnt wird, er solle seiner Empörung im Schimpfen Luft machen.[5] Doch das war gerade kennzeichnend für einen unbeherrschten Geist, in einem vielköpfigen Fürstenrat, mit solch üblen Schmähungen lauthals gegen den loszutoben, der (doch) den Oberbefehl hatte. Dem Achilles scheint es Alexander der Große nachgemacht zu haben, und er hat ihn offenbar noch übertroffen. Den Alexander machte die Unbeherrschtheit in einem solchen Grade kopflos, daß er sogar gegen die besten Freunde das Schwert zog. Dem Agamemnon suchte es Sardanapal gleichzutun, so sehr, daß er ihn noch bei weitem übertraf. Man könnte leicht zahllose Beispiele für beide Arten finden, die entweder die Untätigkeit des einen oder die Unbändigkeit des anderen zeigen. Du wirst allerdings sehr wenige ausfindig machen, die dieses Sprichwort beherzigten und eine der Situation angemessene Schnelligkeit mit kluger Zurückhaltung verbunden haben. Für viele mag allein Fabius Maximus stehen, dem man sogar den Beinamen Zauderer gegeben hat. Er hat nämlich unsterblichen Ruhm erworben und das Römische Reich durch seine Zurückhaltung gerettet, das durch das unüberlegte Draufgängertum der anderen Feldherren schon an den Rand des Verderbens gebracht war.

Ich halte es deshalb nicht für zufällig, daß dieses σπεῦδε βραδέως, *Eile mit Weile*, bei zwei römischen Kaisern so hoch im Kurs gestanden hat, die im Vergleich mit allen anderen gewiß sehr gerühmt werden, nämlich Augustus und Vespasian, die beide einen durchaus hochgemuten Sinn hatten, mit dem sich aber in überraschendem Maße Gelassenheit und Leichtigkeit verband, so daß sie, durch ihr liebens-

juncta, ut cum amabili morum popularitate, omnium animos sibi devinxissent, nihilo secius tamen pari diligentia, si quando res virum postularet, celeriter res maximas confecerint. Octavius igitur hoc dicto tam impense delectatus est, quemadmodum in Noctibus Atticis libro decimo capite undecimo narrat Aulus Gellius, et hunc secutus Macrobius Satur. lib. VI. ut non in sermonibus modo quotidianis crebrius usurparet, verum etiam Epistolis suis frequenter insereret, admonens his duabus vocibus, ut ad rem agendam adhiberetur simul et industriae celeritas, et diligentiae tarditas. Quod quidem Gellius Latinis existimat unico verbo dici, *matura.* Nam *maturari*, quod neque praepropere fiat, neque serius quam oporteat, sed ipso in tempore. In hunc sensum usurpasse Maronem, cum ait Aeneidos libro primo:

*Maturate fugam.*

Quanquam omnino vox haec apud auctores significat idem, quod festinare, sed ita festinare, ne tempus legitimum antevertas. Siquidem festinata recte dixeris etiam praepropera, *maturata* non dixeris. Neque dissident ab his quae Suetonius tradit in hujus vita: *Nihil*, inquiens, *minus in duce perfecto, quam festinationem, temeritatemque convenire arbitrabatur. Crebro itaque illa jactabat:*

Σπεῦδε βραδέως, ἀσφαλὴς γὰρ ἐστ' ἀμείνων ἢ θρασὺς στρατηγός.

Haec ferme Suetonius. Est autem versus trochaicus tetrameter catalecticus ex Poeta quopiam, ut conjicio, decerptus, cui Caesar de suo subjecit στρατηγός. Cujus haec est sententia. *Festina lente. Nam qui tuto citraque lapsum rem gerit, melior*

wertes Verhalten beim Volke beliebt, alle für sich gewonnen hatten und nichtsdestoweniger dennoch mit gleichbleibender Sorgfalt da, wo die Situation einen Mann verlangte, wichtige Vorhaben schnell in Gang setzten und zum Abschluß brachten. Augustus war deshalb von dem Wort so nachhaltig angetan, wie Aulus Gellius und im Anschluß an ihn Macrobius berichten,[6] daß er es nicht nur im täglichen Gespräch häufiger gebrauchte, sondern sogar oft in seinen Briefen anbrachte, wobei er mit diesen beiden Worten daran erinnerte, daß man bei allem, was man unternehme, zugleich die Behendigkeit des Eifers und die Behutsamkeit der Sorgfalt anwenden müsse. Gellius glaubt, daß das im Lateinischen mit dem *einen* Wort *matura* ausgedrückt werde; denn *maturari* bedeutet, was weder übereilt geschieht noch später als notwendig, sondern genau zum richtigen Zeitpunkt. In diesem Sinne habe es Vergil gebraucht, wenn er sagt:

*Beschleunigt eure Flucht.*[7]

Immerhin bezeichnet dieses Wort im allgemeinen bei den Autoren dasselbe wie *festinare*, aber es ist damit eine Beeilung gemeint, die nicht dem richtigen Zeitpunkt zuvorkommt. So kann man *festinata*, hastiges Verhalten, wohl *praepropera*, voreiliges nennen, aber man kann es nicht *maturata*, behendes, situationsgerechtes Verhalten nennen. Dazu paßt genau, was Sueton in der Lebensbeschreibung des Augustus überliefert[8]: *Er glaubte*, sagt Suetonius, *nichts passe weniger zu einem erfahrenen Feldherrn als Hast und Unbesonnenheit. Deshalb zitierte er häufig jenes Wort:*

Σπεῦδε βραδέως, ἀσφαλὴς γὰρ ἐστ' ἀμείνων ἢ θρασὺς στρατηγός.

*(Eile mit Weile, denn besser ist ein zuverlässiger Feldherr als ein Draufgänger.)*

Soweit Suetonius. Es handelt sich um einen katalektischen trochäischen Tetrameter, aus irgendeinem Dichter entnommen, wie ich vermute. Der Kaiser hat eigenmächtig den *Feldherrn* hinzugefügt. Der Sinn (des Verses) ist folgender: *Eile mit Weile. Denn wer mit Bedacht vorgeht und Fehler*

*est, quam audax et confidens.* Tutiora sunt enim, quae lentis consiliis providentur, quam quae calidis consiliis properantur.

Jam vero dictum idem Tito Vespasiano placuisse, ex antiquissimis illius nomismatis facile colligitur: quorum unum Aldus Manutius mihi spectandum exhibuit argenteum, veteris, planeque Romanae scalpturae, quod sibi dono missum ajebat a Petro Bembo patritio Veneto, juvene cum inter primos erudito, cum omnis literariae antiquitatis diligentissimo pervestigatore. Nomismatis character erat hujusmodi: altera ex parte faciem Titi Vespasiani cum inscriptione praefert, ex altera ancoram, cujus medium ceu temonem Delphin obvolutus complectitur. Id autem symboli nihil aliud sibi velle, quam illud Augusti Caesaris dictum σπεῦδε βραδέως, indicio sunt monimenta literarum hieroglyphicarum. Sic enim vocantur aenigmaticae scalpturae, quarum priscis seculis multus fuit usus, potissimum apud Aegyptios vates, ac Theologos: qui nefas esse ducebant, sapientiae mysteria literis communibus vulgo profano prodere, quemadmodum nos facimus, sed si quid cognitu dignum judicassent, id animantium rerumque variarum expressis figuris ita repraesentabant, ut non cuivis statim promptum esset conjicere: verum, si cui singularum rerum proprietates, si peculiaris cujusque animantis vis ac natura cognita, penitusque perspecta fuisset, is demum collatis eorum symbolorum conjecturis, aenigma sententiae deprehendebat. Veluti cum Aegyptii Osirim suum, quem eundem Solem esse putant, significare volunt, inscalpunt sceptrum, inque eo speciem exprimunt oculi, nimirum innuentes hunc Deum esse, regalique potestate sublimem, cuncta despicere, quia solem Jovis

*vermeidet, ist besser als ein selbstgewisser Draufgänger.* Es ist nämlich aussichtsreicher, was mit bedächtiger Überlegung in Angriff genommen, als was mit heißblütigen Entschlüssen vorangetrieben wird.
Dieses Wort scheint auch dem Vespasian gefallen zu haben, was man aus den alten Münzen jenes Kaisers leicht schließen kann. Aldus Manutius ließ mich eine solche Silbermünze sehen, eine alte, einwandfrei römische Prägung. Diese hatte ihm, wie er sagte, der venetianische Patrizier Petrus Bembus als Geschenk geschickt. Der junge Mann gehört zu den gebildetsten Zeitgenossen und bemüht sich mit größtem Fleiß um die Kenntnis der gesamten antiken Literatur. Die Prägung der Münze war folgende: auf der einen Seite zeigt sie das Antlitz des Vespasian mit einer Umschrift, auf der anderen einen Anker, dessen mittleren Teil ein Delphin eng umschlingt wie einen Mast. Dieses Symbol soll aber nichts anderes bedeuten als jenes Wort σπεῦδε βραδέως des Augustus, wie literarische Zeugnisse über hieroglyphische Zeichen lehren. So nennt man nämlich rätselhafte Reliefs, die man in alten Zeiten sehr viel gebraucht hat, am meisten bei den ägyptischen Weissagern und Theologen. Sie hielten es für unwürdig, die Mysterien der Weisheit in gewöhnlichen Schriftzeichen dem gemeinen Haufen zugänglich zu machen, wie wir es tun. Wenn sie etwas für wissenswert erkannt hatten, dann stellten sie es mit Bildzeichen verschiedenartiger Lebewesen und Gegenstände so dar, daß es nicht gleich jedem zu erschließen möglich war. Wenn einer wirklich die Bedeutung der einzelnen Gegenstände, wenn ihm die besondere Kraft und Natur eines jeden Lebewesens genau bekannt geworden wäre, der hätte schließlich, die Symbole miteinander vergleichend, auf Grund von Vermutungen den rätselhaften Sinn entziffern müssen. Wenn z. B. die Ägypter ihren Sonnengott Osiris bezeichnen wollen, prägen sie ein Zepter und bilden zusammen damit eine Art Auge ab, damit fraglos andeutend, daß es sich um einen Gott handle, erhaben durch königliche Gewalt und alles

oculum appellat antiquitas. Hujusmodi ferme refert Macrobius libro Saturnalium primo.
Item annum hoc modo demonstrabant: Effingebant serpentem ita circumvolutum, ut caudam ore teneret insertam, innuentes annum semper iisdem vicibus temporum reciprocantibus in sese recurrere. Unde Servius autumat apud Graecis ἐνιαυτός vocabulum attributum anno, atque huc respexisse Maronem, cum ait:

*Atque in se sua per vestigia volvitur annus.*

Etiamsi Horus Aegyptius, cujus exstant duo super hujusmodi symbolis libri, serpentis scalptura non annum, sed aevum repraesentari tradit: Annum autem tum Isidis, tum Phoenicis imagine. Scripsit his de rebus Plutarchus in commentario De Osiride, et Chaeremon apud Graecos, testimonio Suidae, cujus ex libris excerpta suspicor ea, quae nos nuper conspeximus hujus generis monimenta, in quibus etiam haec inerat pictura: Primo loco Circulus: deinde ancora, quam mediam, ut dixi, Delphinus obtorto corpore circumplectitur. Circulus ut indicabat interpretamentum adscriptum, quoniam nullo finitur termino, sempiternum innuit tempus. Ancora quoniam navim remoratur et alligat, sistitque, tarditatem indicat. Delphinus, quod hoc nullum aliud animal celerius, aut impetu perniciore, velocitatem exprimit: quae si scite connectas, efficient hujusmodi sententiam: 'Ἀεὶ σπεῦδε βραδέως, i. e. *Semper festina lente.* Porro hoc scripturae genus non solum dignitatis plurimum habet, verum etiam voluptatis non parum, si quis modo rerum, ut dixi, proprietates penitus perspectas habuerit: id quod partim contingit solerti contemplatione rerum, causarumque naturalium, partim liberalium cognitione disciplinarum. Veluti si quis ex Aristotelicis libris, quos de Naturali

sehend, da man ja in der Antike die Sonne das Auge Jupiters nennt. Ungefähr Ähnliches berichtet Macrobius.[9]
Auch das Jahr stellten sie auf diese Art dar: sie bildeten eine Schlange, die sich so gewunden hatte, daß sie den Schwanz im Munde hielt, damit andeutend, daß das Jahr immer in gleichbleibender Wiederkehr der Zeiten auf sich zurückkomme. Daher, behauptet Servius, habe man bei den Griechen das Jahr ἐνιαυτός (Kreislauf) genannt, und darauf habe Vergil angespielt, wenn er sagt:
*Und auf seinen eigenen Spuren wendet sich das Jahr in sich zurück.*[10]
Allerdings sagt der Ägypter Horus, von dem wir zwei Bücher über diese Art Symbole haben, das Zeichen der Schlange bedeute nicht das Jahr, sondern die Ewigkeit, das Jahr aber gehöre Isis und werde durch das Bild des Phoenix dargestellt. Über diese Gegenstände schrieb Plutarch[11] in seinem Kommentar über Osiris, auch Chaeremon auf griechischer Seite nach dem Zeugnis des Suidas. Aus dessen Büchern stammt auch nach meiner Vermutung das, was wir kürzlich an Zeugnissen darüber festgestellt haben. Darunter war auch folgendes Bild: ein Kreis, darin ein Anker, den in der Mitte wie gesagt ein Delphin umschlungen hält. Laut erklärender Anmerkung bedeutet der Kreis, da er ja kein Ende hat, die Ewigkeit. Der Anker, der das Schiff hemmt und festhält, es stoppt, bedeutet Langsamkeit, der Delphin, das in seinem Ungestüm weitaus behendeste Tier, Schnelligkeit. Wenn du das geschickt verbindest, ergeben die Zeichen folgenden Sinn: Ἀεὶ σπεῦδε βραδέως, d. h. *Semper festina lente* (Eile immer mit Weile). Nun ist diese Art Schrift nicht nur besonders ansehnlich, sie bereitet auch nicht weniger Vergnügen, sofern man nur wie gesagt die Eigenschaften der Dinge gründlich erkannt hat. Die erlangt man einmal durch einfallsreiche Betrachtung der Dinge und ihrer natürlichen Grundlagen, dann durch Vertrautheit mit den freien Künsten. So entnimmt beispielsweise wohl jemand aus Aristoteles' *Physik*, daß eine gewisse Analogie und Ähnlichkeit

Auditu inscripsit, probe teneret analogiam quandam esse, et similitudinem inter magnitudinem, motum, ac tempus: nam horum trium unumquodque pariter in eodem existunt. Siquidem ut tempus adhaeret motui, ita motus adhaeret magnitudini. Quod in magnitudine punctum, hoc momentum in tempore, impetus in motu (liceat enim interim sic appellare, quod in motu minimum est, atque indivisibile). Neque enim de vocibus laborandum, si de re conveniat. Jam igitur si in recta linea magnitudinem consideres, duo puncta reperies, quorum alterum sit initium duntaxat, alterum finis tantum, h. e. unde quasi fluit longitudo, et in quod definit. In eadem si motum constituas, duos item reperies impetus, alterum unde motus oritur, alterum in quem desinit. Horum ea ratio est, ut qui initium est, tantum ejus motus initium sit: qui finis, tantummodo finis. Motum tempus necessario comitatur. Est enim hujus veluti regula, cujus naturam si separatim contemplere, duo vides momenta (liceat enim ita loqui) alterum temporis illius initium, alterum finem. Rursum autem, si in eadem linea consideraris, puncta magnitudinis, impetus motus, momenta temporis, quae media intercedunt inter initium et finem, vides horum uniuscujusque velut anticipitem esse naturam. Etenim ad initium relata, fines sunt: ad finem, initia. Proinde ubi finita erit magnitudo, ibi simul et finitus motus, et tempus finitimum sit oportet. Finita est autem ea magnitudo, in quam tale competit initium, ut idem finis esse non possit: talis inquam finis, ut in eundem non cadat ratio principii, id quod evenit in omnibus figuris, excepta circulari, seu sphaerica. Nam ut in hac nullum certum est punctum, quod proprie dici queat initium, nullum item quod ita sit finis, ut tantum eam recipiat appellationem, ita nec momentum hujusmodi ullum est, nec impetus. Unde consequitur, ut ibi neque finita sit

besteht zwischen Raum, Bewegung und Zeit, weil ein jedes von den dreien im anderen gegründet ist. Wie nämlich die Zeit mit der Bewegung, so hängt die Bewegung mit dem Raum zusammen. Was im Raume der Punkt, das ist der Moment in der Zeit, das Energiequantum (*impetus*) in der Bewegung. Man darf wohl so einmal nennen, was die kleinste und unteilbare Einheit in der Bewegung ist. Mit Worten soll man nicht streiten, wenn man in der Sache einig ist. Wenn du dir nämlich die Ausdehnung in gerader Linie vorstellst, wirst du zwei Punkte finden, von denen der eine genau der Anfang und der andere doch das Ende ist, d. h. wo die Länge beginnt und wo sie endet. Stellst du dir nun in ähnlicher Weise die Bewegung vor, wirst du zwei Energiequanten entdecken, einen, der die Bewegung auslöst, und einen anderen, der sie zum Stillstand bringt. Das heißt doch, daß wo der Anfang ist, auch der Anfang der Bewegung ist, und wo das Ende, auch ganz allein ihr Ende. Bewegung ist notwendigerweise mit Zeit gepaart. Für sie gilt nämlich gleichsam folgende Regel: wenn du ihre Natur an sich betrachtest, siehst du zwei Momente (es mag wohl erlaubt sein, so zu sprechen), den einen als Anfang jener Zeit, den andern als ihr Ende. Wenn du jedoch auf derselben Linie die Punkte im Raum, die Energiequanten (*impetus*) in der Bewegung und die Momente in der Zeit erwägst, die mitten zwischen Anfang und Ende eintreten, siehst du, daß jedes eine zwiespältige Natur hat. Auf den Anfang bezogen sind sie nämlich Enden, auf das Ende Anfänge. So ist also notwendigerweise auch dort das Ende der Bewegung und der Zeit, wo die Grenze des Raumes ist. Begrenzt aber ist ein Raum, zu dem ein solcher Anfang gehört, der nicht zugleich Ende sein kann, ein Ende, meine ich, das nicht zugleich die Rolle des Anfangs übernehmen kann, was bei allen (geometrischen) Figuren mit Ausnahme des Kreises oder der Kugel der Fall ist. Wie es nämlich da keinen bestimmten Punkt gibt, der genau Anfang genannt werden könnte, auch keinen der entsprechend Ende sein oder doch

magnitudo, neque motus finitus, neque finitum tempus. Rursum ubi quodlibet magnitudinis punctum, simul et initium et finis esse potest, ibi magnitudinem infinitam esse necesse est. Ad eandem rationem, ubi quilibet impetus vel principium motus esse potest, vel finis, illic motus videtur infinitus. Demum ubi quodvis momentum, simul vel initium temporis esse potest, vel finis, ibi tempus infinitum oportet esse. Sed infinitum tempus, aeternum vocamus, quod quidem aeterno respondet motui. Motus aeternus magnitudinem item aeternam requirit. Haec non possunt competere, nisi in sphaericam, aut circularem magnitudinem. Unde Philosophi quidam aeternitatem mundi collegerunt, quod animadverterent coeli universi, syderumque et sphaericam esse figuram, et motum item esse sphaericum. Porro non solum in hujusmodi magnitudinem, circuli ratio quadrat, verum etiam motus huic adhaerens, circulus est quidam. Item tempus eum dimetiens motum, non respuit appellationem circuli, quemadmodum testatur etiam Aristoteles quarto περὶ τῆς φυσικῆς ἀκροάσεως libro. Haec igitur, atque id genus alia qui ex Philosophorum disciplinis perdidicerit, is facile conjectabit, quam ob rem Aegyptii circulo sempiternum tempus exprimere voluerint.

Jam vero Delphini vim, naturamque paucis inspiciamus. Tradunt auctores hunc incredibili velocitate, et admirabili impetu reliquum animantium genus longo intervallo post se relinquere. Proinde Oppianus libro de Naturis piscium secundo, Delphinos non cum quibuslibet avibus, sed cum aquilis confert:

῞Οσον γὲ κούφοισι μετ᾽ οἰωνοῖσιν ἄνακτες
αἴετοι, ἢ θήρεσσι μετ᾽ ὠμεσῇσι λέοντες,
ὅσον ἀριστεύουσιν ἐν ἑρπυσῇσι δράκοντες,
τόσον οἱ δελφίνες ἐν ἰχθύσιν ἡγεμονῆες.

so genannt werden könnte, so gibt es dort auch keinen Moment und kein Energiequantum in dieser Art. Daraus folgt, daß es dort weder einen begrenzten Raum noch eine abgeschlossene Bewegung noch eine begrenzte Zeit gibt. Anderseits wo irgendein Punkt im Raume zugleich Anfang und Ende sein kann, dort ist notwendigerweise unendlicher Raum. Genauso scheint doch dort unbegrenzte Bewegung zu sein, wo ein beliebiges Energiequantum sowohl Anfang als auch Ende der Bewegung sein kann. Schließlich muß dort unbegrenzte Zeit sein, wo jeder Moment zugleich sowohl Anfang als auch Ende der Zeit sein kann. Unbegrenzte Zeit nennen wir Ewigkeit, was wohl einer ewigen Bewegung entspricht. Ewige Bewegung (aber) verlangt auch einen unendlichen Raum. Die können nicht zusammenfallen außer beim Kugel- oder Kreisraum. Daher haben gewisse Philosophen auf die Ewigkeit der Welt geschlossen, weil sie festgestellt hatten, daß der gesamte gestirnte Himmel eine Kugelgestalt hat und seine Bewegung die einer Kugel ist. So paßt die Form des Kreises nicht nur auf einen solchen Raum, sondern auch jede damit zusammenhängende Bewegung ist kreisförmig. Auch das Zeitmaß für diese Bewegung ist unter dem Bilde des Kreises aufzufassen, was auch Aristoteles im 4. Buch seiner Physik bestätigt. Wer also dies und anderes derart aus philosophischen Lehrmeinungen sich zu eigen gemacht hat, wird leicht darauf kommen, warum die Ägypter durch den Kreis immerwährende Zeit ausdrücken wollten.

Laßt uns nun kurz einen Blick auf Wesen und Natur des Delphins werfen. Die Autoren berichten, daß er an unglaublicher Schnelligkeit und an bewundernswerter Antriebskraft alle anderen Tiere weit hinter sich zurücklasse. Deshalb vergleicht Oppian die Delphine nicht mit irgendwelchen Vögeln, sondern mit den Adlern:

Ὅσον γὲ κούφοισι μετ' οἰωνοῖσιν ἄνακτες
αἴετοι, ἢ θήρεσσι μετ' ὠμεσῇσι λέοντες,
ὅσον ἀριστεύουσιν ἐν ἑρπυσῇσι δράκοντες,
τόσον οἱ δελφίνες ἐν ἰχθύσιν ἡγεμονῆες.

i. e. *Quippe citas quantum inter aves, insignis honore*
*Regali, reliquas aquila praevertitur omneis,*
*Inque feris leo crudivoris, saevique dracones*
*Serpentum in genere exsuperant, tantum impete Delphin*
*Eximius vincit regnantes aequore pisces.*

Confert et jaculo:

Διὰ γὲ βέλος ὥστε θάλασσαν ἵπτανται.

i. e. *Namque per aequora lata sagittae*
*More volant.*

Denique confert etiam vento, vel turbini potius, ac procellae ventorum:

Ἄλλοτε μὲν βαθὺ κῦμα διατρέχει ἠΰτε λαίλαψ,

i. e. *Altas aliquando per undas*
*Turbinis in morem discurrit.*

Plinius libro Historiae Mundi nono, cap. octavo, Aristotelis secutus sententiam, haudquaquam ab his discrepantia refert, videlicet Delphinum omnium animalium pernicissimum esse: neque id solum inter maritimi generis, verum etiam volucri quavis ocyorem, quovis acriorem telo. Singularem autem hujus velocitatem hoc potissimum argumento colligi, quod cum os habeat longo dissitum intervallo a rostro, nempe medio pene ventre, quae res in consectandis piscibus non mediocrem illi moram adferat necesse est, neque enim nisi resupinus atque conversus corripit, tamen vix ullus est piscium, qui illius effugiat celeritatem. Nec ignorat ipse hanc naturae dotem, sed veluti laudis, animive causa certat aliquoties cum navigiis, plenis velis euntibus. Est enim praecipue φιλάνθρωπος Delphin, quin et παιδεράστην ajunt nonnulli, et ob id capitalis est hostis Crocodili, quo non aliud animal infensius homini. Itaque non pavescit hominem ut alienum, verum obviam navigiis venit: alludit exsultans, certat etiam et quamvis plena praeterit vela. Quin etiam in mugilum venatu apud stagnum Laternam magnifice declarat,

*Wie der Adler unter den schnellen Vögeln, ausgezeichnet durch königliche Ehre, allen anderen voraus ist, wie unter den reißenden Tieren der Löwe und die fürchterlichen Drachen in der Gattung der Reptilien herausragen, so sehr übertrifft der hervorragende Delphin mit seiner Kraft die Fische, die das Meer beherrschen.*

Er vergleicht ihn auch mit einem Geschoß:

Διὰ γὲ βέλος ὥστε θάλασσαν ἵπτανται.

*Denn sie fliegen durch das weite Meer wie ein Pfeil.*

Schließlich vergleicht er ihn sogar mit dem Winde oder besser mit einem Wirbelsturm:

Ἄλλοτε μὲν βαθὺ κῦμα διατρέχει ἤυτε λαίλαψ,

d. h. *Bisweilen durcheilt er die hochgehenden Wellen wie ein Sturmwind.*[12]

Plinius berichtet in seiner Naturgeschichte im Anschluß an die Lehre des Aristoteles genau dasselbe,[13] daß nämlich der Delphin von allen Tieren das behendeste sei, und dies nicht nur unter dem Seegetier, sondern auch schneller als jeder Vogel und geschwinder als jedes Geschoß. Seine einzigartige Schnelligkeit aber könne man am besten daran erkennen, daß er seinen Mund in weitem Abstand vom Schnabel, nämlich fast mitten unter dem Bauch hat, ein Umstand, der ihm bei der Jagd nach Fischen nicht wenig hinderlich sein muß; denn er fängt sie nur umgedreht, auf dem Rücken liegend, und doch gibt es keinen Fisch, der seiner Schnelligkeit entginge. Er kennt diesen natürlichen Vorzug sehr wohl und schwimmt bisweilen aus Ehrgeiz und Mutwillen mit Schiffen um die Wette, die unter vollen Segeln fahren. Der Delphin ist nämlich φιλάνθρωπος, ein besonderer Menschenfreund, und einige halten ihn sogar für παιδεράστην, einen Kinderfreund, weshalb er der Todfeind des Krokodils, des menschenfeindlichsten Tieres, ist. Er fürchtet so im Menschen auch nicht seinen Gegner, schwimmt sogar auf Schiffe zu, macht spielerisch seine Sprünge, schwimmt um die Wette und überholt sogar Schiffe unter vollen Segeln. Ja, bei der Jagd auf Mugile im See von Laterna macht er

quantum valeat celeritate, quantum polleat ingenio, quantum denique bene velit homini. Jam vero quid dicam de impeto vix credibili? Siquidem ubi fame concitatus, fugientem in vada ima persecutus piscem, diutius spiritum continuit, non aliter quam arcu emissus ad respirandum emicat, tantaque vi exsilit, uti plerunque vento turgentia vela navium saltu transvolet. Quod igitur symbolum magis conveniebat ad exprimendum acrem illum et indomitum animi impetu, quam Delphini? Porro ad significandam tarditatem, cunctationemque, non male quadrabat ἐχενίς piscis, quem Latini Remoram vocant: verum quoniam hujus figura parum cognobilis videbatur (nam praeterquam quod admodum pusillus est, nec ulla insigni nota discernitur) magis ad id placuit ancorae symbolum, quae si quando periculose navigatur ob ventos nimium secundos, ibi cursum immoderatum navis figit ac retinet. Itaque dictum hoc, σπεῦδε βραδέως, ex ipsis usque priscae Philosophiae mysteriis profectum apparet, unde adscitum est a duobus omnium laudatissimis Imperatoribus, ita ut alteri adagionis esset loco, alteri insignium vice, utriusque moribus ingenioque mire quadrans. Nunc vero in Aldum Manutium Romanum, ceu tertium haeredem, devenit:

*Haud equidem sine mente reor, sine numine Divum.*

Nam hujus eadem, quae quondam Tito Vespasiano placuerunt, celebrantur insignia, non notissima modo, verum etiam gratissima quibuscunque ubivis terrarum bonae literae vel notae sunt vel charae. Neque vero symbolum hoc tum illustrius fuisse crediderim, cum inscalptum imperatorio nomismati, negotiatorum manibus terendum circumferre-

eindrucksvoll klar, wie schnell er ist, intelligent und menschenfreundlich. Was soll ich schließlich noch von seinem unglaublichen Beschleunigungsvermögen sagen? Wenn er nämlich hungrig einen Fisch in die Tiefen des Meeres verfolgt und allzulange den Atem anhalten muß, schießt er wie ein losgeschnellter Pfeil zum Atemholen heraus und springt dabei mit solcher Gewalt, daß er meistens die vom Wind geblähten Segel der Schiffe im Sprung überfliegt. Welches andere Symbol hätte also besser geeignet sein können, unbezähmbar stürmischen Sinn auszudrücken als das Zeichen des Delphins? Deshalb hätte auch zur Bezeichnung der Langsamkeit und des Zögerns der ἐχενίς-Fisch, den die Lateiner *remora* (Schiffhalter) nennen, gar nicht schlecht gepaßt. Da allerdings dessen Gestalt kaum wahrnehmbar ist – denn abgesehen davon, daß er winzig ist, ist er auch nicht durch ein besonderes Merkmal (von anderen) zu unterscheiden –, hielt man das Symbol des Ankers für besser geeignet, der (ja) den Kurs des Schiffes, wenn es einmal unter günstigem Wind zu schnelle Fahrt hat, kontrolliert. So stammt dieses Sprichwort σπεῦδε βραδέως offenbar aus dem Weisheitsschatz der alten Philosophie, aus der es die beiden weltberühmten Kaiser übernommen haben, indem der eine es sich zur Devise wählte, der andere es als eine Art Orden gebrauchte. Zu beider Geist und Verhalten paßte es ausgezeichnet.

Heute treffen wir es bei dem Römer Aldus Manutius, gleichsam dem dritten Erben, an:

*Allerdings, meine ich, nicht ohne Sinn und göttliche Fügung.*[14]

Denn dessen (Drucker-)Zeichen, ein Zeichen, das einst dem Titus Vespasian gefiel, ist bei den Anhängern und Freunden der *bonae literae* (schönen Künste) in aller Welt in höchstem Grade geschätzt. Ich möchte auch keineswegs glauben, daß dieses Symbol damals, als es auf einer kaiserlichen Münze eingeprägt war und durch die Hände von Geschäftsleuten ging, berühmter war als heute, wo es überall in der Welt,

tur, quam nunc, cum ubique gentium, vel ultra Christiani imperii terminos, una cum omnigenis utriusque linguae voluminibus propagatur, agnoscitur, tenetur, celebratur ab omnibus, qui liberalium studiorum colunt sacra: praesertim iis, qui fastidita barbara ista pinguique doctrina, ad veram atque antiquam aspirant eruditionem, ad quam restituendam vir is quasi natus, et ab ipsis, ut ita dixerim, fatis factus, scalptusque videtur: tam ardentibus votis unum hoc optat, tam infatigabili molitur studio, usque adeo nullum refugit laborem, ut literaria supellex et integra, et syncera, puraque bonis ingeniis restituatur. Quam quidem ad rem quantum jam attulerit momenti, tametsi fatis, pene dixerim, invitis, res ipsa nimirum indicat. Quod si pulcherrimis planeque regiis Aldi nostri votis Deus aliquis bonis literis amicus adspiraverit, et si quem numina laeva sinant, intra paucos annos illud futurum polliceor studiosis, ut quicquid est bonorum auctorum in quatuor linguis, Latina, Graeca, Hebraica, Chaldaica, tum autem in omni genere disciplinarum, id unius huius opera, et plenum habeant et emendatum, nullamque jam literariae supellectilis partem quisquam desideret. Quod simul atque contigerit, tum vero palam fiet, quantum adhuc bonorum codicum in abdito sit, vel retrusum ob negligentiam, vel suppressum quorundam ambitione, quibus hoc unum cordi est, ut soli sapere videantur. Tum denique cognitum erit, quam prodigiosis mendis scateant auctores etiam hi, qui nunc satis emendati putantur. Cujus rei si cui libebit, velut ex degustatione conjecturam facere, Plinianas epistolas, quae propediem ex Aldina officina prodibunt in lucem, cum vulgatis exemplaribus confe-

auch über die Grenzen der Christenheit hinaus, auf allen möglichen Büchern in beiden Sprachen bevorzugt, erworben und allgemein verehrt wird, wo das Studium der freien Künste wichtig erscheint. Das gilt besonders für alle, denen grobschlächtige und barbarische Gelehrsamkeit zuwider ist, die nach der wahrhaften Bildung der Alten Verlangen haben und glauben, daß dieser Mann ganz dazu ausersehen sei, ja, wenn ich es so sagen darf, vom Schicksal selbst dazu berufen und geschaffen erscheine. Er hat nur den inständigen Wunsch, müht sich mit unablässigem Eifer und scheut überhaupt keine Mühe, literarische Editionen als Arbeitsgrundlage für anspruchsvolle Geister ebenso unverfälscht, unverderbt und klar herzustellen. Wieviel Wichtiges er schon zu dem Gegenstand beigetragen hat, und das unter widrigen Umständen, wenn ich so sagen darf, liegt offen zutage. Wenn Gott unserem Aldus bei dem, was er zweifellos Unvergleichbares, Hervorragendes vorhat, gnädig ist, er also im Aufwind für die schönen Künste steht und ihn ein gnädiges Geschick dazu kommen läßt, dann verspreche ich den wissenschaftlich Arbeitenden, daß in wenigen Jahren dank seinem Bemühen alle wertvollen Autoren in den vier Sprachen Latein, Griechisch, Hebräisch, Chaldäisch, und zwar auf allen Wissensgebieten, vollständig und revidiert zur Verfügung stehen werden und daß niemand irgendein literarisches Hilfsmittel vermissen wird. Wenn das geschehen ist, wird man sehr wohl erkennen, wie viele gute Codices (Handschriften) bis jetzt unzugänglich sind, entweder, weil sie aus Achtlosigkeit übergangen oder aus Geltungsdrang gewisser Leute, die nur darauf aus sind, allein im Geruch der Weisheit zu stehen, (der Öffentlichkeit) vorenthalten wurden. Dann wird deutlich, von wieviel verhängnisvollen Fehlern auch *die* Autoren strotzen, die man heute für ausreichend emendiert hält. Wenn jemand an einer Kostprobe einen Einblick gewinnen will, soll er die Plinius-Briefe, die in den nächsten Tagen bei der Aldinischen Offizin herauskommen werden, mit den greifbaren Ausgaben vergleichen,

rat, quodque ibi deprehenderit, idem in aliis exspectet auctoribus. Herculanum mehercule facinus, ac regio quodam animo dignum, rem tam divinam, quasi funditus collapsam, orbi restituere, latentia pervestigare, eruere retrusa, revocare exstincta, sarcire mutila, emendare tot modis depravata, praecipue vulgarium istorum excusorum vitio, quibus unius etiam aureoli lucellum antiquius est, quam vel universa res literaria.

Adde iis, quod quantumlibet exaggeres eorum laudem, qui respublicas sua virtute vel tuentur, vel etiam augent, in re certe prophana, tum angustis circumscripta spatiis versantur. At qui literas collapsas vindicat, nam id pene difficilius quam genuisse, primum rem sacram molitur et immortalem, tum non unius alicujus provinciae, sed omnium ubique gentium, omnium seculorum negocium agit. Postremo quondam principum hoc munus erat, inter quos praecipua Ptolemaei gloria. Quanquam hujus bibliotheca domesticis et angustis parietibus continebatur. Aldus bibliothecam molitur, cujus non alia septa sint, quam ipsius orbis.

In hanc digressiunculam non abs re mihi videor exspatiatus, nempe quo studiosi hoc impensius his insigniis et faveant, et delectentur, postea quam cognoverint a tam inclytis auctoribus fluxisse: praeterea quid sibi velint, intellexerint. Denique cum meminerint quantum bonae rei Delphinus ille polliceatur, si quis modo Deus pulcherrimis conatibus dexter adfuerit.

A diverticulo repetetur fabula, si prius exposuero querelam de typographis quibusdam pessime de re literaria merenti-

und was er dort feststellt, mag er dann auch bei anderen Autoren erwarten. Es ist, weiß der Himmel, eine herkulische Tat und schon eines hochgemuten Geistes würdig, einen so hervorragenden, fast völlig entstellten Gegenstand für alle Welt wiederherzustellen, Verborgenes aufzuspüren, Mißachtetes hervorzurücken, Ausgelöschtes wieder ins Leben zu rufen, Verstümmeltes zu ergänzen und zu verbessern, was durch die Schuld hauptsächlich von Allerweltsdruckern verfälscht ist, für die der Gewinn auch nur *eines* Goldstücks wichtiger ist als die ganze Welt der Literatur.

Bedenke ebenso, wenn du lang und breit das Lob der Leute singst, die den Staat in ihrer Obhut halten oder sogar mehren, daß sie sich damit doch um Profanes kümmern bzw. sich in einem engen Feld bewegen und es mit einem Gegenstand von begrenzter Reichweite zu tun haben. Wer sich dagegen vornimmt, die darniederliegende Bildung zu erneuern, was beinahe schwieriger ist als etwas Neues zu schaffen, hat es einmal mit einem erhabenen, unsterblichen Gegenstand zu tun, dann aber mutet er sich eine Aufgabe innerhalb eines begrenzten Bereiches zu, aber im Angesicht der Weltöffentlichkeit und für alle Zeiten. Schließlich war dies einst das Vorrecht von Fürsten und unter diesen vor allem die Ruhmestat des Ptolemäus. Doch dessen Bibliothek war von den engen Wänden eines Gebäudes umfaßt. Aldus baut eine Bibliothek auf, die keine anderen Begrenzungen haben soll als die Enden der Welt selbst.

Diese kleine Abschweifung habe ich mir nicht ohne Grund erlaubt, damit nämlich die Studierenden sich um so inniger mit diesem Druckerzeichen verbunden fühlen, wenn sie einmal wissen, daß man es bei erlauchten Autoren findet, und wenn sie erkennen, was es bedeutet, schließlich, wenn sie daran denken, was Gutes jener Delphin verheißt, wenn nur ein gnädiger Gott den hochgemuten Unternehmungen zur Seite steht.

Nach dieser Abschweifung werde ich wieder zum Thema kommen, sobald ich noch eine Klage über gewisse Drucker

bus. Non est nova querimonia, nunquam tamen justior quam hisce temporibus, quibus haec mihi quarta, ni fallor, parabatur editio. Ea fuit anno 1525. Venetorum urbs multis quidem nominibus celeberrima, per Aldinam tamen officinam celebrior est, adeo ut, quicquid librorum isthinc adfertur ad exteras nationes, ob civitatis tantum titulum ilico sit vendibilius. Atqui ejus nominis lenocinio sordidi quidam typographi sic abutuntur, ut vix ab ulla civitate nobis veniant auctores impudentius, depravati, nec ii sane quilibet, sed omnium primi, velut Aristoteles, M. Tullius, et Quinctilianus, ne quid querar de sacris voluminibus. Curatum est legibus, ne quis consuat calceum, ne quis faciat scrinium, nisi fuerit ab ejus opificii sodalitio comprobatus, et tantos auctores, quorum monumentis etiam religio debetur, emittunt in vulgus, adeo literarum ignari, ut ne legere quidem possint, adeo ignavi, ut nec relegere libeat quod excuditur, adeo sordidi, ut citius patiantur sex milibus mendarum oppleri bonum librum, quam paucis aureolis velint conducere qui praesit castigationi.

Nec ulli magnificentius pollicentur in titulis, quam qui impudentissime depravant omnia. Ex legum auctoritate datur redibitio, si quis pannum ut cocco tinctum vendiderit, si deprehendatur in tinctura nihil additum cocci, quin mulcta afficitur, quisquis in hujusmodi mercibus fucum fecit. Et lucro suo vel furto potius fruitur, qui eadem opera tot hominum milibus imponit? Olim et in describendis libris adhibebatur religio non minor quam nunc adhibetur in notariis publicis ac juratis, certe major debebatur, nec

vorgebracht habe, die sich ganz übel an der Sache der Bildung vergangen haben. Die Beschwerde ist nicht neu, aber zu keiner Zeit angebrachter als jetzt, zu dem Zeitpunkt, wo ich, wenn ich mich nicht täusche, an der vierten Auflage saß. Das war im Jahre 1525.[15] Venedig, so hochberühmt es aus vielen Gründen ist, hat durch die Aldinische Offizin noch mehr Ruhm erworben, so sehr, daß alle Bücher, die von hier in ferne Länder gehen, schon nur wegen des Herkunftsortes gleich leichter abgesetzt werden. Geldgierige Drucker treiben mit dem Namen (der Stadt) mißbräuchlich Schleichwerbung, so daß es kaum eine Stadt gibt, aus der schlampiger edierte Autoren kommen, und nicht nur beliebige, sondern die bedeutendsten wie Aristoteles, Cicero und Quintilian, um gar nicht erst von der Hl. Schrift zu reden. Es ist gesetzlich Vorsorge getroffen, daß keiner Schuhe anfertigt oder eine Truhe herstellt, wenn er nicht von der betreffenden Zunft bestätigt worden ist, während so bedeutende Autoren, deren Rang man sogar eine Art religiöser Verehrung zubilligt, von so gänzlich ungebildeten Leuten auf den Markt gebracht werden, die nicht einmal lesen können oder zu faul sind, Korrektur zu lesen, die aus reiner Geldgier eher sechstausend Druckfehler in einem guten Buch durchgehen lassen, als für einige Goldstücke einen Korrektor einzustellen.

Gerade diejenigen, die im Titel ganz großsprecherisch auftrumpfen, leisten sich durchweg die unglaublichsten Verstöße. Von Gesetzes wegen ist Zurücknahme angeordnet, wenn einer einen Stoff als scharlachgefärbt verkauft und überführt wird, daß das Farbbad überhaupt keinen Scharlach enthielt, ja es wird sogar mit einer Buße belegt, wer mit Waren dieser Art Betrügereien verübt. Soll nun aus seiner gewinnbringenden Betrügerei noch mehr Nutzen ziehen, wer jene Druckerzeugnisse soviel tausend Lesern unterschiebt? Früher wandte man beim Abschreiben von Büchern keine geringere Sorgfalt an als heute in öffentlichen vereidigten Notariaten, gewiß hätte man sich dabei sogar zu noch

aliunde tam prodigiosa librorum confusio profecta est, quam quod obscuris quibuslibet et monachis imperitis, mox etiam mulierculis citra delectum rei tam sacrae tractatio committebatur. At quantulum est mali, quod adfert scriba negligens aut indoctus, si conferas typographum? Et hic oscitant leges publicae. Punitur, qui vendit pannum apud Britannos tinctum, pro panno tincto apud Venetos, et audacia sua fruitur, qui meras cruces et ingenii tormina vendit pro bonis auctoribus. Dices, non est venditoris emptori praestare quodvis vitium. Certe hic debebat esse, si titulus promittit exactam diligentiam, et liber scatet mendis. Et sunt errata quae nec ab eruditis statim deprehenduntur. Jam typographorum innumerabilis turba confundit omnia, praesertim apud Germanos. Non licet cuivis pistorem esse, Typographia quaestus est nulli mortalium interdictus. Nec tutum est quidvis pingere aut loqui, at quamvis materiam excudere fas est. Ubi terrarum non volitant novorum libellorum examina? Quorum si singuli adferrent aliquid scitu dignum, tamen ipsa turba studiis vehementer officeret, vel ipsa satietate, quae bonis in rebus est multo perniciosissima, vel hoc ipso, quod his velut illecebris animi hominum natura apsicori, et novarum rerum avidi, sevocentur a lectione veterum scriptorum, quibus nihil melius proferri potest, etiamsi non inficior a neotericis aliquid inveniri posse, quod illos fugerit. Existere potest, verbi causa, qui doceat aliquid quod latuerit Aristotelem, nullum tamen arbitror exoriturum qui Philoso-

größerer Sorgfalt verpflichtet fühlen müssen. Nichts hat soviel heilloses Durcheinander in den Handschriften verursacht wie die wahllose Beschäftigung irgendwelcher obskuren, ungebildeten Mönche und bald sogar Nönnchen mit dieser anspruchsvollen Aufgabe. Aber wie geringfügig ist schon der Schaden, den ein nachlässiger oder ungebildeter Schreiber anrichtet, wenn man das mit einem Drucker vergleicht? Doch hier ist die öffentliche Gesetzgebung untätig. Wer einen Stoff aus Britannien als venetianischen Stoff verkauft, wird bestraft, wer aber die reinen Marterinstrumente und Folterwerkzeuge für den Geist als gute Autoren verkauft, zieht noch Gewinn aus seiner Dreistigkeit. Vielleicht meinst Du, es sei nicht Pflicht des Verkäufers, dem Käufer gegenüber für jeden Schaden zu haften. Auf jeden Fall aber müßte das sein, wenn auf dem Titelblatt vollendete Sorgfalt verheißen wird, das Buch selbst aber von Fehlern strotzt. Es gibt doch Fehler, die selbst von Gebildeten nicht ohne weiteres entdeckt werden. Schon bringt ein riesiger Haufen von Druckern, vor allem bei den Deutschen, alles durcheinander. Nicht jeder darf ein Bäcker sein, Erwerbstätigkeit im Druckereigewerbe ist dagegen keinem verwehrt. Ungeschützt darf man nicht beliebig malen oder reden, aber drucken darf man irgend etwas nach Belieben. Treiben sich nicht überall wahre Heerscharen von Neuerscheinungen herum? Wenn sie auch im einzelnen Wissenswertes mitteilen würden, würde doch ihre Menge dem Studium heftig im Wege stehen, entweder durch Überdruß, der allen noch so guten Dingen höchst verderblich ist, oder weil die Menschen wechselhaft und neuerungssüchtig, wie sie von Natur aus sind, durch solche Verlockungen von der Lektüre der Alten, die durch nichts zu ersetzen sind, abgelenkt werden.[16] Ich will zwar nicht leugnen, daß man auch bei den Neueren etwas entdecken kann, was jenen verborgen blieb. Es mag durchaus zum Beispiel jemand sein, der gelehrt hat, was dem Aristoteles entgangen ist; ich glaube aber nicht, daß jemand kommen wird, der das System der Philosophie vollendeter

phiae corpus tradat absolutius, quam ille tradidit. Sic erit fortassis qui in literis sacris videat quaedam quae fefellerint Chrysostomum aut Hieronymum: at non arbitror fore, qui in summa praestet, quod illi praestiterunt. Nunc illis propemodum antiquatis, omnibus omnium naeniis terimus horas, negliguntur interim honestae disciplinae cum suis auctoribus, collabitur auctoritas senatuum, conciliorum, scholarum, jureconsultorum ac Theologorum. Quod si res pergat qua coepit, futurum est, ut summa rerum ad paucos redacta, barbarica quaedam tyrannis sit apud nos, qualis est apud Turcas. Unius aut paucorum libidini parebunt omnia, nec erunt politiae civilis ulla vestigia, sed militari violentia gubernabuntur universa. Jacebunt omnes honestae disciplinae, lex una vigebit, sic vult ὁ κοσμοκράτωρ. Religionis antistites aut nullo erunt in precio, aut si quid habebunt opum dignitatisve, id totum serviet iis, quorum non judicio, sed nutu, ac renutu temperabuntur omnia.
Quanto melius consuleretur rebus humanis, si quemadmodum in elementis mundi alia ab aliis sic temperantur, ut aeterno foedere consistant omnia: sic in Republica sua cuique legitima maneret auctoritas, populo tribueretur, quod aequum est, senatui ac magistratui tantum concederetur, quantum eruditio, leges et aequitas pateretur, episcopis ac sacerdotibus suus maneret honos. Nec monachis negaretur, quod debetur. Horum omnium concors discordia, et eodem tendens varietas, longe fidelius servaret Reipublicae statum, quam nunc, dum quisque ad se rapere conatur omnia. Ne familia quidem potest consistere, nisi maritus functionis

darlegt, als jener es überliefert hat. So mag vielleicht jemand in der Theologie etwas entdecken, worin sich Chrysostomus und Hieronymus getäuscht haben, ich glaube aber nicht, daß einer kommen wird und im ganzen leistet, was jene geleistet haben. Heute, da jene fast als antiquiert gelten, vergeuden wir unsere Zeit mit jeder Belanglosigkeit von Hinz und Kunz, hervorragende Disziplinen mitsamt ihren Autoren bleiben soweit unbeachtet, und die Autorität der Senate, der Räte, der Schulen, der Rechtsgelehrten und der Theologen gerät in Verfall. Wenn das so weitergeht, kommt es noch dahin, daß das (politische) Regiment in der Hand weniger liegt und bei uns barbarische Tyrannis herrscht wie bei den Türken. Dann fügt sich alles dem Belieben eines einzelnen oder weniger, und man findet keine Spur bürgerlicher Eintracht mehr, sondern alles wird von militärischer Gewalt gelenkt. Alle ehrenwerten Disziplinen liegen darnieder, und nur *ein* Gesetz gilt: so will es ὁ κοσμοκράτωρ, der Weltbeherrscher. Die Kirchenführer spielen entweder keine Rolle, oder das bißchen Macht und Würde, was sie allenfalls noch haben, kommt nur jenen zugute, die mit ihrem willkürlichen Ja oder Nein, keineswegs mit ihrem Urteil, alles regieren.

Wieviel besser wäre für die menschlichen Verhältnisse gesorgt, wenn nach dem Muster der Elemente in der Welt, wo eine wechselseitige Kontrolle alles in einem immerwährenden Verbund beständig erhält, so auch im Staat jeder seine rechtmäßige Autorität behielte, dem Volke zukäme, was billig ist, dem Senat und den Beamten soviel zugestanden würde, wieviel Bildung, Gesetze und der Grundsatz der Billigkeit zulassen, und Bischöfen und Priestern die gebührende Ehre erwiesen würde? Auch den Mönchen würde man nicht verweigern, was man ihnen schuldet. Diese allgemeine und doch so vielfältige Eintracht, eine Verschiedenheit, die doch *ein* Ziel hat, würde die staatliche Ordnung weit zuverlässiger bewahren als das heute übliche Verhalten, wo jeder alles an sich zu reißen versucht. Nicht einmal die Familie hat

partem cedat uxori, ni discrimen sit inter liberos et servos, et nisi servi quoque non pro jumentis habeantur, sed pro hominibus: postremo nisi discrimen sit inter servum et servum, ut qui liberaliter serviunt, habeantur indulgentius, ac praemium officiorum exspectent libertatem.

Dicet hic aliquis: heus divinator, quid haec ad typographos? Quia non nullam mali partem invehit horum impunita licentia. Implent mundum libellis, non jam dicam, nugalibus, quales ego forsitan scribo, sed ineptis, indoctis, maledicis, famosis, rabiosis, impiis ac seditiosis, et horum turba facit, ut frugiferis etiam libellis suus pereat fructus. Provolant quidam absque titulis, aut titulis quod est sceleratius, fictis. Deprehensi respondent, detur unde alam familiam, desinam tales libellos excudere. Aliquanto meliore fronte respondeat fur, impostor aut leno, da qui vivam, et desinam his artibus uti: nisi forte levius crimen est, clam minuere rem alienam, quam palam eripere famam alienam, aut sine vi ad quaestum abuti tuo alienove corpore, quam vitam alterius ac famam vita quoque chariorem impetere.

Sed querelae jam dudum satis. Indicandum est remedium. Mitigabitur hoc malum, si Principibus ac magistratibus curae fuerit, ut quantum fieri potest excludantur ociosi, quos potissimum bella mercenaria nobis progignunt: deinde si improbis, quos nec ratio nec pudor cohibet, leges ostendant fustem paratum, ni se verterint ad meliora: deinde conantibus ea, quae faciunt ad publicam utilitatem, si viribus desti-

Bestand, wenn der Gatte nicht ihren Aufgabenbereich der Gattin überläßt, wenn kein Unterschied gemacht wird zwischen Kindern und Dienstboten, wenn Knechte wie Vieh und nicht wie Menschen gehalten werden und wenn schließlich kein Unterschied unter den Leibeigenen gemacht wird, so daß die williger Dienenden auch großzügiger behandelt werden und als Lohn für ihre Pflichterfüllung auf Freilassung hoffen dürfen.

Hier mag jemand einwenden: Ach du ahnungsvoller Engel, was hat das mit Druckern zu tun? Deren ungestrafte Willkür verursacht doch gerade so manches Übel. Sie überfluten die Welt mit Druckschriften, ich will nicht sagen: mit possenhaften Druckschriften, wie *ich* sie möglicherweise schreibe, doch mit läppischen, ungebildeten, verleumderischen, lästerlichen, ausfälligen, gottlosen und aufrührerischen, und dieser Haufen bringt es dahin, daß sogar gehaltvolle Bücher an Wirkung einbüßen. Manche kommen ohne Titel heraus oder, was noch ruchloser ist, unter irreführenden Titeln. Ertappt man sie dabei, erklären sie: Man gebe mir etwas, womit ich meine Familie unterhalte, und ich höre auf, solche Bücher zu drucken. Weniger frech mag ein Dieb, ein Betrüger oder Kuppler sagen: Gib mir etwas zum Leben, und ich mache Schluß mit diesen Praktiken, wenn es nicht etwa ein geringeres Vergehen ist, heimlich sich an fremdem Eigentum zu vergehen, als in aller Öffentlichkeit einen andern um seinen Ruf zu bringen, oder ohne Gewaltanwendung dein oder das Leben eines anderen zum Erwerb zu gebrauchen, als zugleich mit dem Leben den Ruf eines anderen, der noch teurer ist als das Leben, anzugreifen.

Doch nun ist es allmählich genug mit den Querelen, jetzt kommt es auf Gegenmittel an. Man wird das Übel einschränken, wenn Fürsten und Magistrate dafür sorgen, daß dem Müßiggang tunlichst Einhalt geboten wird, der hauptsächlich durch das Kriegführen mit Söldnern entsteht; dann indem die Gesetze dem gottlosen Volk, das weder Vernunft noch Ehrfurcht im Zaume hält, die geballte Faust zeigen,

tuantur, succurrant praemia, vel a principibus, vel ab episcopis et abbatibus, vel ex aerario publico. Nam a negociatoribus, qui se plerique Mammonae dedicarunt, fortassis improbum sit tale officium exigere. Qui exstructo altari sepulchrove, qui suspensa tabula aut statua posita, sibi promittunt nomen apud posteros, quanto vivaciorem famam hac via sibi pararent. Ex multis unum exemplum proferam. Vix alius in enarrandis sacris voluminibus dexterius versatus est, quam divus Joannes Chrysostomus, nec alius scriptor magis accommodus his, qui se parant ad munus concionandi. Et scripsit plurima, quorum bonam partem habemus, utcunque versam, sed plerisque depravatis, nonnullis etiam admixtis, quae nihil habent Chrysostomi. Quanta vero lux accederet sacris studiis, si tantus doctor totus haberetur Graecus et emendatus: Aut certe sic haberemus eum loquentem Latine, quemadmodum loquitur Graece.
Non hic commemorabo, quot modis pereant magnatibus pecuniae, quantum absumant, alea, scorta, compotationes, profectiones non necessariae, pompae, bella quaesita, ambitio, colax, morio, ludio: saltem ex his, quae turpiter pereunt, aliquam portionem decidant vel utilitati publicae, vel suae gloriae, vel utrique. Aldo haec molienti quis non favit eruditorum? Quis non suggessit aliquid, quod illum laboribus tantis imparem sublevaret? Quoties ad illum ab Hungaris ac Polonis missa sunt ultro vetusta exemplaria, non sine honorario munere, ut ea justa cura publicaret orbi? Quod Aldus

wenn sie sich nicht bessern; dann sollten Fürsten, Bischöfe, Äbte oder die Staatskasse denen, die sich um das gemeine Wohl bemühen, bei denen aber die Mittel nicht reichen, mit Zuschüssen beistehen. Denn es wäre wohl undenkbar, von Geschäftsleuten, die sich durchweg dem Mammon verschrieben haben, eine solche Leistung zu erwarten. Wieviel lebendigeren Ruhm würden sich damit Leute verschaffen, die sich mit der Errichtung eines Altars, mit der Anbringung von Gemälden oder Bildwerken einen Namen bei der Nachwelt versprechen. Von vielen will ich nur ein Beispiel anführen. Kaum einer hat sich glücklicher mit der Auslegung der Hl. Schrift abgegeben als der hl. Johannes Chrysostomus, und kein anderer Schriftsteller ist geeigneter für die Ausbildung von Predigern. Er schrieb sehr viel, wovon wir einen guten Teil besitzen, wie auch immer übersetzt, äußerst fehlerhaft und mit zahlreichen Zusätzen, die gar nicht von Chrysostomus stammen. Wieviel Licht würde es in das Studium der Hl. Schrift bringen, wenn ein so großer Kirchenlehrer in einem vollständigen, berichtigten griechischen Text vorläge, oder wenn wir ihn wenigstens in einer lateinischen Fassung hätten, die seinem Griechisch gemäß wäre.[17]

Ich will hier nicht daran erinnern, wie vielfältig Wohlhabenden das Geld unter den Fingern zerrinnt, wieviel mit Würfelspiel, Dirnen, Saufgelagen, Luxusreisen, pomphaften Maskeraden, Angriffskriegen, aus Geltungsdrang, für Schmeichler, Hofnarren und Schauspieler vergeudet wird. Man sollte wenigstens einen Teil von dem, was so schmählich verdirbt, zum Nutzen oder Ruhm des Staates oder für beides abzweigen. Welcher Gebildete wird dem Aldus bei seinem Bemühen nicht Erfolg wünschen? Wer hat nicht etwas dazu beigetragen, was ihm da, wo seine Kräfte nicht ausreichten, helfen konnte? Wie oft sind ihm aus Ungarn und Polen unverlangt uralte Handschriften zugeschickt worden, und das unter Beifügung namhafter Beträge, damit er sie mit der gebührenden Sorgfalt veröffentliche? Was

moliebatur apud Italos, nam ipse concessit in fata, quanquam gratiosi nominis titulo adhuc commendatur officina, hoc Joannes Frobenius molitur apud Cisalpinos non minore studio, quam Aldus, nec prorsus infeliciter, sed quod negari non potest, impari lucro. Si causam requiras, ex multis hanc unam esse puto, quod non est idem ingeniorum candor apud nos, qui est apud Italos, sane quod ad rem attinet literariam. Nec enim vereor praedicare, quod sum expertus. Cum apud Italos ederem Proverbiorum opus homo Batavus, quotquot illic aderant eruditi ultro suppeditabant auctores nondum per typographos evulgatos, quos mihi suspicabantur usui futuros, Aldus nihil habebat in thesauro suo, quod non communicaret. Idem fecit Joannes Lascaris, Baptista Egnatius, Marcus Musurus, Frater Urbanus. Quorundam officium sensi, quos nec de facie nec de nomine noveram. Venetiam nihil mecum apportabam, praeter confusam et indigestam operis futuri materiam, idque ex evulgatis duntaxat auctoribus. Magna mea temeritate simul utrique sumus aggressi: ego scribere, Aldus excudere. Summa negocii intra menses plus minus novem confecta est, et interim mihi cum calculo malo nondum noto res erat. Hic mihi cogita quanta pars utilitatis abfutura fuerit, nisi docti libros manu descriptos suppeditassent. In his erant, opera Platonis Graeca, Plutarchi vitae, ejusdem Moralia, quae sub finem operis mei coepta sunt excudi. Athenaei dipnosophistae, Aphthonius, Hermogenes cum commentariis, Aristotelis Rhetorica cum scholiis Gregorii Nazianzeni. Aristides totus cum scholiis,

Aldus in Italien ins Werk setzte – denn er selbst hat das Zeitliche gesegnet, während seine Offizin bis heute noch vom großen Ruf seines Namens zehrt – darum bemüht sich Johannes Froben im Raume nördlich der Alpen mit nicht weniger Eifer als Aldus und keineswegs erfolglos, aber, was man nicht leugnen kann, mit ungleich geringerem Ertrag. Wenn Du nach dem Grunde fragst, glaube ich, daß es unter vielen dieser ist, daß bei uns die Aufgeschlossenheit für geistige Leistungen nicht so groß ist wie in Italien, bestimmt im Hinblick auf die Literatur. Ich stehe nicht an zu behaupten, daß ich darin meine Erfahrungen gemacht habe. Als ich, ein Holländer, bei den Italienern mein Sprichwörterbuch herausbrachte, schleppten die Gebildeten, die davon Kenntnis bekamen, unaufgefordert unveröffentlichte Autoren heran, die nach ihrer Meinung mir nützlich sein konnten. Aldus stellte mir alles zur Verfügung, was er in seiner Schatzkammer hatte. Ebenso verhielten sich Johannes Lascaris, Baptista Egnatius, Marcus Musurus und Frater Urbanus.[18] Ich erfuhr die Hilfe mancher Leute, die ich weder von Angesicht noch dem Namen nach kannte. Ich brachte nichts mit nach Venedig außer einer unübersichtlichen, weil ungeordneten Stoffsammlung für das geplante Werk, und zwar nur aus gedruckt vorliegenden Autoren. Reichlich kühn habe ich mich dann zusammen mit ihm ans Werk gemacht, ich schrieb, und Aldus druckte. Die Hauptarbeit war innerhalb von rund neun Monaten getan, wobei mir noch ein bis dahin unbekanntes Steinleiden zu schaffen machte. Bedenk nur, wieviel nützliche Hilfe mir entgangen wäre, wenn nicht gelehrte Männer mir Handschriften herangeschleppt hätten. Darunter waren eine griechische Ausgabe der Werke Platons, die Lebensbeschreibungen des Plutarch, dessen Moralia, die zu erscheinen begannen, als mein Werk gerade zum Abschluß kam, die Deipnosophisten (Philosophengastmahl) des Athenaeus, Aphthonius, Hermogenes mit den Kommentaren, die Rhetorik des Aristoteles mit den Scholien des Gregor von Nazianz, der gesamte Aristides mit den Scho-

commentarioli in Hesiodum ac Theocritum, Eustathius in totum Homerum, Pausanias, Pindarus cum accuratis commentariis. Proverbiorum collectio titulo Plutarchi, rursus alia titulo Apostolii, cujus libri nobis copiam fecit Hieronymus Aleander. Erant et alia minuta, quae vel non succurrunt, vel non attinet referre. Horum nihil adhuc fuerat typis evulgatum.

Nunc vicissim accipe candorem amici cujusdam Cisalpini, quem in praecipuis habebam nec habere desii, quandoquidem amici mores nosse oportet, non odisse. Cum adornarem editionem Venetam, forte videram apud illum Suidam, cujus margines habebant paroemias annotatas. Opus erat ingens, et erant evolvenda plurima. Cupiens igitur hoc laboris lucrifacere, rogavi faceret ejus voluminis copiam vel ad horas paucas, dum puer notulas in meum codicem transcriberet. Iterum atque iterum roganti pernegavit. Cum nullum obtestationis genus non admovissem, nec exorarem, rogabam num ipse haberet in animo edere proverbia, me cessurum perlubenter hoc opus felicius tractaturo. Dejerabat nihil esse tale. Quid igitur, inquam, te movet? Tandem veluti tormentis adactus fassus est, haec jam evulgari, per quae docti hactenus fuissent vulgo mirandi. Hinc illae lachrimae. Latitant in collegiis ac monasteriis Germanorum, Gallorum et Anglorum pervetusti codices, quos exceptis paucis adeo non communicant ultro, ut rogati vel celent, vel pernegent, vel iniquo precio vendant usum, decuplo aestimatorum

lien, die kleinen Kommentare zu Hesiod und Theokrit, der Eusthatius zum gesamten Homer, Pausanias und Pindar mit eingehendem Kommentar, eine Sprichwortsammlung unter dem Namen des Plutarch, wieder eine andere unter dem Namen des Apostolius, in die uns Hieronymus Aleander[19] Einsicht verschaffte. Es gab noch andere, weniger bedeutende, die mir jetzt nicht einfallen oder die nicht nennenswert sind. Nichts von diesen Autoren war bis dahin gedruckt worden.

Höre nun auch von der Liebenswürdigkeit eines nordischen Freundes, der zu meinen engsten Freunden gehörte und immer noch gehört; denn wir sollten ja den Charakter eines Freundes kennen, ohne Anstoß zu nehmen.[20] Als ich an der venetianischen Ausgabe arbeitete, entdeckte ich zufällig bei jenem Freund einen Suidas, an dessen Rand Sprichwörter notiert waren. Das Werk war umfangreich, und es war sehr viel durchzusehen. Begierig, dieses Werk auszuwerten, bat ich ihn, er möchte mir den Codex wenn auch nur für wenige Stunden zur Verfügung stellen, solange wenigstens, bis mein Schreiber die Randnotizen in mein Exemplar übertragen hätte. Obwohl ich wiederholt darum bat, lehnte er ab. Als selbst meine inständigsten Bitten nichts erreichten, fragte ich, ob er selbst vorhabe, die Sprichwörter herauszugeben. Ich würde dann sehr gern zurückstehen und diese Aufgabe jemand überlassen, der es besser könne. Er stritt ab, daß ihn dergleichen zurückhalte. Was denn, sagte ich, hindert Dich? Schließlich gab er, wie unter dem Druck der Folter zu, es werde schon der Öffentlichkeit zugänglich gemacht, was bisher Gelehrten überall Bewunderung eingebracht habe. *Hinc illae lacrimae.*[21] – Da lag also der Hund begraben? In deutschen, französischen und englischen Kollegiatsstiften und Klöstern liegen unbeachtet uralte Handschriften, die man, von wenigen Ausnahmen abgesehen, ungern herausgibt und deshalb vor Interessierten verhehlt, sie ihnen vorenthält oder gegen eine unverschämte Gebühr ausleiht, die schätzungsweise das Zehnfache des Kaufpreises der Hand-

codicum. Tandem pulcre servatos vel caries tineaeque corrumpunt, vel fures auferunt. Magnates autem adeo non adjuvant sua benignitate rem literariam, ut existiment nullam pecuniam perire perditius, quam quae in tales usus consumitur: neque quicquam omnino placet illis, unde non vectigal aliquod tollitur. Quod si pari candore Principes Cisalpini prosequerentur honesta studia cum Italis, Frobeniani serpentes non tantum abessent ab opibus Delphinis Aldini. Ille lente festinans non minus auri sibi peperit, quam nominis, utroque dignus: Frobenius dum baculum semper erectum gerit, non alio spectans quam ad publicam utilitatem, dum a columbina simplicitate non recedit, dum serpentum prudentiam magis exprimit insigniis suis quam factis, fama potius dives est quam re.

Sed digressionum jam modus esto, nunc ad adagionis enarrationem nostra sese referat oratio. Trifariam uti licebit proverbio: primum si quando admonebimus, diutius deliberandum, prius quam aggrediare negocium: postea quam statueris, tum velociter peragendum, ut ad consultandi moram pertineat ancora, ad conficiendi celeritatem Delphinus. Huc pertinet Sallustianum illud: *Antequam incipias, consulto: ubi consulueris, mature facto opus est.* Quam sententiam Aristoteles recenset sexto Moralium libro, tanquam vulgo jactatam: *ajunt*, inquiens, *de quibus jam deliberaris, ea celeriter esse peraganda, cunctanter autem consultandum.* Cujus auctorem Biantem fuisse testatur Laertius, qui solitus sit admonere: βραδέως ἐγχειρεῖν τοῖς πραττομένοις ὅδε ἂν ἕλῃ βεβαίως τηρῶντα διαμένειν, i. e. *Cunctanter aggrediendum negocium, verum in suscepto constanter perse-*

schriften ausmacht. Endlich verderben Zersetzung und Insekten die möglicherweise sorgsam aufbewahrten Handschriften, oder Diebe entführen sie. Die Behörden haben bei ihren Zuwendungen so wenig für die Kultur übrig, daß sie jeden Betrag als heillos vergeudet ansehen, der für solche Zwecke aufgewendet wird. Sie haben wirklich nur Interesse für das, wovon man eine Steuer erheben kann. Wenn die Regenten im Norden bedeutsame Studien ähnlich glanzvoll fördern würden wie die Italiener, würde das Schlangensymbol des Druckhauses Froben nicht so sehr hinter dem einträglichen Delphinsymbol des Hauses Aldus zurückstehen. Der eilte mit Weile und erwarb (doch) nicht weniger Geld als Ruhm, beides auf würdige Art. Froben dagegen, der das Zepter[22] immer hochhält, achtet nur auf den öffentlichen Nutzen, hält sich an die Einfalt der Tauben, bewährt die Klugheit der Schlangen mehr in seinem Druckerzeichen als in seiner Geschäftsführung und will bei alledem lieber geschätzt als wohlhabend sein.

Doch mit den Abschweifungen will ich nun aufhören, auf die Erörterung des Adagiums zurückkommen. Man kann es in dreifacher Weise gebrauchen: erstens, wenn wir einmal darauf hinweisen wollen, man solle sich fürs Überlegen Zeit nehmen, bevor man etwas unternimmt: wenn man einen Entschluß gefaßt hat, solle man schnell handeln, so daß sich der Anker auf die Bedächtigkeit des Überlegens, der Delphin auf die Schnelligkeit der Durchführung bezieht. Dahin gehört das Sallustwort: *Bevor du beginnst, sollst du überlegen; sobald du überlegt hast, sollst du bald ans Werk gehen.*[23] Diese Sentenz führt Aristoteles im sechsten Buch seiner *Moralia* als allgemein bekannt an und sagt: *Es gilt die Regel, man solle schnell ausführen, was man einmal überlegt habe, solle allerdings behutsam mit sich Rat halten.*[24] Laertius bezeugt, daß diese Weisheit von Bias stamme. Er habe gern daran erinnert βραδέως ἐγχειρεῖν τοῖς πραττομένοις ὅδε ἂν ἕλῃ βεβαίως τηρῶντα διαμένειν, d. h. *zaghaft soll man ein Geschäft unternehmen,*[25] *soll das unternommene*

*verandum:* Nec admodum abludit hinc Mimus ille, Publianus opinor: *Diu apparandum est bellum, ut vincas celerius.* Item ille: *Deliberare utilia, mora tutissima est.* Adde iis proverbium illud: ἐν νυκτὶ βουλή, i. e. *In nocte consilium.* Praeterea Sophocleum illud in Oedipo tyranno:

Φρονεῖν γὰρ οἱ ταχεῖς, οὐκ ἀσφαλεῖς,

i. e. *Periculosa est praepropera prudentia.*

Addendum his illud Platonis, quod alibi citavimus: *Qui plus satis festinat initio, serius ad finem pervenit.* Paulo diversius est, sed tamen ad hanc referendum formam, quod ait Quinctilianus: *Praecox illud ingeniorum genus non temere pervenire ad frugem.* Et quod vulgo dicunt, qui pueri adhuc, et velut ante tempus sapiunt, eos in senectute stultos evadere. Quod Actius approbare videtur, qui apud Gellium ait, sibi in juvenilibus ingeniis itidem ut in pomis immaturis placere acerbitatem: nam haec demum maturescere. Porro maturitas tempestivam adfert suavitatem, reliqua ante tempus putrescere.

Alter usurpandi modus fuerit, cum admonebimus adfectus animi, rationis velut habenis reprimendos esse. Siquidem Plato animum hominis in treis partitus parteis, rationem, iracundiam, concupiscentiam, in hoc Philosophiae summam sitam esse putat, si affectus pareant rationi non aliter quam regi, cui quidem ob id ipsum sedem in cerebro, velut in arce datam existimat. Peripatetici, quorum signifer Aristoteles, affectus qui sunt animorum impetus quidam, ceu stimulos quosdam a natura datos existimant, quibus ad virtutis usum excitemur, quanquam reclamantibus Stoicis, et nominatim

*aber beharrlich verfolgen.* Eng verwandt damit ist das Wort eines Komödiendichters, des Publianus, glaube ich: *Den Krieg soll man von langer Hand vorbereiten, um dann zu einem um so schnelleren Sieg zu kommen.* Ebenso heißt es bei ihm: *Von Nutzen ist es zu überlegen, Zurückhaltung das allersicherste.* Nimm dazu noch das Sprichwort: ἐν νυκτὶ βουλή d. h. *man soll darüber schlafen*; außerdem von Sophokles aus dessen *Oedipus Tyrannus*:

Φρονεῖν γὰρ οἱ ταχεῖς, οὐκ ἀσφαλεῖς,
d. h. *Verhängnisvoll ist voreilige Klugheit.*[26]

Auch Platons Wort *Wer sich anfangs übereilt, kommt zu spät zum Ziel*, das wir an anderer Stelle zitiert haben, gehört hierher. Ein wenig davon abweichend, aber trotzdem sinngemäß darauf zu beziehen ist, was Quintilian sagt: *Jene frühreife Art von Menschen trägt keine Frucht, weil sie übereilt sind*;[27] auch was der Volksmund sagt, daß diejenigen, die als Knaben schon altklug daherreden, mit zunehmendem Alter sich töricht zeigen. Das scheint Actius zu bestätigen, der bei Gellius sagt, Bitterkeit gefalle ihm an jungen Menschen ebenso wie an unreifen Früchten; denn diese würden schließlich doch auch reif.[28] Zeitgerechte Reife erzeugt auch Süßigkeit, während die anderen Früchte vor der Zeit Fäulnis ansetzen.

Eine andere Art sprichwörtlichen Gebrauchs zeigte sich, als wir darauf hinwiesen, man solle den Affekten die Zügel der Vernunft anlegen. Wenn zum Beispiel Platon die menschliche Seele in drei Teile teilt, die Vernunft, den Mut und die Begierde, hält er es für höchste Philosophie, wenn die Affekte der Vernunft nicht anders als einem König untergeordnet sind, die er deshalb auch im Gehirn wie in einer Burg angesiedelt sieht.[29] Die Peripatetiker, deren Bannerträger Aristoteles ist, glauben, daß die Affekte, sozusagen die vorwärtsdrängenden Kräfte des Geistes, von der Natur wie Stacheln eingepflanzt seien, durch die wir zum Gebrauch unserer Tugend angetrieben werden. Dagegen wenden sich allerdings die Stoiker, namentlich Seneca in seiner Schrift

Seneca in libris quos ad Neronem scripsit, de Ira. Putant enim affectus hujusmodi non modo nihil conducere ad virtutem, verum etiam officere: quanquam ne isti quidem inficias eunt, in animo sapientis illius, quem imaginantur, relinqui primos impetus, antevertere solitos rationi, quos funditus exstirpare non queas: Verum ii, ne consequatur assensio, protinus a ratione rejiciuntur. Hoc innuit Homerus, cum Iliados primo, Pallas a tergo adstat Achilli, jamque manum admoventem gladio, coercet. Igitur violentos illos animi motus, Delphinum recte dixeris: ancoram moderatricem sapientiam. Seneca scripsit, nulli rei prodesse moram, nisi iracundiae. Imo quicquid impense cupimus, aut odimus, ibi salutaris est mora. Plutarchus in Apophthegmatis Romanorum narrat Athenodorum Philosophum, cum ob senium impetrasset ab Octavio Augusto veniam redeundi domum, admonuisse illum, ut ne quid iratus diceret, faceretve, prius quam viginti quatuor Graecorum literas apud se nominatim recensuisset. Quo audito respondit, sibi illo adhuc opus esse, quo disceret et tacendi artem, atque hoc praetextu totum annum hominem apud se detinuit. Huc spectat etiam Terentianum illud: *Vide, ne nimium calidum hoc sit modo.* Sunt autem quaedam ingenia, quibus calcaribus est opus: sunt quibus freno. Proinde recte veteres illi a Delphino ancoram complecti voluerunt, quod oporteat alterum altero temperari, et utrumque cum altero conjungi, quo videlicet ejusmodi quidam animi habitus existat, qualem Plato conflari putat ex Musica, Gymnasticaque, si pariter exerceantur.

Tertia utendi ratio fuerit, cum admonebimus, in omni negocio vitandam praecipitem celeritatem, quod vitii quibusdam

über den Zorn an Nero.[30] Sie sind nämlich der Auffassung, daß solche Affekte keineswegs der Tugend zuträglich, sondern sogar abträglich sind. Doch streiten sie nicht ab, daß im Geiste des Weisen, wie sie sich ihn vorstellen, ebenfalls Antriebskräfte wirksam sind, die gewöhnlich der Vernunft zuvorkommen und die man nicht völlig ausrotten kann. Aber sie werden von der Vernunft sofort zurückgewiesen, damit sie sich nicht anpaßt. Das hat Homer im Sinne, wo Pallas hinter Achill steht und ihn zurückhält, als er schon das Schwert ziehen will.[31] So könnte man also mit Recht im Bilde des Delphins jene heftigen Regungen des Geistes sehen, im Anker die mäßigende Kraft der Weisheit. Seneca schrieb, daß Beherrschung vor allem geboten sei, wenn der Jähzorn über uns komme. So ist tatsächlich Zurückhaltung überall heilsam, wo immer uns heftige Begierde oder Haß überfällt. Plutarch erzählt in den Apophthegmata der Römer, der Philosoph Athenodorus habe den Octavius Augustus, als er von ihm aus Altersgründen die Erlaubnis zur Heimkehr erwirkt hatte, ermahnt, nie etwas im Zorn zu sagen oder zu tun, bevor er nicht die vierundzwanzig Buchstaben des griechischen Alphabetes bei sich aufgesagt hätte. Als Augustus das hörte, entgegnete er, er habe ihn weiterhin nötig, um die Kunst des Schweigens zu lernen und hielt den Menschen unter diesem Vorwand noch ein ganzes Jahr bei sich zurück.[32] Darauf zielt auch das Terenzwort: *Sieh zu, daß es so nicht zu heiß ist.*[33] Es gibt allerdings Menschen, denen man die Sporen geben muß, andere, die man im Zaume halten muß. Deshalb hatten die Alten recht, als sie den Anker vom Delphin umschlungen sehen wollten; denn der eine sollte durch den andern gebändigt und beide miteinander verbunden sein, und auf diese Weise sollte vielleicht eine Geisteshaltung erscheinen, wie sie Platon in der gleichzeitigen Ausübung von Musik und Gymnastik Gestalt annehmen sieht.[34]

Die dritte Art der Anwendung mag in unserem Hinweis erkennbar sein, daß man bei jedem Geschäft Übereilung

ingeniis peculiariter insitum est, ut illis in omni re quantulacunque mora longa videatur. Hujusmodi festinationis comites esse solent, error et poenitentia, juxta versiculum illum apud Graecos celebrem:

Προπέτεια πολλοῖς ἐστὶν αἰτία κακῶν.

i. e. *Multis malorum est causa praecipitantia.*

His occinendum nobile illud Catonis dictum: *Sat cito, si sat bene*, cujus mentionem fecit Divus Hieronymus, scribens ad Pammachium in haec verba: *Scitum est illud quoque Catonis:* Sat cito, si sat bene, *quod nos quondam adolescentuli, cum a perfecto Oratore in praefatiuncula diceretur, risimus. Meminisse te puto erroris mutui, cum omne Athenaeum Scholasticorum vocibus consonabat: Sat cito, si sat bene.* Hactenus Hieronymus. Quadrabit et in illos, qui praepropere famam affectant, maluntque paratam ac magnam, quam solidam et perpetuam. Solent enim praecocia subito flaccescere. Quod autem paulatim accrescit, durabile est. Horatius:

*Crescit occulto velut arbor aevo*
*Fama, Marcelli.*

Et Pindarus in Nemeis hymno VIII:

Αὔξεται δ'ἀρετά, χλωραῖς ἐέρσαις
ὡς ὅτε δένδρον ἄσσει,
σοφοῖς ἀνδρῶν ἀερθεῖσα ἐν δικαίοις τε, πρὸς ὑγρὸν
αἰθέρα,

i. e. *Augescit autem virtus, veluti cum arbor virenti rore surgit, sapientes inter viros sublata justosque ad liquidum aethera.* In summa, quicunque vel socordia peccant, vel immoderato impetu, iis illud Octavii Caesaris, σπεῦδε βραδέως, simul symbolum illud olim Titi Vespasiani, nunc Aldinum, oportebit in memoriam revocare, ut Delphini atque ancorae meminerint.

vermeiden solle, weil manche Menschen die besonders schlechte Neigung haben, jede noch so geringe Verzögerung als (unerträglich) lang zu empfinden. Dieser Art Eilfertigkeit folgen gewöhnlich Irrtum und Reue auf dem Fuße nach dem bekannten griechischen Verschen:

Προπέτεια πολλοῖς ἐστὶν αἰτία κακῶν,

d. h. *Die Ursache vieler Übel ist Übereilung.*

Solchen Leuten muß man das noble Wort Catos vorhalten: *Es ist schnell genug, was gut genug ist.* Der hl. Hieronymus erwähnt es in seinem Schreiben an Pammachius in folgendem Zusammenhang: *Treffend ist auch das Wort Catos:* Es ist schnell genug, was gut genug ist. *Als wir jung waren und ein hervorragender Redner es in seiner Einleitung zitierte, reizte es uns einst zum Lachen. Ich nehme an, daß Du Dich unseres gemeinsamen Irrtums erinnerst, als das ganze Athenaeum von den Stimmen der Studenten widerhallte: Schnell genug ist, was gut genug ist.* So weit berichtet Hieronymus.[35] Es trifft auch auf jene zu, die dem Ruhm nachjagen und mehr auf schnellen und großen Ruhm aus sind als auf einen gediegenen und beständigen. Was früh reif ist, pflegt nämlich auch bald welk zu werden. Was aber allmählich heranwächst, ist dauerhaft. Horaz sagt:

*Es wächst der Ruhm des Marcellus wie ein Baum unmerklich in der Zeit.*[36]

Auch Pindar sagt in der 8. nemeischen Hymne:

Αὔξεται δ'ἀρετά, χλωραῖς ἐέρσαις
ὡς ὅτε δένδρον ἄσσει,
σοφοῖς ἀνδρῶν ἀερθεῖσα ἐν δικαίοις τε, πρὸς ὑγρὸν
αἰθέρα,

d. h. *Wie das Bäumchen emporschießt unter dem Tau, dem frischen, so blühet des Mannes Ruhm durch Dichters rechten Spruch und steigt zum feuchten Äther hinauf.*[37] Mit einem Wort, die aus Sorglosigkeit oder aus maßloser Heftigkeit Fehler machen, sollten sich jenes Augustuswort σπεῦδε βραδέως, einst auch die Devise des Titus Vespasian und jetzt die des Aldus, in Erinnerung rufen und an den Delphin und den Anker denken.

# Anmerkungen

Der lateinische Text der Adagia-Auswahl folgt der Leidener Gesamtausgabe von 1703–06 unter weitgehender Beibehaltung ihrer orthographischen Eigenheiten, insbesondere der Groß- und Kleinschreibung.

*Oleum et operam perdidi / Öl und Mühe habe ich vertan*

1 I,4,61; LB 171 E.
2 Plautus, Poenulus I,2,119.
3 Cicero, Epp. ad familiares VII,1,3.
4 Cicero, Epp. ad Atticum XIII,38 bzw. II,17.
5 Plautus, Rudens, Prooemium 14.
6 Macrobius, Saturnalia II.
7 Hieronymus, An Pammachius.

*Annus producit, non ager / Das Jahr macht die Ernte, nicht der Acker*

1 I,1,44; LB 46 B.
2 Theophrast, De plantis VIII.
3 Theophrast, De causis plantarum III.
4 Plutarch, Tischgespräche VII,2.

*Polypi mentem obtine / Mach es wie der Polyp*

1 I,1,43; LB 62 E.
2 Plinius, Naturalis historia IX,29.
3 Pindar, Isthmien IV (III),5.
4 Plutarch, Apophthegmata 20c usw.
5 Aristophanes, Plutos 47.
6 Jesus Sirach 27,12.
7 Grober, in Sparta gebräuchlicher Mantel.
8 Paulus, 1. Kor. 9,19.
9 Plautus, Bacchides IV,4,10–12 (654–662).
10 Athenaeus, Deipnosophisten VII,316.
11 Pindar fr. 43.
12 Aristoteles, Historia animalium 2,11.
13 Plinius, Naturalis historia XXVIII,8,33.
14 Plutarch, Moralia p. 53 D; Phalar. epist. p. 196. Plinius, Naturalis historia X,29.
15 Nat. hist. X, 29.

*A mortuo tributum exigere / Sich an einem Leichnam bereichern*

1 I,9,12; LB 33 E.
2 Aristoteles, Rhetorik II,6 ($1383^b$,23).
3 Suetonius, Vespasian XXIII.
4 Hier hat Erasmus in der Ausgabe letzter Hand im Vergleich mit der von 1526 hinter »postremo vel a mortuis« die Stelle über den Kunstraub der Römer in Korinth und die Herkunft des Wortes νεκροκορίνθια eingeschoben.
5 Aristoteles, Politik I,9 (57b 20–58a 14).
6 Adagium III,2,89.
7 Harpyien sind die Töchter des Thaumas und der Elektra, Mischwesen aus Mädchen- und Vogelleibern.
8 Papst Julius II.
9 Genesis 23,3–20.
10 Lukas 10,7.

*Fumos vendere / Wind machen*

1 I,2,41; LB 128 E.
2 Martial IV,5,7.
3 Plutarch, »Vermischte Schriften«, Bd. 2, München 1911, S. 153 bis 212 (hier: S. 166 f.).
4 Biographie des Alexander Severus von Aelius Lampridius. (Historia Augusta.)
5 Biographie des Heliogabal X,11. (Historia Augusta.)

*Ut fici oculis incumbunt / Wie Gerstenkörner in den Augen sitzen*

1 II,8,65; LB 653 F.
2 Aristophanes, Frösche 1247.
3 Bauernkrieg 1524–25; diese Stelle ist von Erasmus nach 1525 als Aktualisierung eingeschoben. Außerdem bezeugt sie die mit den Reformationswirren wachsende Abneigung des Erasmus gegen jede Art von »tumultus«.

*Aut Regem, aut fatuum nasci oportere / Man muß entweder als König oder als Narr geboren sein*

1 I,3,1; LB 106 C; bereits 1520 von Georg Spalatinus ins Deutsche übersetzt; vgl. Allen EE II,416.
2 Seneca, Divi Claudii Apocolocyntosis (»Die Verkürbissung des erhabenen Claudius«).

3 Horaz, Epistulae I,2.
4 Hesiod, Werke und Tage 219, 226.
5 Platon, Staat E 473d.
6 1. Kön. 3,5–15.
7 Karneades 214–129 v. Chr., im Jahre 156 mit Diogenes und Kritolaos als Gesandter in Rom.
8 Xenophon, Symposion 3,1.

*Spartam nactus es, hanc orna / Du hast dein Sparta, mach es ansehnlich*

1 II,5,1; LB 551 E. Über Konrad Heresbach wurde dieses Adagium die Devise des Herzogs Wilhelm V. von Jülich-Kleve-Berg (s. A. J. Gail, »Johann von Vlatten«, Düsseldorf 1951, S. 35 Anm. 7).
2 Cicero, Epp. ad Atticum IV,6.
3 Philoxenos, der sich lieber in den Kerker zurückführen lassen wollte (Diodor XV,6/7), war Dithyrambendichter am Hofe Dionysius des Älteren in Syrakus; er kritisierte die Versemacherei des Tyrannen, wurde dafür in die Steinbrüche geschickt und sollte nach seiner Entlassung erneut die Verse des Tyrannen beurteilen; als er sie angehört hatte, wollte er wortlos weggehen. Auf die Frage ›Wohin?‹ sagte er lakonisch: »In die Steinbrüche.«
4 Cicero, Epp. ad Atticum I,20.
5 Theokrit V,59–60.
6 Aristophanes, Thesmophoriazusen 149–150.
7 Plutarch, Über die Ruhe des Gemüts XIII.
8 Euripides fr. 723.
9 Platon, Theaitet 187e.
10 Karl der Kühne von Burgund.
11 Hesiod, Werke und Tage 348; vgl. Adagium »Ne bos quidem pereat!«.

*Herculei labores / Herkulische Mühen*

1 III,1,1; LB 707 D.
2 Catull, Carmina LV,13.
3 Properz II,23.
4 Cicero, De finibus bonorum et malorum II,118.
5 »Quarta luna nati« (Adagium I,1,77).
6 Horaz, Epistulae II,1,10–11.
7 Flavius Josephus, De bello Judaico I,208.

8 Pindar, Pythien VII,19.
9 Ovid, Metamorphosen II,760.
10 Horaz, Carmina II,20; IV,3.
11 Horaz, Carmina I,3,28.
12 Philon von Alexandrien (um 20 v. – um 50 n. Chr.) I,2.
13 Vgl. »Qui illis matellam porrigant« (Adagium I,5,94).
14 Homer, Ilias II,21,526.
15 Euander war ein König von Arkadien; vgl. Vergil, Aeneis VIII.
16 Aborigines: Ureinwohner Italiens.
17 Κάνναχος ist nach Phillips-Mann, 1964, S. 22, eine falsche Lesung für Νάνναχος. Dieser war ein sagenhafter König von Phrygien, dessen Name sprichwörtlich wurde für weinerliche Menschen und für uralt.
18 Vgl. Adagium I,2,63.
19 D. i. ein geübter Schwimmer; vgl. Adagium I,6,29.
20 Adagium I,4,15.
21 Neuere Funde haben Menander und z. T. auch Diphilos zugänglich gemacht.
22 Vgl. »Crambe bis posita mors« (Adagium I,5,38).
23 Horaz, Ars poetica 352–353 bzw. 359.
24 Adagium III,5,1.
25 Adagium I,2,37.
26 Adagium I,3,26.
27 Horaz, Ars poetica 147 und Saturnalia II,1,26.
28 Vgl. »Ulisseum commentum« (Adagium II,8,79).
29 Adagium I,5,38; Pindar, Nemeen 7,155 u. Schol.; Aristophanes, Ekklesiazusen 828 und Frösche 429 u. Schol.; die Korinther erwähnten bei jeder Gelegenheit ihren Stammvater Zeus.
30 Horaz, Epistulae II,3,388.
31 Adagium I,7,23; IV,1,90; I,4,66.
32 Vergil, Georgica III,289.
33 Plautus, Mostellaria II,2,104 bzw. II,1,101; vgl. Adagium II,2,80.
34 Horaz, Epistulae II,3,388.
35 Plinius, Epistulae V,8.
36 Lukrez, De rerum natura II,79.
37 »Ne Hercules quidem contra duos« (Adagium I,5,39).
38 »tanta rerum moles«, Anspielung auf Vergil, Aeneis I,33: »tantae molis erat Romanam condere gentem.«
39 »Quarta luna nati« (Adagium I,1,77).

*Festina lente / Eile mit Weile*

1 II,1,1; LB 397.
2 Aristophanes, Ritter 495.
3 Homer, Ilias II,25.
4 Hesiod, Werke und Tage 346.
5 Homer, Ilias I,200.
6 Macrobius, Saturnalien VI,8,9 bzw. Aulus Gellius, Noctes Atticae X,11.
7 Vergil, Aeneis I,136.
8 Suetonius, Vita Augusti XXV.
9 Macrobius, Saturnalien I,21,12 ff.
10 Vergil, Georgica II,402.
11 Plutarch, Über Iris und Osiris X,354 (»Vermischte Schriften«, München 1911, Bd. 2, S. 286 ff.); Horus, d. i. Orus Apollo Niliacus; er verfaßte die Hieroglyphica; Suidas X,170, verfaßte um 950 n. Chr. ein Sprach- und Reallexikon.
12 Oppian, Halieutica II,540,587.
13 Plinius, Naturalis historia IX,20.
14 Vergil, Aeneis V,56; Aldus Manutius, 1449–1515, venetianischer Drucker, aus Bassiano.
15 Nachträglicher Einschub aus dem Jahre 1526.
16 Gulielmus Insulanus Menapius, Verfasser der »Oratio funebris in obitum Des. Erasmi Rot.« (LB, Bd. 10), veröffentlicht 1547 »De chalcographia dissertatio«, worin er, offensichtlich stark unter der Einwirkung erasmischer Ideen, die Mißstände im Buchdruck verurteilt und sich für gesetzliche Kontrollen einsetzt. (Vgl. Anton J. Gail, »Wilhelm von Grevenbroich«, Grevenbroich 1979.)
17 1530 erschien in Basel bei Johann Froben Johannes Chrysostomus, hrsg. von Erasmus, in 5 Bänden.
18 Andreas Johannes Lascaris (1445–1535) und Marcus Musurus (1470–1517), griechische Gelehrte in Venedig.
19 Hieronymus Aleander (1480–1542) wurde nach Auftreten Luthers erbitterter Gegner des Erasmus, den er als eigentlichen Hauptschuldigen der Reformation betrachtet.
20 Vgl. »Mores amici noveris, non oderis« (Adagium II,5,96).
21 Terenz, Andria 126, Horaz, Epistulae I,19,41; wörtl.: daher (also) jene Tränen!
22 Gemeint ist hier der Äskulapstab im Druckerzeichen des Hauses Froben.
23 Sallust, Catilina I,6.

24 Aristoteles, Nikomachische Ethik VI,1142b.
25 Diogenes Laertius I,87 (Kap. 5) und Publilius Syrus, Sentenzen D 3 bzw. D 6.
26 Sophokles, Ödipus der Tyrann 617, und Platon, Staat X,613b/c; VII,528d.
27 Quintilian, Institutio oratoria I,3.
28 Aulus Gellius, Noctes Atticae XIII,2.
29 Platon, Staat IV,434d–441c; Timaeus 44d.
30 Seneca, De ira I,10.
31 Homer, Ilias I,200.
32 Publilius Syrus, Sentenzen R 2.
33 Terenz, Eunuchus II,3,89.
34 Platon, Staat III,10 ff. 398c–412b.
35 Hieronymus, Briefe, 66,9,2.
36 Horaz, Carmina I,12,45–46.
37 Pindar, »Nemeische Oden« (übers. von L. Wolde, Leipzig 1942, S. 155).

# Literaturhinweise

*Bibliographien, kritische Ausgaben und Übersetzungen*


Haeghen, Ferdinand van der: Bibliotheca Erasmiana. Gent 1893. Nachdr. Nieuwkoop 1961.

Margolin, Jean-Claude: Douze années de bibliographie Érasmienne (1950–1961). Paris 1963.

– Quatorze années de bibliographie Érasmienne. Paris 1969.

Desiderii Erasmi Roterodami Opera Omnia. Ed. J. Clericus. 11 Bde. Leiden 1703–1706. Nachdr. London/Hildesheim 1962. [Zit. als: LB; Bd. 2 enthält die *Adagia*.]

– Opera Omnia. Publiée sous le patronage de l'Union académique internationale et de l'Académie royale néerlandaise des sciences et des sciences humaines. [Neue krit. Gesamtausg.] Amsterdam 1969 ff.

The Collected Works of Erasmus. [Engl.] Ed. Craig R. Thompson. Toronto/Buffalo 1974 ff.

Erasmi Opuscula. A supplement to the Opera Omnia. Ed. Wallace K. Ferguson. Den Haag 1933.

– Poemata. The Poems. Ed. C. Reedijk. Leiden 1956.

Erasmus von Rotterdam: Ausgewählte Schriften. Lat./Dt. Hrsg. von Werner Welzig. 8 Bde. Darmstadt 1967 ff.

Erasmus: Ausgewählte Schriften. Übers. und eingel. von Anton J. Gail. Düsseldorf 1948. [Enthält ausgewählte *Colloquia*, *Das Lob der Torheit* sowie einen Ausschnitt aus dem *Ciceronianus*.]

– Ausgewählte Pädagogische Schriften. Hrsg. und teilw. neu übers. von Anton J. Gail. Paderborn 1963. [Enthält in dt. Übers.: *Declamatio de pueris, De ratione studii, De civilitate morum puerilium, Colloquium Abbatis et eruditae, Convivium religiosum* sowie einen Abschnitt aus dem *Laus stultitiae* und einige *Briefe*.]

– Institutio principis christiani / Fürstenerziehung. Lat./Dt. Textkrit. vergl., hrsg., übers. und eingel. von Anton J. Gail. Paderborn 1968.

– Adagia selecta. Übers., eingel. und mit Anm. vers. von Theresia Payr. In: Erasmus von Rotterdam: Ausgewählte Schriften. Bd. 7. Darmstadt 1972.

– The Adages of Erasmus. A study with translations by Margaret Mann-Phillips, Cambridge 1964.

– Erasmus on his times. A shortened version of the »Adages« by Margaret Mann-Phillips. Cambridge ²1980.

– Opus Epistolarum Desiderii Erasmi Roterodami. Edd. P. S. und H. M. Allen. 12 Bde. Oxford 1906–58. [Zit. als EE.]
– Briefe. Verdeutscht und hrsg. von W. Koehler. Leipzig 1938. Erw. Neuausg. von Andreas Flitner. Bremen [1956].

### *Allgemeine Darstellungen der Epoche und des Erasmus*

Bainton, Roland H.: Erasmus of Christendom. New York 1969. Dt.: Erasmus, Reformer zwischen den Fronten. Übers. von Elisabeth Langerbeck. Göttingen 1972.
Bataillon, Marcel: Érasme et l'Espagne. Paris 1937. Span.: Erasmo y Espagna. Buenos Aires ²1950.
– Études sur le Portugal au temps de l'Humanisme. Paris 1974.
Faludy, George: Erasmus. Frankfurt a. M. 1970.
Gail, Anton J.: Erasmus. Hamburg 1974.
Hashagen, Justus: Die Hauptrichtungen des rheinischen Humanismus. In: Annalen des Historischen Vereins für den Niederrhein 106 (1922) S. 1–56.
Heer, Friedrich: Die dritte Kraft. Der europäische Humanismus zwischen den Fronten des konfessionellen Zeitalters. Frankfurt a. M. 1959.
Hess, Salomon: Erasmus von Rotterdam nach seinem Leben und Schriften. 2 Bde. Zürich 1790.
Huizinga, Johan: Erasmus. New York 1924. Basel 1936. Hamburg 1958.
Hyma, Albert: The Devotio Moderna or Christian Renaissance 1380–1520. Grand Rapids, Mich., 1925.
Joachimsen, Paul: Die Reformation als Epoche der deutschen Geschichte. München 1951.
Lecler, Joseph: Histoire de la Tolérance au siècle de la réforme. 2 Bde. Aubier 1954.
Mann-Phillips, Margaret: Erasmus and the northern Renaissance. London 1949.
Margolin, Jean-Claude: Érasme par lui-même. Paris 1965.
Meissinger, Karl August: Erasmus. Berlin 1948.
– Erasmus und die öffentliche Meinung. Wörishofen 1948.
Newald, Richard: Erasmus Roterodamus. Freiburg i. B. 1947.
– Probleme und Gestalten des deutschen Humanismus. Berlin 1963.
Post, R. R.: The modern Devotion. Leiden 1968.
Seebohm, F.: Oxford Reformers. London 1887.

Smith, Preserved: Erasmus. A study of his life, ideals and place in history. New York 1923.
Toffanin, G.: Geschichte des Humanismus. Amsterdam 1941.
Vallese, Giulio: Studi da Dante ad Erasmo di letteratura umanistica. Neapel $^{3}$1966.
Wackernagel, Rudolf: Geschichte der Stadt Basel. Bd. 3: Humanismus und Reformation in Basel. Basel 1924. [Vgl. dazu: Aktensammlung zur Geschichte der Basler Reformation. Hrsg. von Emil Dürr und Paul Roth. 6 Bde. Basel 1921–50.]
Zweig, Stefan: Triumph und Tragik des Erasmus von Rotterdam. Wien 1937.

*Abhandlungen über einzelne Aspekte*

Auer, Alfons: Die vollkommene Frömmigkeit des Christen nach dem Enchiridion militis christiani des Erasmus von Rotterdam. Düsseldorf 1954.
Augustijn, Cornelius: Erasmus en de reformatie. Paris 1962.
Beau, Albin Eduard: As relações Germãnicas do Humanismo de Damião da Góis. Coimbra 1941.
Bierlaire, Franz: Érasme et ses colloques. Genf 1977.
– La familia d'Érasme. Paris 1968.
Bietenholz, Peter G.: History and biography in the work of Erasmus of Rotterdam. Genf 1966.
Blom, N. van der: Die letzten Worte des Erasmus. In: Basler Zeitschrift für Geschichte und Altertumskunde 65 (1965) S. 195 bis 214.
Bornkamm, Heinrich: Melanchthon. Lüneburg 1947.
Bornkamm, Karin: Das Verständnis christlicher Unterweisung in den Katechismen von Erasmus und Luther. In: Zeitschrift für Theologie und Kirche 65 (1968) S. 204–230.
Bremond, Henri: Thomas Morus. Regensburg $^{3}$1949.
Chambers, R. W.: Thomas Morus. München 1947.
Colloquia Erasmiana Turonensia. 2 Bde. Toronto 1972.
Colloquium Erasmianum. Actes du Colloque international. Mons 1968.
Cytowska, M.: »Apophthegmata« d'Érasme de Rotterdam, manuel de morale chrétienne du XVI siècle. In: Eos 61 (1973) S. 121–133.
Delaruelle, Louis: Guilleaume Budé. Paris 1907.
Dibbelt, Hermann: Erasmus' griechische Studien. In: Das Gymnasium 57 (1950) S. 55–71.

Étienne, Jacques: Spiritualisme érasmien et théologiens louvanistes. Löwen 1956.

Flitner, Andreas: Erasmus im Urteil seiner Nachwelt. Das literarische Erasmusbild von Beatus Rhenanus bis zu Jean Le Clerc. Tübingen 1952.

Fricke, Dietmar: Die französischen Fassungen der Institutio principis christiani des Erasmus von Rotterdam. Genf/Paris 1967.

Geanokopoulos, Deno John: Erasmus and the Aldine Academy of Venice. In: Greek, Roman and Byzantine Studies 1960. S. 107 bis 134.

Gebhardt, Georg: Die Stellung des Erasmus von Rotterdam zur römischen Kirche. Marburg 1966.

Gedenkschrift zum 400. Todestag des Erasmus von Rotterdam. Basel 1936.

Geldner, Ferdinand: Die Staatsauffassung und Fürstenlehre des Erasmus von Rotterdam. Leipzig 1930.

Gutmann, Elsbeth: Die Colloquia Familiaria des Erasmus von Rotterdam. Basel/Stuttgart 1968.

Haas, Martin: Huldrych Zwingli und seine Zeit. Leben und Werk des Zürcher Reformators. Zürich 1969.

Hartmann, Alfred: Die Amerbach-Korrespondenz. Basel 1943 ff.

Hyma, Albert: The youth of Erasmus. Ann Arbor 1930.

Jacobs, Hans Haimar: Studien zur Geschichte des Vaterlandsgedankens in Renaissance und Reformation. In: Die Welt als Geschichte 12 (1952) S. 95–99.

Jongh, Adriana Wilhelmina de: Erasmus denkbeelden over staat en regeering. Amsterdam 1928.

Kaegi, Werner: Hutten und Erasmus, ihre Freundschaft und ihr Streit. In: Historische Vierteljahrsschrift 12 (1924/25) S. 200–278; 461–514.

Kalkoff, Paul: Die Vermittlungspolitik des Erasmus. In: Archiv für Reformationsgeschichte 1 (1903/04) S. 1–83.

– Erasmus, Luther und Friedrich der Weise. In: Schriften des Vereins für Reformationsgeschichte 132 (1919).

Kisch, Guido: Erasmus und die Jurisprudenz seiner Zeit. Studien zum humanistischen Rechtsdenken. Basel 1960.

Koerber, Eberhard von: Die Staatstheorie des Erasmus von Rotterdam. Berlin 1967.

Kohls, Ernst-Wilhelm: Die Theologie des Erasmus. 2 Bde. Basel 1966.

– Die theologische Lebensaufgabe des Erasmus und die oberrheini-

schen Reformatoren. Zur Durchdringung von Humanismus und Reformation. Stuttgart 1969.
Könnecker, Barbara: Wesen und Wandlung der Narrenidee im Zeitalter des Humanismus. Brant – Murner – Erasmus. Wiesbaden 1966.
Krodel, Gottfried: Fragen an ein katholisches Erasmusverständnis. In: Theologische Literaturzeitung 10 (1962) S. 734 ff.
Major, Emil: Handzeichnungen des Erasmus. Basel 1934.
– Das Wahrzeichen des Erasmus. In: Jahresberichte Historisches Museum Basel 1935. S. 37–43.
Phillips-Mann, Margaret: Érasme et les débuts de la réforme française. Paris 1933.
Mansfield, Bruce E.: Erasmus in the nineteenth century, the liberal tradition. In: Studies in the Renaissance 15 (1968) S. 193–218.
Margolin, Jean-Claude: Érasme et la musique. Paris 1965.
– L'idée de nature dans la pensée d'Érasme. Basel 1967.
– Érasme et le verbe. De la rhétorique à l'herméneutique. In: Érasme, l'Alsace et son temps. Straßburg 1971. S. 87–110.
Maurer, Wilhelm: Das Verhältnis des Staates zur Kirche nach humanistischer Anschauung, vornehmlich bei Erasmus. Gießen 1930.
Mestwerdt, Paul: Die Anfänge des Erasmus, Humanismus und Devotio Moderna. Leipzig 1917.
Moreira de Sá, A.: Contribução para o estudo de Erasmo em Portugal. In: Arquivos do Centro Cultural Português 11 (1977).
Oelrich, Karl Heinz: Der späte Erasmus und die Reformation. Münster i. W. 1961.
Padberg, Rudolf: Personaler Humanismus. Das Bildungsverständnis des Erasmus von Rotterdam. Paderborn 1964.
Pfeiffer, Rudolf: Humanitas Erasmiana. Leipzig 1931.
– Erasmus und die Einheit der klassischen und der christlichen Renaissance. In: Historische Jahrbücher 74 (1955) S. 175–188.
Raumer, Kurt von: Ewiger Friede, Friedensrufe und Friedenspläne seit der Renaissance. Freiburg i. B. / München 1953.
Reedijk, Cornelius: Das Lebensende des Erasmus. In: Basler Zeitschrift für Geschichte und Altertumskunde 57 (1958) S. 23–66.
Rassow, Peter: Die politische Welt Karls V. München 1942.
Renaudet, Augustin: Érasme, sa pensée religieuse et son action d'après sa correspondance. 1518–1521. Paris 1926.
– Études Érasmiennes 1521–1529. Paris 1939.
– Érasme et l'Italie. Genf 1954.

Ritter, Gerhard: Erasmus und der deutsche Humanistenkreis am Oberrhein. Freiburg i. Br. 1937.
Rogge, Joachim: Zwingli und Erasmus. In: Arbeiten zur Theologie 11 (1962).
Rotterdam. Katalog der Ausstellung »Erasmus en zijn tijd«. 2 Bde. 1969.
Schätti, Karl: Erasmus von Rotterdam und die römische Kurie. Basel 1954.
Schneider, Elisabeth: Das Bild der Frau im Werk des Erasmus von Rotterdam. Basel 1955.
Schottenloher, Otto: Erasmus im Ringen um die humanistische Bildungsform. Münster i. W. 1933.
Smith, Preserved: Keys to the Colloquies. In: Harvard Theological Studies 13 (1927).
Sowards, J. K.: Erasmus and the apologetic textbook. A study of the »De duplici copia verborum ac rerum«. In: Studies in Philology 55 (1958).
Süssmuth, Hans: Studien zur Utopia des Thomas Morus. Münster 1967.
Thomson, J. A. K.: Erasmus in England. In: Bibliothek Warburg. Vorträge 1930/31. S. 64–82.
Thompson, Craig: Erasmus as internationalist and cosmopolitan. In: Archiv für Religionsgeschichte 46 (1955) S. 167–195.
Treinen, Hans: Studien zur Idee der Gemeinschaft bei Erasmus von Rotterdam. Saarlouis 1955.
Treu, Erwin: Die Bildnisse des Erasmus von Rotterdam. Basel 1959.
Vocht, Henri de: Jerom de Busleyden. In: Monumenta Humanistica Lovaniensia 10 (1950).
– Collegium Trilingue Lovaniense 10 (1951); 11 (1953); 12 (1954); 13 (1955).
Woodward, William Harrison: Desiderius Erasmus concerning the aim and method of education. Cambridge 1904. Nachdr. New York 1964.

# Inhalt